■ 河南大学文献信息研究创新团队建设项目资助

■ 教育部人文社会科学研究项目"李燕亭图书馆学著述整理与研究"（14YJA870013）最终成果

河南大学图书馆学术丛书

李燕亭图书馆学著译整理与研究

翟桂荣 编著

中国社会科学出版社

图书在版编目（CIP）数据

李燕亭图书馆学著译整理与研究 / 翟桂荣编著 . —北京：中国社会科学
出版社，2016.11

（河南大学图书馆学术丛书）

ISBN 978 – 7 – 5161 – 9040 – 1

Ⅰ.①李…　Ⅱ.①翟…　Ⅲ.①图书馆学研究　Ⅳ.①G250.1

中国版本图书馆 CIP 数据核字（2016）第 237611 号

出 版 人	赵剑英	
责任编辑	孔继萍	
责任校对	李　莉	
责任印制	何　艳	

出　　　版	中国社会科学出版社	
社　　　址	北京鼓楼西大街甲 158 号	
邮　　　编	100720	
网　　　址	http://www.csspw.cn	
发 行 部	010 – 84083685	
门 市 部	010 – 84029450	
经　　　销	新华书店及其他书店	

印刷装订	北京市兴怀印刷厂
版　　次	2016 年 11 月第 1 版
印　　次	2016 年 11 月第 1 次印刷

开　　本	710×1000　1/16
印　　张	24.5
插　　页	2
字　　数	389 千字
定　　价	89.00 元

凡购买中国社会科学出版社图书，如有质量问题请与本社营销中心联系调换
电话：010 – 84083683

20 世纪 30 年代后期的李燕亭

1923 年在美国留学时期毕业照　　20 世纪 60 年代初在塘坊口老屋前留影

1921 年在北美欢迎蔡元培校长合影，前排左一为李燕亭，
其身后为冯友兰，背景为哥伦比亚大学图书馆

李燕亭、杨昭悊就读的洛杉矶公共图书馆学校旧址，
位于大楼十层（图片由顾烨青提供）

1925年全国图书馆界在上海欢迎美国图书馆协会代表鲍士伟博士，
前排左右为杜定友、陶行知，后排左二、左三为李燕亭、袁同礼

1933 年中华图书馆协会第二次年会期间合影（局部），左六为李燕亭

20 世纪 30 年代全家合影

20 世纪 50 年代全家福

本书编著者与李燕亭之子李丙寅先生合影

 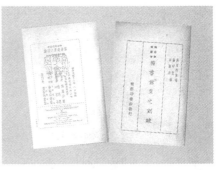

李燕亭《图书馆学讲义》书影　　　　1929 年版《图书馆员之训练》书影

河南大学老图书馆六号楼（博文楼）

李燕亭（1893—1964），名长春，河北定兴人，第一代留美图书馆学人，民国时期河南大学图书馆馆长、化学教授；身兼双任，执掌河南大学图书馆20余年。1920年毕业于北京大学化学系，秋季赴美国加州理工大学研究院深造，1922年在洛杉矶公共图书馆学校选修图书馆学，并获得毕业证书。1924年任中州大学（今河南大学）图书馆主任兼化学教授。1956年调任新乡师范学院图书馆主任兼化学系教授。著有《图书馆学讲义》，译著有《图书馆员之训练》（与杨昭悊合译）。

目　　录

序一　·· 乔好勤(1)

序二　·· 王　波(1)

第一编　图书馆学讲义

第一篇　总论　····································· (3)

　第一章　图书馆的意义　························· (3)

　第二章　图书馆学的分科　······················ (4)

　第三章　图书馆的历史　························· (6)

　第四章　图书馆和教育　························· (8)

　第五章　图书馆的分类　························· (10)

第二篇　图书馆的经营和组织　······················ (14)

　第一章　图书馆的经费　························· (14)

　第二章　图书馆的建筑　························· (17)

　第三章　图书馆的设备　························· (20)

　第四章　图书馆的组织　························· (21)

　第五章　图书馆员　···························· (23)

第三篇　图书馆的管理　··························· (26)

　第一章　图书的选择　·························· (26)

　第二章　图书的订购和登录　····················· (30)

　第三章　图书的阅览　·························· (37)

　第四章　图书的借出　·························· (39)

　第五章　图书馆广告学　························· (46)

第四篇　图书的分类和编目 ……………………………………………（55）

　　第一章　图书的分类 ………………………………………………（55）

　　第二章　图书的编目 ………………………………………………（73）

　　第三章　标题法 ……………………………………………………（76）

　　　　附录一　图书馆条例 …………………………………………（79）

　　　　附录二　前中央大学区县立图书馆规程（民国 18 年）………（81）

　　　　附录三　河南大学图书馆借阅图书规则 ……………………（86）

　　　　附录四　图书馆学参考书 ……………………………………（88）

　　　　附录五　一个中等图书馆所应备的定期刊物表 ……………（90）

第二编　图书馆员之训练

范源濂先生序 …………………………………………………………（95）

译者序 …………………………………………………………………（97）

第一章　图书馆员职业 ………………………………………………（98）

第二章　图书馆的技术和管理 ………………………………………（101）

第三章　公立图书馆 …………………………………………………（108）

第四章　公立图书馆的社会服务和特殊服务 ………………………（111）

第五章　私有图书馆和集资图书馆 …………………………………（120）

第六章　学校图书馆 …………………………………………………（122）

第七章　专门图书馆 …………………………………………………（126）

第八章　农业图书馆 …………………………………………………（129）

第九章　商业图书馆 …………………………………………………（133）

第十章　财政图书馆 …………………………………………………（136）

第十一章　法律图书馆 ………………………………………………（138）

第十二章　医学和慈善团体图书馆 …………………………………（140）

第十三章　工业图书馆 ………………………………………………（143）

第十四章　神学图书馆 ………………………………………………（146）

第十五章　省立立法市政参考图书馆 ………………………………（149）

第十六章　图书馆委员会 ……………………………………………（153）

第十七章　图书馆学校和别种图书馆研究机关 ……………（159）

第十八章　图书馆协会 ……………………………………（175）

第十九章　序别的事业 ……………………………………（178）

第二十章　结论 ……………………………………………（180）

第二十一章　关于图书馆员训练的参考书 ………………（185）

第三编　文稿辑录

自传（1956 年）………………………………… 李燕亭（189）

诗稿（1911—1964 年）………………………… 李燕亭等（194）

北京大学理科化学演讲会宣言 ……………………（200）

李长春君由加利福尼亚致校长函 …………………（201）

中州大学图书馆述要 ………………………………（203）

鲍士伟博士在中州大学幻灯演讲记 ………………（205）

美国公共图书馆的情形与中国 ……………………（206）

1930 年河南大学图书馆概况 ……………………（209）

河南大学图书馆规程 ………………………………（211）

民众教育与图书馆 ………………………… 李燕亭（212）

民族复兴与青年修养 ……………………… 李燕亭（218）

河南省立河南大学图书馆委员会简章 ……………（221）

河大图书馆随校迁嵩之经过及现状 ………………（222）

原子核的破裂和原子能的利用 …………… 李燕亭（223）

河南大学图书馆沿革志略 ………………… 李燕亭（225）

日寇对河南大学的浩劫 …………………… 李燕亭（226）

我们在公开教学中是怎样进行集体备课的 …… 李燕亭（228）

父亲的身影 ………………………………… 李丙寅（231）

忆父亲生前二三事 ………………………… 李爱兰（235）

父爱的回忆 ………………………………… 李爱蓉（238）

缅怀李燕亭主任 …………………………… 胡养儒（243）

第四编 李燕亭研究

翟桂荣

中国近代图书馆事业的开创者与奠基者李燕亭论略 ……………… （249）

李燕亭图书馆学思想及其现实意义 …………… （258）

李燕亭与河南新图书馆事业 ………………… （266）

李燕亭与现代图书馆学教育 ………………… （273）

杨昭悊与李燕亭早年图书馆学行考 …………… （283）

李燕亭先生对河南大学之贡献 ……………… （295）

第五编 李燕亭先生年谱

翟桂荣

李燕亭先生年谱 ………………………………………… （305）

参考文献 …………………………………………… （355）

后记 ……………………………………………… （361）

序一

乔好勤

风云际会，世事多变，一时期有一时期的学问。20 世纪初，由于各种社会因素的作用和推动，一个国际性的图书馆运动和图书馆学研究在世界各地兴起，"草偃风流，别立一帜"，成为近百年重要的学术记忆。

我国之有图书管理，应该说起自于商周，发展于两汉，初盛于隋唐，至两宋可谓集成。郑樵《通志》中的"四略"是中国古代治书之学的重要著作，其中《校雠略》是理论的总结。然而，古代中国有目录学之名而无图书馆学之名。现在使用的"图书馆学"一词是近现代从欧美引进的。

近现代欧美国家崇尚科学，重视教育，经济发达，读书之风日盛，对图书的搜集、整理、收藏、利用备受关注。筑大楼以储之，聘人才以理之，图书馆事业风起云涌，蒸蒸日上。

我国留学欧美才俊，目睹各国图书馆藏书之富，管理之有序，取用之便利，在学校教育、民众教育中功用之大，无不扼腕称赞，并欲在中国推行之。在这一批中国图书馆事业的先驱者中，有沈祖荣、刘国钧、袁同礼、戴志骞、胡庆生、杜定友、杨昭悊等，而李燕亭是其中之一。

李燕亭，名长春，以字行，河北定兴人。1920 年北京大学化学系毕业后，留学美国加州理工学院化学专业，次年转南加州大学生物系。1922 年研究生学分已满，便与杨昭悊一起在洛杉矶公立图书馆学校选修图书馆学，同时担任语文教师。1921 年蔡元培访美，在洛杉矶考察教育，有意请留美人士为北大图书馆募集资金。李燕亭先生积极成其事，于其所办的《罗华》杂志宣传图书馆之重要，并推出"图书馆号"。先生曾就图书馆捐款事致函蔡元培校长，欲往南美诸国募集专款。此时，他还于课余与杨昭悊合作翻译了美国学者佛里特尔（J. A. Friedel）的著作《图书馆员之训练》。

《图书馆员之训练》是当时美国图书馆学教育领域一部很有影响的畅销书，李、杨二氏译成中文出版，成为中国第一部图书馆学教育的专著。本书通过对图书馆员职业理念、职业道德、职业技能和各类图书馆专业知识的介绍，大大提高了我国民众对图书馆、图书馆工作和图书馆员的认识，促进了我国图书馆事业和图书馆学教育的发展。

1924年1月，已在北京农业大学任教的李燕亭先生，在河南中州大学文科主任冯友兰先生力邀之下，南下开封出任中州大学（后改为河南大学）图书馆首任馆长和化学系教授。他学贯中西，文理兼顾，将西方图书馆管理理念与中国传统文化思想结合，积极宣传图书馆在学校中的中心地位，得到校领导支持。选图书，置设备，募捐款，拟章程，成立学校图书馆委员会，使图书馆各项工作很快步入正轨。30年代初河大图书馆设文、理、农、医四个分馆，成为当时国内先进的图书馆之一。

抗日战争时期，他为保护河大图书馆的藏书设备，率领馆员辗转镇平、鸡公山、万县、嵩县、内乡、淅川、西安、宝鸡等地，至1945年年底才结束八年颠沛流离的生活。八年间舍生忘死，流血流汗。在战火纷飞中，稍有安定，便展布书刊，开放借阅，为教学科研服务，表现了一位图书馆工作者的敬业精神、无畏气概和智者的淡定，为河南大学图书馆的建设、生存和发展做出了卓越贡献。

李燕亭先生还为我国图书馆学教育和图书馆协会的建设做出了极大的努力，发挥了重要作用。他在美国接受过正规的图书馆学教育，与杨昭悊合译过《图书馆员之训练》，深知培养图书馆人才之重要。1924年他就任图书馆主任不久，就组织河南小学教师暑期讲习班，请杜定友先生来豫讲授图书馆管理法。30年代初，他在河南大学开设图书馆学、史部目录学等课程，同时还在河南国学专修馆讲授图书馆学课程，为河南各学校各县市图书馆培养了一批人才。新图书馆运动大大推动了中国图书馆事业的发展，各地有识之士呼吁创建图书馆学专门学校的声音甚高。时任中华图书馆协会教育组主任的李燕亭先生，与杜定友、刘国钧、何日章、钱存训等共同发起，在第二届年会上提出两条议案：建议行政院及教育部指拨专款于北平设立图书馆学专科学校案；再请教育部令国立大学添设图书馆学专科案。虽然由于抗战爆发，议案未能落实，但还是有不少大学在困难条件下，开设了图书馆专业和有关课程。

李燕亭先生还是组建全国和地方图书馆协会的积极倡导者和推动者。他于1924年任中州大学图书馆主任不久，4月即邀请文华图专沈绍期校长来汴讲学，5月开封市图书馆协会成立，李先生任协会书记。1925年初，为迎接美国圣路易斯公共图书馆馆长鲍士伟博士（Arthur E. Bostwick）来华，北京图书馆协会建议早日成立全国图书馆协会。开封图书馆协会主动涵请上海图书馆协会召开筹建会议，讨论有关事宜。4月6日，《申报》报道："现闻开封图书馆协会已选定李燕亭、何日章、张幼山三君为代表准期赴会。"6月2日，三人又参加了在北京召开的中华图书馆协会成立仪式，聆听了鲍士伟、梁启超、韦棣华等人的演讲。会上李燕亭当选为干事及编目委员、教育委员。

李燕亭先生身体力行，不尚空谈，既重事业推进，又重理论研究。他在繁忙的图书馆建设和管理的同时，撰写学术论文，编著了概论性的《图书馆学讲义》。《图书馆学讲义》成书于1931年，1932年由河南大学出版。全书共四篇十八章：第一篇总论，阐述图书馆的意义、历史、类别、图书馆学分科以及图书馆与教育之关系；第二篇图书馆的经营与组织，论述经费、建筑、组织和图书馆员；第三篇业务管理，叙述图书选择、订购、登录、阅览、流通和广告宣传；第四篇讲述分类、编目，形成了一个逻辑严谨、重点突出、颇具特色的图书馆学思想体系。此书将西方图书馆学思想与中国图书馆建设实践结合，既有理论高度，又具有实用价值，是一部适合当时中国图书馆学教育需要的教科书。其中不少思想和论述，今天看来也颇多独到之处。譬如他对图书馆的"馆"的理解、对图书馆员素质的要求、图书馆的教育功能、图书馆经营之道、图书馆广告学说、推广服务论、读书机会等等，大大丰富了处在起步阶段的中国图书馆学，推动了中国图书馆学的发展。

李燕亭先生是中国新图书馆运动的一员骁将，中国现代图书馆事业的先驱。他不但为河南高校图书馆事业奉献了毕生的精力，在图书馆学和图书馆学教育领域也做出了不可磨灭的贡献。他是中华图书馆协会建立的发起人和推动者，曾先后担任干事、编目组委员、教育组委员和主任、监察委员等，是中国新图书馆事业的开创者和奠基人之一。但是这位本应在中国图书馆事业史和图书馆学史上占有一席之地、本不该被遗忘的中国图书馆事业的开拓者，却长期湮没无闻，长期被封尘在深处；他的著作被《生活全国总书目》所遗漏，也被《民国时期总书目》所遗漏；他的事迹被许多图书馆学专著所缺载，甚至连专门讲述中国图书馆史的著作也很少提及；他那"不乏真知灼见的图书馆学思想至今仍处于被遮蔽状态"，直到本世纪初图书馆界才开始关注到李燕亭先生，并陆续有介绍、研究文章刊出。其中用力最多、最深入最系统地研究李燕亭先生学行和著作的是河南大学图书馆的翟桂荣女士。十多年来，她广罗资料，巨细不遗；抉幽阐微，表彰先贤，不遗余力，先后发表《中国图书馆事业的开创者和奠基者李燕亭论略》《李燕亭图书馆学思想及其现实意义》《李燕亭与河南图书馆事业》《李燕亭与现代图书馆学教育》《杨昭悊与李燕亭图书馆学行考论》等系列论文，并于 2016 年年初推出《李燕亭图书馆学著译整理与研究》一书。

该书分五编：第一、二编分别收入李燕亭先生原著《图书馆学讲义》和与杨氏合译的《图书馆员之训练》，第三编文稿辑录，为李燕亭先生的自传、诗稿、讲演录、译稿及散见于报刊上的文章等，第四编为翟桂荣的研究著作，第五编为翟桂荣编写的《李燕亭先生年谱》。通读全书，深感所录材料的宝贵，翟桂荣女士治学功力之深厚；深感此书确是一部图书馆工作者可读之书，图书馆学者必读之书，更是中国图书馆学史研究者补课之书。

我出生于河南杞县，本科毕业后在河南图书馆工作十年。时正处"文革"时期，对河南省图书馆的历史和先贤知之甚少。除当时健在的辛亥革命老人前馆长王拱璧、前馆长谢青梓和周斌、文学史家栾星、老一代图书馆工作者贾连汉等外，与河南大学图书馆（当时改名为开封师范学院）馆长吴勋泽前辈、王学春和李景文诸馆长也常有往来，但对李燕亭先生未曾一闻，也一直与翟桂荣女士未曾谋面。今年年初，她因事来穗，受我的研究生郑永田君之邀共进晚餐。席间蒙她介绍研究李燕亭先生的一些情况，并赠送此书稿本一册，嘱我为此书作序。我曾略涉中国目录学史，对于中国图书馆学史夙缺研究。但桑梓之情，不容推卸，也就爽快应承了。但我没有"离书作序"的习惯，还是认真地拜读了这部书稿。通读之后，才知道此书的珍贵，此书的分量，故真诚地向大家推荐。

是为序。

乔好勤

2016 年 7 月 8 日于广东高校教师村

序二

王　波

　　作为河南人，又从事图书馆事业，我一向对出自豫籍和在豫服务的图书馆学理论家和实践家十分关注并充满敬意。比如在武汉大学图书馆学系读本科期间，就慕名选修了豫籍教授乔好勤老师的课程"图书馆学方法论"和曹之老师的课程"古籍编目"。1992年，本科毕业找工作的时候，应我的请求，曾在河南省图书馆工作过的乔好勤老师，还为我这个小老乡写了一封致省图书馆的推荐信，让我持信前去求职。在郑州，我持乔好勤老师的信求见了《河南图书馆学刊》的申畅主编；持武汉大学哲学系86级师兄、《教育时报》编辑潘志刚的信，求见了河南省社科院图书馆的萧鲁阳馆长。虽然我最终没有在省会就业，而是到了洛阳工学院图书馆，但申、萧两位接见我的情景历历在目，他们的风采终身难忘。

　　1998年，我从北京大学研究生毕业，到《大学图书馆学报》编辑部和高校图工委秘书处供职之后，因工作之便，更是陆续接触到了河南省图书馆界的大批精英。他们之中，既有我特别崇敬的郑州大学前副校长崔慕岳教授，也有高校图书馆的张怀涛、崔波、李景文、郭鸿昌、赵水森、谢琳惠、白新勤、梁瑞华、苏全有等馆长，还有信息管理系的柯平、代根兴、索传军、王国强等教授，以及数量更多的同辈学人，如岳修志、赵长海、秦长江、马艳霞、范兴坤、陈业奎等老师。2007年，萧鲁阳先生编《今柱下史》一书，收录崔波、秦珂、李景文、张怀涛、萧鲁阳、赵水森、王国强、刘二灿、赵长海这九位河南省图书馆界名家的小传、文章，他们基本上我都有幸结识或有面见之缘。我和代根兴老师、索传军老师虽然先后离开河南，到北京继续从事图书馆事业，但我们在北京仍然保持了密切联系，并常以河南图书馆界的"卧底"自称，抓住一切机会，把自己了解的国内外图书馆行业的知识和信息带回河南，同时也积极地向外宣传河南图书馆界的新成绩、新经验。

应该说，我对 20 世纪 80 年代以来河南图书馆界的风云人物中的绝大多数都有所了解，谈论起来他们的业绩、著述虽不敢说全面到位，至少略知二三。然而若有人问我民国时期河南省有哪些图书馆事业的先驱，我则和大多数人一样一脸茫然。因为 1949 年以后，学习苏联、反对权威、"文化大革命"等一系列运动斩断了那批跨越现当代的图书馆专家在新社会的影响力，使我们对他们的历史贡献一无所知或知之甚少。

直到 21 世纪初，图书馆界为弘扬图书馆精神和编撰图书馆通史，才重续历史的链条，比较有规模地开展民国图书馆史的研究，一批民国时期知名的图书馆学家的生平、贡献逐渐被重新发掘和评估，才使改革开放后成长起来的图书馆从业者得以认识那些图书馆事业史上的"选择性被遗忘者"，领略到他们的风采和伟大。在钻研图书馆界民国先贤事迹的研究者中，河南大学图书馆的翟桂荣老师是其中的佼佼者之一，翟老师通过多年的对史料的精心梳理，编撰出了《李燕亭图书馆学著译整理与研究》一书，将一位跨越现当代的图书馆学家的形象立体地展示在我们面前。此书结构合理、层次清楚。全书主要由几部分组成：先是全文收录了李燕亭先生的图书馆学专著《图书馆学讲义》和他与杨昭悊先生合译的《图书馆员之训练》；之后收录的是李燕亭先生的零散文章，子女、朋友追忆他的文章，继而翟桂荣老师研究李燕亭先生的一组大作集中出场，让读者在读完李燕亭先生的原作之后，于思考、品味之余，在理论上得以升华；最后一编是翟老师整理的李燕亭先生年谱。

承蒙翟老师信任，邀我写序。我花了几个月业余零碎时间，断断续续读完了书稿的电子版，感慨良多。

一是惊叹李燕亭先生思想之新。

在图书馆学理论史上，"要素说"是重要的理论流派之一，一般认为是刘国钧先生在 20 世纪二三十年代提出并逐步完善，但是读完该书，你会惊喜地发现，几乎在同一时期，李燕亭先生也提出了要素说，他在 1931 年成书、由河南大学出版的《图书馆学讲义》的第三编第一章的起首写道："图书馆的三要素，是馆舍、馆员和图书。"其在理论上的远见卓识由此可见一斑。此外，李先生在《图书馆学讲义》中专设第五章论述"图书馆广告学",并列举了很多广告卡片,大多数广告词拿到今天也不过时,读来仍觉富有创意,比如:"打电话到圖,解决一个争论的问题,或询问一个忘了的名字,或证明一个日期,公立圖的责任是:答复疑问,不取分文。"笔者曾参与2016年北京大学信息管理系几位硕士研究生的毕业答辩,发现有学生将"图书馆宣传"作为一个新领域来研究,由此也可以佐证李先生眼光的超前。可惜的是,因为《图书馆学讲义》由河南大学自行出版,刊印后即遇上抗日战争,发行量不大,以至于《生活全国总书目》和《民国时期总书目》均未收录,导致现在的学生研究图书馆宣传,居然没有上溯到李先生论述图书馆广告学的大作。《图书馆学讲义》中还有一些论述别开生面,比如他对图书馆三个字中"馆"字的解释:"馆即客舍,有止宿授餐的意思。"即可宿可食的地方才叫馆,这对我们重新认识和定位图书馆颇有启发。再如,他认为图书馆的功能是"普及教育、提高文化、高尚娱乐、促进产业发达",图书馆服务的范围是矿山、田野、学校等。另外书中提供的资料显示,早在1929年,县立公共图书馆规程就规定县立图书馆应设立"推广股"。这些提法、做法和我们今天自认为创新的举措居然不谋而合,比如我们今天要求图书馆为大众创业、万众创新服务,这实际上就是图书馆服务如何促进产业发达的问题。我们今天倡导阅读推广为特殊人群服务,李先生所列举的服务范围正是一些特殊人群聚集的机构和地方。

《图书馆学讲义》还有一个特点是原创程度高、个人风格明显,其内容显然是在充分吸收美国图书馆事业的精髓,结合中国国情独立思考,并用自己的语言精确表达的结果,这一点在民国时期的图书馆研究圈中十分不易,因为我们知道,当时的大部分论著生吞活剥发达国家的图书馆学论著,直译、摘录的多,消化、原创的少,一些早期的图书馆学家就是因为不尊重别人的著作权,养成了东摘西录的不良习惯,从而遭到诟病,加上学历不实,最终被迫退出图书馆界,如俞爽迷先生。在美国接受过高等教育的李先生则将译、作两种著述方式分得很清楚,所作的《图书馆学讲义》显然属于自创,从对图书馆在中国自古以来发展的精辟回顾,以及对美国图书馆事业的精炼概括中,可以明显看出。而他所译的《图书馆员之训练》则遵循学术规范,不但老实介绍原作者,为其署名,在译文上也和杨昭悊充分切磋、互相对校,力争精确传达原意。

二是惊叹李燕亭先生贡献之巨。

在未读翟老师论文之前，我对李燕亭先生可谓一无所知，自从编发了翟老师发表在《大学图书馆学报》上的相关论文，才对李燕亭这位毕生服务于家乡河南省的图书馆学大家有些印象。读了翟老师编纂的这本系统的关于李先生的方方面面的大著后，我才知道李先生在民国图书馆史上的地位如此之高，对河南省图书馆事业的发展发挥了至关重要的作用。李先生是民国时期留美归国的九位图书馆专家之一，全身心服务于河南大学图书馆，除1945年因兼任西北农学院教授，精力有限，暂时离开图书馆主任岗位，其余时间都在执掌河南大学图书馆。他在任上有很多创举，比如设立文、理、农、医分馆，开创总分馆管理模式；与杨昭悊合译了《图书馆员之训练》，自撰了《图书馆学讲义》；打出"迅速准确，自强不息"的标语，营造积极主动的服务之风；创办开封图书馆协会，邀请沈祖荣、鲍士伟到豫演讲，并记录、翻译、发表演讲稿；积极参与中华图书馆协会的筹办及相关活动，作为教育组副主任提出了许多建设性提案，呼吁在北平设立图书馆学专科学校，参与河南国学专修馆的图书馆学教育；抗战中奔波于万县、潭头、荆紫关、苏州等地，在流浪办馆中维护和扩大馆藏；制定科学民主的图书精选制度，坚持采购成套的《科学》等世界一流期刊、随新华书店采购等。总之，在实践领域，李先生可谓历尽磨难、痴心不改；在理论领域，可谓会通中西、见解精辟。在他的带领和影响下，河南省的图书馆事业无论是在规模上和质量上，都开创了"冯玉祥时期的传奇时代"。无论是从执业的广度、难度、高度方面，还是在理论探索的新度、深度、实度方面，李燕亭先生都达到了那个时代一流图书馆学家的水准，无愧于图书馆界九大归国留学生之一，其饱满的敬业态度、专业精神贯彻终生，令后人仰之弥高。

三是惊叹李燕亭先生交游之广。

李燕亭先生少年勤学，经求学一途结识了当时的大量俊杰。他先是考入天津法政学校，结识了同学郭须静，后来又考到北京大学预科和本科，入化学系，被选为理科班班长，此时同学郭须静在北京大学图书馆李大钊主任手下工作，于是通过郭，李先生又结识了校友李大钊。郭、李二人对引导他终生将图书馆员作为第二职业发挥了重要作用。李先生在美国南加州理工大学攻读生物学硕士的时候，又结识了北京来的热爱图书馆事业的杨昭悊，二人结伴到洛杉矶公共图书馆学校修习图书馆学，后来一同翻译了《图书馆员之训练》一书。他在美期间，恰好蔡元培校长到美为北京大学图书馆募捐，李燕亭先生热心参与，利用自己办的《罗华》杂志大力宣传，考虑到美国西部国内前来化缘太勤，潜力不足，于是提出到南美募捐的合理化建议，并亲自前往墨西哥等地募捐，结果募来的款额远超美国东部华人募集之数，为母校北京大学图书馆的建设出了大力。李燕亭先生在美学成后，先是到国立北京农业大学任教授，因为 20 世纪 20 年代初北京时局不稳，高校普遍欠薪，不堪生活重负，于是应冯友兰之邀，辗转到河南大学任化学系教授和图书馆主任，从此他这位河北人长期定居古都开封，成为河南人。李先生到豫后，因其为河南唯一的在海外学习图书馆学的专家，而且这个记录数十年间无人打破，自然而然就成为全省图书馆界的领军人物，不但有办理河南大学图书馆之责，还有指导公立、私立等各类图书馆的义务，李先生积极代表河南图书馆界参与全国图书馆界的活动，不但继北京图书馆协会之后，参与发起成立开封图书馆协会，为中华图书馆协会的成立造势，而且邀请美国图书馆协会鲍士伟博士到河南讲学，宣扬建设图书馆的意义，国内图书馆界的领衔人物、文华图专的沈祖荣校长也曾被李先生邀请到河南讲学。李先生积极参与中华图书馆协会的各项活动，自然与国内知名的图书馆学家都成为业内好友。从李先生的一生行迹看，他交游的范围主要有法政学校校友群，如李大钊、郭须静等；北京大学校友群，如蔡元培、李大钊、郭须静、冯友兰、袁同礼、蒋复璁、虞宏正等；美国留学生校友群，如杨昭悊、胡石青、黄剑农等；图书馆界同业群，如鲍士伟、沈祖荣、杨昭悊、杜定友等；河南图书馆界从业群，如何日章、张嘉谋、井俊起、胡养儒等；河南大学校友群，如郝象吾、李俊甫、吴勋泽等。从李先生选择图书馆员职业的路径看，他受郭须静、李大钊、杨昭悊、蔡元培的影响最大，正是这些师友们的影响，不但激发而且强化了他对图书馆事业的兴趣，从而终生身在化学，守望图书馆学。李先生求学北京大学、赴美国留学、在中华图书馆协会任职的经历，则使他站在了当时知识界最高的交游平台上，拥有了当时教育界、图书馆界的一流朋友圈，对他引智入豫，支持河南省图书馆事业的发展，和向外宣传河南省图书馆事业都起到了很好的作用。李燕亭先生的交游本身就很值得研究，从中可以得到诸多启发。

四是惊叹李燕亭先生文理兼修。

很多一流图书馆专家兼有化学的背景，比如《科学引文索引》的创始人加菲尔德博士、武汉大学信息管理学院的邱均平教授、南京大学信息管理学院的叶鹰教授等，李燕亭先生亦如是，他在北京大学学习的是化学，在美国留学学的是生物学，实际偏重生物化学，获得硕士学位，因在洛杉矶公共图书馆学校学习了图书馆学，回国后一直在河南大学兼任化学系教授和图书馆主任，同时河南大学的仪器采购和管理也一度归他执掌。这样的现象不禁令人生发两个思考：一是化学和图书馆学是不是具有共性？或许"组配"是两者的共同本质，化学组配元素，通过不同元素的反应，生成万千物质。图书馆学组配信息和知识，其终极目标是组配知识元素，通过知识元素之间的碰撞，实现知识创新。二是教育部于 20 世纪90 年代在高等教育司设立教学条件处，宏观管理全国高校的实验设备和图书资料，说明仪器和图书之间也有共性，那就是为教学提供条件。至今教育部高等学校图书情报工作指导委员会一直由教学条件处主管。李燕亭先生早在 20 世纪 20 年代就兼管仪器和图书，实现教学条件的统一管理和配置，他本人恰好文理兼修，具备做好这两方面工作的学科背景，可以说是最佳人选，这是否昭示了未来统一管理教学条件的选材标准。

五是惊叹李燕亭先生人格之美。

读完此书，深为李先生的人格所叹服。李先生的人格之美，首先在忠，李先生一生无限忠于图书馆事业，尤其是在八年抗战时期，辗转四川、豫西、豫南、苏州各地，一般教师只需带好家眷、行李、学生，李先生则因为兼管图书和仪器，责任重大，除家眷、行李、学生之外，还要始终和七八万册图书共进退，需要特别强大的组织力、忍耐力和牺牲精神，为此曾把家眷留在万县，还因为治疗不及时而失去了一个儿子，其奉献精神感人肺腑。其次在恒，李燕亭先生在河南大学服务了一辈子，除1945—1957 年，直到逝世，共做了 20 多年的馆长，对图书馆事业始终激情不减，尽心尽力。其三在谋，李先生在其位谋其政，为办好图书馆想千方设百计，创造性举措领先国内，比如首办分馆，以"迅速准确、自强不息"为馆训，创办市级图书馆协会等。其四在慈。李燕亭先生早年留学美国，富有民主思想。他对馆员关怀爱护，业务上耐心指导，发展上着力培养，比如支持吴勋泽、胡养儒到武汉大学学习图书馆学。在家庭里也是一位慈父，从其子女的回忆看，他从不打骂孩子，尊重孩子的个性和兴趣，引导其自由发展，晚上经常推掉纸牌、麻将等娱乐活动，带领孩子阅读从图书馆借来的英文绘本，体现了图书馆馆长通过亲子阅读的方式陪伴孩子成长的特有风采。他对孩子的爱细大有致，小到引导他们养成每天定时排便的好习惯，大到18岁停止生活供应，让先工作的子女资助在校的子女，以加强兄弟姐妹之间的联系，培养他们的同胞之情，可谓用心良苦、感人至深。

六是惊叹与李燕亭先生契合之多。

此书深得我心之处，还在于李燕亭先生的行迹和我多有重合，令我常常产生共鸣。首先，我们都有在潭头生活的经历。潭头是洛河支流伊河上的小镇，伊河至此遇山拐弯，形成深潭和冲积盆地，故名潭头。潭头旧属嵩县，1958年划归新成立的栾川县。抗战期间，河南省的最高学府河南大学为躲避战火，曾流迁于此，所以说潭头之于河南大学的意义，犹如昆明之于西南联大。凑巧的是，我的外婆家就在潭头，小时候潭头是我的天堂，因为姨家有七个孩子，舅家有五个孩子，每逢暑假，表兄弟姐妹十几人就可以聚在一起疯玩，不但热闹，而且势力最大，看露天电影，一占座就是满满三排。小学三年级的时候，因为母亲到偏乡代课，还要照顾小弟，我便被寄养在大姨家，在潭头小学上学一年，由于考试成绩好，得到的小红花多，在同龄人中树立了学霸的形象。当时的生活十分清苦，至今犹记得每天中午放学回家，大人还在田里劳动，我和几位表兄弟只好分工做饭，有人烧火，有人下面，有人敲蒜，有人剁辣椒，这样制作的捞面条成了我心中的美味，长大后一旦念想起来，就按当时的配方再做一次，但总觉得没有那时的清香好吃。印象至深的还有一块三角板，当时知道家里穷，是怀着惴惴不安的心情向大姨要了几角钱购买的，高高兴兴地攥在手里上学去。岂料半路上看到小河发洪水，就和别人一样站在桥上，扶着栏杆看景致，一不小心松了手，三角板掉在浪里消失了。洪水过后，为找到三角板，我曾沿着河岸，往下搜索了好几里地，希望能在河滩上发现我的三角板。遗憾的是，最终没有找到，也不好意思再要钱去买，只好每次上课借用同桌的。这个故事，也是每次我劝孩子节俭时而必讲的。正因为有这些经历，所以潭头在我的心中有极高的地位，印象至深、感情至厚。当看到书中屡屡提到潭头及其周边的上神庙、大王庙、党村、重渡沟这些地名时，备感亲切，它们都是我少年时为了看露天电影、走亲戚、砍柴而比较熟悉的地方。当年的重渡沟是县里最偏僻、最穷、最闭塞的地方，是河南大学女生躲避日寇的地方，如今已经是国家 4A 级风景区，令人不胜唏嘘。河南大学在潭头停留不过区区几年，但在文化上影响巨大，尤其是当年所办七七中学，为地方培养了大批读书识字之人。读罢此书，我甚至产生一种迷信思想：难道此生报考图书馆学系、从事图书馆事业，都是因为在潭头和李燕亭先生走了一样的路、看了一样的景，冥冥中接受了他及其河南大学图书馆同仁所留下的神秘信息。本书作者翟桂荣老师请我作序，某种程度上也是因为潭头是李燕亭先生为河南大学图书馆吃苦最多、付出最大的地方，而她知道我是从这个地方走出去的，知道河南大学在潭头办学的历史，更容易体会李先生艰苦卓绝的奉献。

其次，同有服务河南的经历。我在本科毕业后，曾在洛阳工学院（今河南科技大学）图书馆工作三年。但我在河南土生土长，为家乡服务本属应该。而李燕亭先生是留过洋的河北人，是当时极少数的在国外学习图书馆学的专家，却终生将才华奉献给我的家乡河南，变成了我的乡党，成就堪称乡贤、乡哲。所以读李先生的著述，我这个河南人始觉亲切、继而景仰、再而感恩。

其三，同有北京大学学习的经历。李燕亭先生在北京大学读预科、本科，专业是化学，在校时就很活跃，是名高材生，被选为理科班长的信息曾登载在《北京大学日刊》上。他之所以走上献身图书馆事业的道路，很大程度上是在北京大学求学时期，受到了郭须静和李大钊二人的影响。后来李燕亭先生在美国留学期间，恰逢蔡元培校长赴美为北京大学图书馆募捐，李燕亭先生积极奔走，募款最多，为母校发展做出了贡献。我自1995 年以来到北京大学读书、就业，最近为迎接北京大学建校 120 周年，新领了参与撰写《北京大学图书馆史》的任务，翟桂荣老师编的这本《李燕亭图书馆学著译整理与研究》所透露的李燕亭先生与郭须静、李大钊的关系，以及在美国为北京大学图书馆募捐的经历，都是非常珍贵的馆史资料，将丰富对馆史的研究。从这个角度讲，这本书出版得很及时，李燕亭先生既是在北京大学图书馆培养、影响下成长起来的图书馆学家，也对北京大学图书馆的发展做出过贡献，应该在北京大学图书馆的馆史中留名。

概而言之，此书很好地让我们认识了图书馆学家李燕亭先生，是系统地展示和研究李燕亭先生思想、贡献的一部开创之作。关于李燕亭先生的评价，我赞成翟桂荣老师和胡养儒老师的总结：他是河南省第一所大学的首任馆长，是河南省图书馆事业的卓越开创者和领导人，是中华图书馆协会的发起人，是中国图书馆运动的先驱，是受人尊敬的图书馆学大师，他的思想和理论是我们图书馆人的精神财富，永远值得我们学习。

如果非要给该书提些建议，我觉得有待提升的空间主要有以下几点：一、关于李燕亭先生的研究文章，部分内容略有重复，如果在研究之初，就严格划定侧重点，可能会去除重复，更有整体感。二、纵观李燕亭先生的一生，他不是个性格自负的人，他对图书馆事业的选择，显然受到了郭须静、李大钊、杨昭悊、蔡元培等人的影响，翟老师的研究已经集中论述了李先生与杨昭悊、蔡元培的交往，对李先生和李大钊、郭须静等的交往则有待继续挖掘。更进一步，还可以扩展到对李先生整个交游范围的研究，如此不仅能够丰富对图书馆学史的研究，对教育学史、化学史、留学史、北京大学史的研究也会有所拓展。三、李燕亭先生作为河北人、北京大学高材生、美国留学生，他为何决定到河南大学工作，冯友兰先生邀聘他的过程，李先生自己的情况和想法等，本书交代得不够深入具体，值得进一步细化。李先生为什么终生留在河南，河南大学让他留恋的地方，他既当化学系教授又当图书馆馆长，是如何处理两者的关系的，诸如此类的问题，也值得探讨。四、在李燕亭先生年谱中，部分年份的背景资料过多，必要性不是很强。倘若在每个年份，并行列举对当时和后来李燕亭先生的职业选择和发展有关系的同学、朋友们的履历，让读者直观对比他们的人生道路，发现他们之间的交集，发现人物命运碰撞所发生的奇迹，感慨和结论自然就出来了。五、本书涉及了民国时期一些民间图书馆的发展情况，如河朔图书馆、河洛图书馆等，这些图书馆初建时馆舍优良、规模较大，得到了李燕亭先生的指导和支持，是民国时期图书馆界的一道风景线。关于民间图书馆的研究，目前也是一个方兴未艾的领域，建议翟老师在对李燕亭先生的研究告一段落后，适当扩大研究范围，将民国时期河南省民间图书馆的研究纳入下一步研究的日程，这也是一个值得探索的研究方向。

缘分真是神奇，翟桂荣老师的这本书，不仅让我走进了一位跨越现当代的图书馆学大家的世界，也让我和我在武汉大学时的授课业师乔好勤老师有了同书献序的机会。在此向乔老师问好！祝乔老师身体康安、学术常青！向翟老师祝贺！祝翟老师的大作顺利出版、再攀高峰！

王　波

2016 年 7 月 30 日于北京大学

第 一 编

图书馆学讲义

李燕亭 著

翟桂荣 点校

1931 年成书

河南大学铅印

第 一 篇

总　论

第一章　图书馆的意义

中国古代藏书的地方，在公家则称为某阁，如石渠阁、文津阁等，或称某院，如崇文院等；在私家大都称为某楼，如铁琴铜剑楼、传是楼，或称某堂、某斋、某庐，如万春堂、持静斋、结一庐等，亦有称阁的，如汲古阁等，当时并没有"图书馆"的名词。至戊戌政变以后，这名词始由日本输入中国，宣统年间，颁布图书馆制，图书馆的名称始渐显著。馆即客舍，有止宿授餐的意思。图书馆以搜集图书供众阅览为目的，古人往往以"寝馈其中"四字，形容读书之勤，所以称馆，较为适宜。

按图书馆在西洋的原文，在英国是 Library，从拉丁的 Liber 来的，有书籍的意思。在德国是 Bibliothek，在法国是 Bibliothèque，都是从希腊的Bibliov 和 Onkn 来的，含有书籍地方的意思。可见古人对于图书馆的观念不论中外，都把它当作图书储藏室。但现代图书馆对于图书，不仅以储藏为目的，并且要活用。它的功用既然不同，我们对于它的观念，也应改变。所以德国休叶氏对于图书馆的定义是：

> 图书馆是搜集有益的图书，随着大家的知识欲望，用最经济的时间，自由使用的地方。

美国鲍司维①博士说："现代图书馆的责任，是要为它架上每一册书都要

---

① （今译鲍士伟）编者注。

找一位读者，为它境内每一位读者，都要给他找一册书。"一言以蔽之，要使读者与书籍永远结合一起，不可分离。换句话说，要使他们各配良缘，咸得其所，时人某君曾以月下老人喻图书馆员，虽属笑谈，究含有深意在里边。

此外有美国爱欧瓦州达文波市立图书馆所散布的传单，将现代图书馆的意义，解释得很清楚。兹节录于此，以供参考。其标题是："我是图书馆。"

"我是这市内知识储藏室。"

"我是机会。"

"我是人人的终身学校。"

"我胸藏古今来的志愿，希望，学说，哲学，印象，主义，文化，造诣，经验和科学。"

"我是智慧的源泉，幸福的宝库。"

"我是由人民供给的，为人民设立的。"

"我给你机会，使你知道所有你应该知道的。"

"我是为那一般爱阅小说，诗文，哲学，传记，商业和科学的人而设立的。"

"我所有的书，对于嗜好不同、需要不同和主义不同的人，都能供给。"

"我任凭公众到我这里，来得益，来享受。"

"我有许多谦恭有礼的侍者，留心照料，他们的本分是帮助你们从我受益。"

"我大开门户，等你们公事完毕时，将我当作一所公共的精神休养场。"

第二章　图书馆学的分科

一种事业，发展到一定的程度，便要产生一种有系统的理论。有了有系统的理论，那种事业，才有迅速的进步。这是各种事业的通例，图书馆也是如此。近几十年来，图书馆的事业，既日行发展，图书馆学，亦遂因之产生。

图书馆学，在英语，Library Science，在德语是 Bibliothek – Swissen-schaft，是很崭新的名词。它的定义，是把关于图书馆的理论和技术，综合为有系统的研究。它的作用是：（一）增进办理图书馆的人能力；

（二）增进利用图书馆的人知识。

美国有许多图书馆学校是专为训练图书馆员而设的，共有二十余所。此外各大学讲授图书馆学的，已有九十余处。1928 年，芝加哥大学更创办图书馆学研究院，专为有志深造者而设。所以图书馆学以在美国最为发达，最为完备。其他若英、法、德诸国就不免稍形落后。至于我国尚在萌芽时期，设图书馆学专科的，只有武昌文华大学。讲授图书馆学的也只有金陵大学等数处而已。

图书馆学的范围，至为广大，所分科目，也很繁多。美国皮兹勃加尼基图书馆①学校所修的科目，共有三十余种，纽约州立图书馆学校也有二十余种。各科里面，又有细目。今用普通科学分类法，分为两大类：一纯正的；二应用的。纯正的图书馆学专为说明图书馆原理原则，或现有事实，里面又分两类：甲具体的，乙抽象的。应用的图书馆学专为指导图书馆实施方法，里面又分两类，甲特殊的，乙一般的。

兹为系统分明起见，把它列表于下：

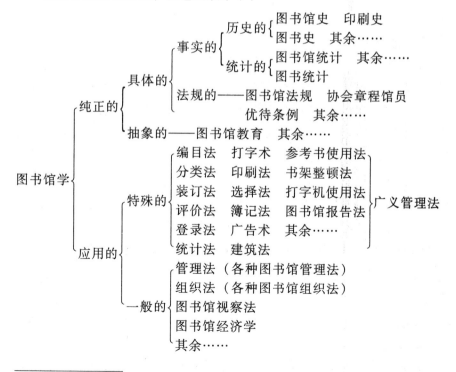

---

① 编者：今译为匹兹堡卡内基图书馆。

第三章　图书馆的历史

　　古来河图洛书，是中国图书的起源。周朝春官宗伯外史掌三皇五帝的书，地官司徒土训掌道地图道地慝。（注，地图山川原隰之图，地慝如瘴蛊之属。诵训掌道方志，道方慝。注，方志所记形胜事实之迹，方慝所传礼俗畏让之事。）当这个时候，图书已有专官经理。《史记》说：老子是周朝守藏之史。班固《汉书·艺文志》也说：老子做柱下史，博览古今典籍。可知老子就是当时图书馆馆长。孔子适周，得览周朝遗书，以后周游列国，得读120国的宝书。韩宣子到鲁见《易象》《春秋》。季札聘上国，闻《诗》的风、雅、颂。楚左使倚相能读《三坟》《五典》《八索》《九丘》。墨子也说：他自己曾是百国《春秋》。可见当时各国图书馆的多和藏书的富。

　　汉朝的兰台、麒麟、石渠、天禄、石室、广内，都是藏书的地方。并有许多大学问家，都是从这里面造就出来的。这是官立的，至于民间也有藏书的，匡衡的主人，就是其中之一。东晋官立图书馆，如：东观，仁寿阁，晋的秘书、中、外三阁，东晋的秘阁，宋的总明观，齐的学士馆，梁的文德殿、华林园，北齐的仁、寿、文林，后周的虎门、麟趾皆是。晋朝孙蔚家中藏书，任人阅览，并且对于远道而来的人，供给膳宿。其体恤阅览人，可谓无微不至了。隋朝的图书馆在东观修文殿，东都观文殿。唐朝买天下书，选工书者缮写藏于内库，用女子做管理员。又有四库、十二库等名称，藏书颇富。其他私人藏书，如李磎的李书楼，邺侯的邺架，比近世小图书馆规模宏大得多。宋朝建崇文院藏图籍，以后又另立书库，叫作秘阁，又在龙图阁、太清楼玉宸殿、四门殿各藏书数万卷。司马温公聚书在读书堂，李公择藏书于白石庵。元朝徙平阳经籍所到京师，改为宏文院。又立艺文库，专为收藏书籍。无锡高士倪瓒购书甚多，他的清秘阁所藏书画图集，极为丰富。

　　明朝上自内府，下至民间，均皆搜集图书。洪武时代，徐达入元都，收图籍致南京，又诏求四方异书，设秘书监管理。永乐时燕京文渊阁藏书有缺略的，成祖用重价采购，且派人取南京藏书百箱，运到北京。当时秘阁藏书，达两万余部，约百万卷，蓄积宏富，为前此所未有。又《永乐大典》也于是时告成，为类书巨著，庚子一役，大半流散国外，令人痛惜。当时私人藏书，如浦阳郑氏的御书楼，常熟毛子晋的汲古阁，汤铁厓的万卷楼，收罗宏富，史传著名。此外如天一阁，丛桂堂，静惕堂，传是楼，酉阳山书房，藏书也不少。毛氏的汲古阁，藏书八万余册，四方来阅览的，轴辘相接，二十余里，颇合现代图书馆的精神。天一阁藏书五万余卷，但限制太严，除家人外，外人不易得其允许。

清初，将宋、金、元、明等板书，藏在昭仁殿，御题天禄琳琅，分别珍藏。宋、金、板用锦函，元板用青绢函，明板用褐色绢函。乾隆三十七年，开四库全书馆，征求天下书籍，费时十年，计成 36275 册，1282 部，76757 卷，分抄七份，藏在七阁。京城内文渊阁，圆明园文源阁，热河文津阁，奉天文溯阁，统称内廷四阁。又在镇江建文宗阁，扬州建文汇阁，西湖建文澜阁，各藏一份，供人阅览。当时私人藏书，如康熙时，北平孙退谷的万卷楼，桐乡金星昭的文瑞楼，曹秋岳的静惕堂，朱竹垞的曝书亭等；乾、嘉时归安钱塘丁松生的八千卷楼，吴县黄丕烈的士礼居，常熟瞿氏的铁琴铜剑楼，聊城杨绍和的海源阁，丰顺丁日昌的持静斋，近时江阴缪筱珊的艺风堂，都以藏书著名。

由上面看来，中国有图书馆，远在四千年以前。不过名称上和性质上，和现代图书馆不同。私家保藏不善，或为虫蛀所蚀，或为子孙拍卖，其公家所藏，每逢变乱，损害尤多，其效率远不敌现代图书馆。清末时推行新政，民智渐开，光绪三十一年，湖南始创办公立图书馆。宣统元年京师图书馆成立，文津阁《四库全书》和内阁翰林院图书，悉归保管。嗣后学部颁布图书馆制，各省图书馆，遂次第成立。民国以来，图书馆事业，愈见发达。其为私人所筹设或捐助的，有北平的松坡图书馆，南京中央的孟芳图书馆，天津南大的木斋图书馆；其为省府或学校所筹设，而完全用新式方法管理的，省立图书馆有江、浙、粤、赣、鄂、豫等省；大学图书馆有北平清华、燕大，天津南开，南京中大和金大，广东中大，武昌文华，奉天东北大学和河南中大等处。中华教育改进社图书馆教育组在历届年会议决案件共 18 条，关于促进图书馆事业襄助很多。民国 18 年 1 月，中华图书馆协会在京举行第一届年会，议决要案百余件，到会者有 179 人。可见国人对于图书馆渐知重视了。但与东西各国相比较，相差还很远。若按历史说，除叙里亚、巴比伦尼亚和埃及在纪元前 7 世纪，就有很著名的图书馆外，其他如日本，其先本无文字，更没有图书，晋武帝时，百济王仁携带《论语》十卷，《千字文》一卷，到日本，他们才有图书。据最近调查，他们的图书馆已有 1600 余所，又如美国在百余年前，还没有什么文化，后经欧洲移民，披荆棘，斩草莱，始造成今日的庄严灿烂的共和国。到现在全国已有新式的图书馆一万多处。美、日合计，其人口尚不及我国人口的 1/2，而我国图书馆总数不及日本的 1/4，仅占美国的1/25，相形之下，令人惭愧。此外若英、法、德、意各国，图书馆事业发展得很迅速，社会教育，赖以普及。1929 年 6 月国际图书馆协会在意京罗马举行第一届大会，藉国际间的互助，谋图书馆事业的发达，这是很可纪念很可庆贺一件事。

总之在 120 年前，各国图书馆都以保存图书为主，现在以活用图书为主；从前以国或省为本位，现在却以乡村为本位；从前对阅览人有限制，现在对阅览人一律公开。这便是现代图书馆打倒旧式藏书楼的要点。

第四章　图书馆和教育

近年以来，民众教育和自动教育的声浪，已经喧动全国；但若没有良好的图书馆制度，其难以奏效，是可以断言的。况且现代图书馆以科学的方法和营业的精神，积极改良管理，推广服务，不但社会教育以它为中心，而家庭、学校和实业界各方面，也让它占了很重要的地位。今分述于下：

一　图书馆和家（庭）教育

儿童在家，做父母的语默动静和家庭的组织布置，固然都可以做教育的材料；但是儿童的知识欲和好奇心，常人的家庭，很难满足他们的欲望。所以欧美各大城市都设有儿童图书馆，或在公立图书馆附设儿童部或儿童阅览室。其馆员每乘儿童来馆阅书的时候，或为他们讲有趣味的故事，或奏音乐，或演电影，助他们的兴致。并指导他们该读什么书和怎样使用书。最近美国有些图书馆更利用广播无线电，每晚讲演故事，可使数百万儿童在他们自己睡床上，同时听讲。其服务范围的扩大，可想而知。至于招徕方法，或用公函邀请，或以电话招呼，或约各小学全体轮流来馆参观。若讲到设备上，则不论馆内馆外，务求精致，完全造成美的环境，使儿童潜移默化于其间，不但养成他们的读书习惯，并且可以陶冶他们的公共精神和审美观念。同时并节省了许多父母的心血和时间。美国加州某处，为母亲的，有以禁止往图书馆阅书为惩罚儿童的方法。则图书馆对于儿童的影响是如何的大，对于家庭的关系是如何的深，可见一斑了。

二　图书馆和学校教育

现今各国大学课程，最重自修。往往一小时的讲演必令学生有两点的自修。一门功课必须参考二三十种书籍。所以他们看图书馆特别重要。普林斯顿大学校长吉尔满常说："大学图书馆就是大学的心脏。若心脏微弱，各部都要受累。若心脏强壮，各部都能奋兴。"哈佛大学校长伊利欧尝说："我们的大学图书馆，对于大学教务的进行，不论教材和教法，都有很大的功效：因为图书馆是教员的教员。"又说："大学的定义就是学生，教授，图书馆，合拢起来的一个机关。"由此看来，图书馆在大学所占的地位，非常重要。所以各大学图书馆的经费，多者达数十万元，少者数万元。其藏书多者至二百万册，少亦数万册。近人参观大学每以图书馆与实验室规模的大小，定学校的良窳，其重要由此可知。

其次中小学的图书馆，也颇为当代教育家所注意。现美国各地中学，都设有新式的图书馆。延聘专家管理，供教员学生的参考。中等教育，因此得有长足的进步。至于小学和幼稚园，或自设图书馆，或与其他图书馆联络，得享图书馆的利益，总之凡人当学生时代，自幼稚园而小学而中学而大学，凡所爱读的图书都可予取，使有左右逢源的乐趣。比专靠课堂所受的讲义、笔记或教科书，获益大得多。那么图书馆大有功于学校教育，还不是明白的事实吗？

三　图书馆和社会教育

人不能终生在学校读书，况且大多数在小学毕业后，就无力升学，所以学校教育，是有限制的。世间天才，因此埋没的，不知多少！弗兰克林（即富兰克林——点校者注）①和加尼基（即安德鲁·卡内基）诸氏，若

_____

① 原译著人名、地名翻译名有与当今通译不一者，以下随文括注，不再一一说明注者。

不借助图书馆决不能有这样大的成就。并且现今世界进化，日新月异，今日所学，号称新奇，一到明日，或已废业，必常常和出版物接触，才能与时俱进。苏达利西博兹说："既费多金，兴办小学教育，而吝于开设图书馆，此犹一百元可成之物，既费九十七元，而吝惜三元耳。"哈古司理说："对于小学毕业生，不给以可读之书籍，犹教之使用刀叉，而不与以食饵。"所以图书馆有"终身学校"、"平民大学"和"教育中心"等徽号。它对于在辖境以内的人民，不论种族，不论男女，不论老幼，不论贫富，不论远近，都使他们有借阅图书的机会。对于医院的病人，监狱的囚犯和盲哑残废的人，馆员便亲自到那些地方去举行讲演，或指导读书方法。还有些图书馆设有公会堂，常常举行公开讲演，或关乎学术，或关乎常识。也有常代政府分散传单，张贴文告，效力是很大的。若就现状推测将来，社会教育竟为图书馆所包办，也是意中的事。

四　图书馆和实业界

现值工商业时代，占市民里面最大部分的就是实业界。他们对于国家负担既然很重，他们需要知识又很切，因此有些图书馆附设实业部，或特设实业图书馆，专罗列有关工商业的图书，供他们利用。工人的技术，日渐提高；商人的知识，日渐丰富，全国实业，无形之中，获有迅速的发展。

如上所说，我们应该晓得，要推广社会教育，要做民众运动，要救济失学的青年，要扶助国家以促进实业的发达，非致力于图书馆事业不可，因为这是极可靠极有效的一个法门。

第五章　图书馆的分类

现代图书馆因为服务的范围和经费的来源种种不同，遂有下列的分类：

一　按阅览人的程度分类
（甲）儿童图书馆
（乙）普通图书馆
（丙）专门图书馆

儿童图书馆始于 1885 年美国纽约城的儿童阅览室。次年该城始创办独立的儿童图书馆，到 1900 年其办法才渐为完善，规模才渐为整备。因儿童和成人志趣不同。若是天真烂漫的儿童和好学不倦的成人，在同一阅览室读书，在儿童固不免感受拘束，在成人也不免嫌他们喧扰，妨碍研究，双方都感不便。并且他们程度的深浅，心理的好恶，也不一致。所以要另设儿童图书馆，以发展儿童的本能，并且逐渐养成他们的自修习惯和高尚人格。兹将其办理要项列举于下：

（一）儿童图书馆的建筑当以接近都市，地势幽雅，儿童往来便利者为最佳。

（二）书架完全公开，分类排列，使儿童随便取阅。

（三）陈列图书的册数，要 3 倍室中收容的人数。若册数过多，恐有滥读的流弊。

（四）陈列图书，应按期更换。如第一日为童话，第二日为历史，第三日或为游记等，以免生厌。

（五）遇纪念日要陈列有关系的图书，使了解实在情形，以激发他们的志气。

（六）馆内外布置要美丽，并须张挂有益儿童的图画和标本。

（七）备布告牌揭示儿童对于社会应该知道的事项。

（八）时开谈话会，或展览会，以招儿童对于图书馆的好感。

（九）平日或讲故事，或演电影，或奏音乐，诱导他们来馆。

普通图书馆乃为一般国民而设。其目的在使国民养成读书习惯，以代替不良嗜好，以启发道德，输入新知，并使他们有终身修学的机会。其办法，第一为选购图书，这要看购书费的多少和阅览人的需要。第二要利用广告术，招徕群众，以扩大服务的范围，如贴标语，散传单，举行讲演会或展览会等，都能引起群众对于图书馆的注意。

专门图书馆的目的，在搜集专门图书，以供专家研究。因为普通图书馆既为一般民众而设，对于专门图书，势难搜罗完备，所以为专家研究便利起见，有专设图书馆的必要。此项图书馆也以美国为最发达。即在我国如北平地质调查所图书馆，政治学会图书馆，南京的科学社图书馆，都很著名。凡专门图书馆，第一，应设在一种学术或一种事业的中心点，如商业发达的地方，就应设有商业图书馆，工业发达的地方，就应设工业图书馆，以此类推。第二，凡关于该科的图书，应当力求完备。第三，凡关于该科的资料，不问其来源何自，如杂志、报章、报告、小册子等，都应该采集保存，以备专家随时参考。

二　按经费的来源分类

（甲）　国立图书馆

（乙）　省立图书馆

（丙）　县立图书馆

（丁）　市立图书馆

（戊）　私立图书馆

（己）　学校图书馆

国立图书馆专以搜集古今中外图书，以便全国人民的研究，发展一国的文化为目的。最著名的为英国博物院，法国国立图书馆，德国王立图书馆，美国国会图书馆，兹将其所做事业，列举于左：

（一）　帮助地方图书馆组织

（二）　保护版权

（三）　访求秘籍

（四）　编辑书评

（五）　刊印书目

（六）　交换书籍

（七）　答复问题

（八）　供专门的参考

省立图书馆的经费，由省款支付，其所做事业如下：

（一）　刊布省教育和农工商业的研究报告，分赠各学校、各图书馆、各机关，使互相讨论，藉资改造。

（二）　指导小图书馆的组织和进行事宜。

（三）　办理巡回书库，转助设备不完美的城市图书馆。

（四）　扶助各县图书馆选购图书。

（五）　供给他图书馆不能供给的图书。或用邮传寄，或专人送达。

（六）　除编印普通目录外，并就地方事业的需要，择印相当的参考书目。

（七）辅助各县图书馆，解决行政上的问题。

（八）用电报、电话，或书信答复外界来询的各问题。

（九）为读书采取关于学术上应用的资料。

（十）征集地方文献和有关行政的资料，以供议会或政府进行事务的参考。

县立图书馆（county library）经费由县款支付，其性质介乎省立图书馆和市立图书馆之间。此节颇关重要，当于另章详述之。

市立图书馆经费由市民担负，又名公立图书馆（The public library）。

私立图书馆由私人捐款维持，如北平松坡图书馆等。

学校图书馆由学校经费支付，专供教员和学生的参考。

以上系就阅览人程度和经费的来源而有种种的类别。此外尚有一种流动的图书馆，又名巡回书库，附设于县立图书馆内。

第 二 篇

图书馆的经营和组织

第一章　图书馆的经费

经费是凡百事业的基础，况图书馆是永久的事业，教育的中心，建筑设备既要特别美丽，管理服务又须时加扩充，非宽筹经费，断难发展。图书馆的经费，普通分为创办费和经常费两项，今分述于下：

创办费：研究创办费有三点应注意：（一）来源；（二）标准；（三）分配。

一、来源：图书馆创办费的来源，约分三种：（甲）教育费；（乙）捐助金；（丙）募公债。

（甲）教育费：图书馆是一种教育机关，创办费当然从教育费开支，国立图书馆从中央教育费开支，省立或县立图书馆从地方教育费开支，学校图书馆从学校经费开支，这是当然的事。但因为教育经费的来源和用途，往往是固定的，若临时创办图书馆，指望拨款，颇感困难。故有赖于捐助金。

（乙）捐助金：私立图书馆固然赖私人捐助，即公立图书馆也多借热心公益的富绅巨贾大宗捐款，才能有迅速的发展。据 1919 年调查，美国全国图书馆的捐助金已达五千余万金元，其中有 3/4 是钢铁大王加尼基所捐助的。我国今日贫困已极，图书馆事业，若专靠政府兴办，收效很缓，必须国民群策群力，从事于此，才可告成。至募集捐款有效方法，一赖舆论的宣传，一赖热心教育的劝读。近来国人慨捐巨款，兴办图书馆的渐成风尚，如齐孟芳、卢木斋等，均以此著名。图书馆对于捐助人，也应加以表扬，藉资激劝，而志高谊，其办法如下：

（一）以捐助人的名为馆名或藏书室名。

（二）为捐助人立全身或半身铜像。

（三）将捐助人肖像悬于室内。

（四）将捐助人姓名镌于铜牌或勒于石碑。

（五）将捐助人的肖像刊贴于书内。

（六）将捐助人的姓名记于书内。

究应采用何项，当以所捐款项或图书之多寡而定。对于劝募人也当有以酬报。或赠银杯，或赠银质，或赠绣旗，或镌于铜，或勒于石，或附列姓名于书内，各随其募款之多寡而定。

募公债：图书馆创办费若恃捐助金为来源，必具有下列两条件：（一）人民热心公益；（二）人民明了图书馆事业的重要，否则捐助金就难有望。不得已，只有募公债的一法。预计所需创办费数目，然后募集公债，又按图书馆常年费用，规定偿还年限，从常年费里按年摊还。英国常采用此法，美国也有些地方采用。

二、标准：创办费的多少，要以人口和常年费为标准。据美国公立图书馆收藏册数的标准，居处近馆的人每二人或五人平均分配一册；按全体计算，平均每十人分配一册。如此，人口十万的区域，应藏书两万至五万册。所以人口多，图书就要多，建筑和设备更要宏大完美，因此创办费不能不多。这是以人口为标准的。又图书馆常年费多，则规模要大，创办费也很多。否则反是。据英人布朗氏的计划，若有一万元常年费，建筑设备等费，就要四万元。购书费还不在内。这是以常年费做标准的。

三、分配：创办费分配，不外下列四种：（甲）建筑；（乙）设备；（丙）图书；（丁）事务。图书馆的建筑是公共的，是永久的，须特别坚固和美观，故用钱较多。普通占创办费2/3，或6/10。譬如有10万元的创办费，建筑费可用6万元。图书馆的设备，如目录柜、书架、桌、椅之类都特别定制，要占创办费2/10。至图书费仅占创办费1/10。这因为图书购置，须陆续增添，一时不可过多，一因不易整理，二因仓促购入多书，不暇选择，难免滥竽充数，虚耗金钱。最后事务费，包含有办事人薪俸和一切杂支。为节糜费起见，普通规定不得超过创办费1/10。附表二：

日本创办费预算表

创办费总额	建筑费	设备费	图书费	事务费
500 元	300 元	100 元	50 元	50 元
1000 元	600 元	200 元	100 元	100 元
5000 元	3000 元	1000 元	500 元	500 元
10000 元	6000 元	2000 元	1000 元	1000 元
50000 元	35000 元	7000 元	5000 元	3000 元
100000 元	70000 元	10000 元	8000 元	12000 元
150000 元	100000 元	25000 元	10000 元	15000 元
200000 元	140000 元	30000 元	12000 元	18000 元

创 办 费 总 表

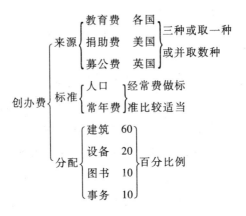

经常费：图书馆的经常费，要有固定性和永久性，不能仰给捐助金和募公债。其来源或拨用教育经费，或另抽图书馆税。前者为我国所通行，后者为美国所采用。民国 17 年，南京全国教育会议议决案有各地方教育费最低限度须以 5% 作为图书馆经费一条。至学校图书馆普通约占学校经常费 1/10。经常费分配约分三项：（甲）薪金；（乙）图书；（丙）杂支。其中以薪金为大宗，图书费和杂支次之，此与一般意见恰恰相反。其实现代图书馆既趋重图书活用，非聘富有干才，受过专门训练的不可。因此待遇就要优厚，薪金就要提高。譬如经商，资本虽少，若经纪得人，运用灵活，一万可抵十万。所以图书馆每以借阅统计，定馆员之成绩，否则藏书万架，阅者寥寥，果有何益呢？依寻常统计，薪金约占经常费的 40 %—60 %，图书占 10 %—20 %，杂支占 20 %—30 %。

兹将美国罗省（即洛杉矶）公立图书馆经常费分配百分率列表于左：

经 常 费 预 算 表

薪金	图书	杂志	装订	灯炉	维持费	杂费	文具印刷	临时费
60 %	18 %	2 %	8 %	2 %	2 %	3 %	3 %	2 %

第二章　图书馆的建筑

图书馆注重建筑，欧洲各国提倡最早。首倡斯议的，为大英博物馆图书馆长巴利兹和德国哈列大学图书馆长铎维二氏。美国在过去 30 年间，才陆续有图书馆的新建筑。因为她的人民勇于进取，富有资财，其大城市的图书馆建筑的堂皇华丽应用适宜，遂一跃而为全世界的模范，其建筑费用由数百万元达千万元以上的。规模宏大，可想而知了。

建筑图书馆时，应注意下列各点。第一，馆址须审慎选择。以地点适中，交通便利，清静轩爽为最佳。若和工厂或市场为邻，声音喧扰，必致妨害阅览，有时宜招火灾。若设在偏僻的区域，阅览人又不方便。欧美各国往往于各城市适中地方，划一空场，作为开辟公园，建筑图书馆博物院等各文化机关，以为市民修德进业的场所。这是我们应当取法的。第二，馆地面积须以常年费及人口为标准。同时四周要多留余地，以备将来的扩充。第三，建筑方位以空旷高燥为宜。故以南向东向为最佳。必不得已时，若采用北向西向，应于其前面相当距离外，种植树林，以防西照和北风。第四，建筑计划，要适合三个要件：（一）美观；（二）合用；（三）坚固。兹列表于左：

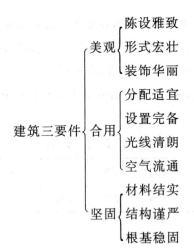

图书馆内部的配置，简单分为三部分：（一）藏书室；（二）阅览室；（三）事务室。

各室位置，要彼此联络，最忌散漫。规模较大的图书馆，采中心式的建筑，以便管理。今分述于下：

（一）藏书室。图书馆最重要的部分，就是藏书室。建筑时应注意下列各项：

1. 预计藏书册数的多寡。

2. 能避火险。

3. 须防潮湿、灰尘和日光的直射。

4. 须讲求空间经济，要适合书架的高度和距离。如书架高度为七尺五寸，则藏书室每层高度约为八尺。

5. 便于图书的出纳。

（二）阅览室。阅览室的建筑，第一，要清朗，但光线也不可太强。第二，要肃静。第三，要空气流通。阅览室约分下列六种：

1. 普通阅览室，面积要大，容座较多。

2. 特别阅览室即参考室，面积较小，为专门学者著述和研究的地方。

3. 新闻杂志阅览室。日报和杂志共用一室的，有分设二室的。

4. 儿童阅览室，应设在楼下。既可免儿童升降的危险，又可使和其他阅览室隔离。

5. 妇女阅览室。此在实行男女同学制度的地方，无设立的必要。

6. 展览室。专为陈列贵重图书，珍奇物品，名人书画，古今货币，供人阅览的地方。

（三）事务室的多少，要视图书馆的规模大小而定。有一事占数室的，有数事合占一室的，今分别列举于下：

（甲）关于馆务的：

（1）监理室，（2）出纳室，（3）巡回书库管理室，（4）编目室，（5）登录室，（6）装订室，（7）印刷室，（8）打字室，（9）讲演室，（10）消毒室，（11）夫役室，（12）杂品室，（13）机器室，（14）其他。

（乙）关于馆员的：

（1）馆长室，（2）秘书室，（3）馆员室，（4）会议室，（5）会客室，（6）会食室，（7）休息室，（8）厕所，（9）厨房，（10）其他。

（丙）关于阅览人的：

（1）研究室，（2）誊写室，（3）写真室，（4）食堂（大图书馆附设饭店以便阅览人就食），（5）寄存物件室，（6）预备室，（7）洗手室，（8）休息室，（9）厕所，（10）其他。

建筑形式种类繁多，今略举数图。一图至三图是简易图书馆所采用的。四图至六图是规模较大的图书馆所采用的（编者注——原书无图）。

第一图　凹字式

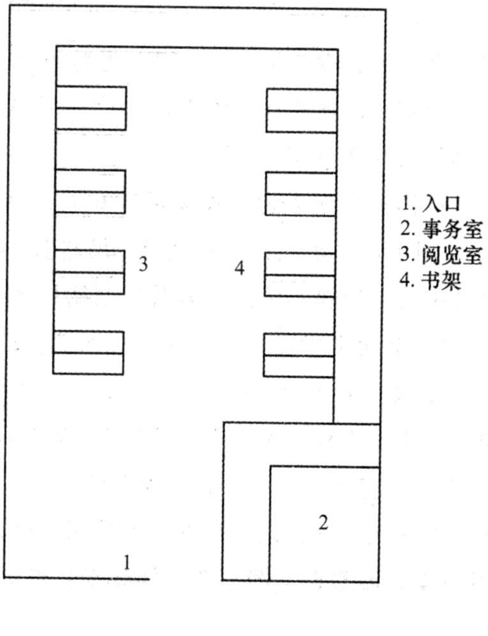

1. 入口
2. 事务室
3. 阅览室
4. 书架

第三章　图书馆的设备

　　图书馆的设备，分为内部的和外部的。关于外部的，第一应就馆的周围隙地，多栽花树，使成庭院。其目的有三：（一）可借自然的美，以快适读者的精神，且资道德的陶冶；（二）可借以启发读者研究自然的趣味；（三）可借以调节空气。此外应开一运动场，设置各种运动和游戏的器具，以供读者体育的训练。关于内部的，除采光通风，防寒，防暑，属于建筑范围外，其重要的设备，不外出纳台，书架，杂志架，目录柜，阅书桌，字典和地图架，办公桌和文件柜等项，今分述于下：

　　（一）出纳台又名借书台。高3尺2寸，宽9尺5寸，深4尺。儿童图书馆所用的，较普通图书馆所用略低，普通作口字形。

　　（二）书架有铁制木制。铁制的可以避火，美、日有专制公司，可以订购。木制的可按式样定制，普通有单面双面两种。每层板架，可以移动，高度约在7尺左右。底层离地至少2寸，以防污损。从底到顶约分七八层。单面架深6寸5分，双面架深1尺3分。宽2尺5寸至3尺5寸。

　　（三）杂志架。高6尺5寸，宽4尺，深1尺左右。能容杂志20份。儿童杂志架较此略小。高4尺宽3尺，深1尺左右，能容纳杂志10份至15份。

　　（四）新闻架。高6尺，宽2尺，深1尺，可容报10份。

　　（五）目录柜。上部高1尺8寸，深1尺3寸，下部高2尺2寸，有抽屉15至20。可容目录片2万张。

　　（六）阅书桌。桌样有长圆2种。长桌可座6人。桌面长5尺，宽3尺，高约2尺6寸。圆桌可座4人，桌面直径4尺左右。

　　（七）字典和地图架。字典和地图，较普通书籍厚大。为便利庋藏和检阅当为制特殊之架。架面宽2尺5寸，深1尺5寸，前面高3尺3寸，每层高3寸，宽2尺，深1尺8寸。

　　（八）办公桌。有大小2种。大者高2尺5寸，宽2尺8寸，长4尺6寸。小者高度和大者同，宽为2尺2寸，长为3尺半。

　　（九）文件柜。高4尺3寸，宽1尺6寸，外深2尺2寸。

　　此外，尚有图书架，阅报台，图书押，借书片盒和其他零星用具，当

参观图书馆和参考其他图书馆学书籍时，加以注意，就能明了。兹择上述较重要的用具数项，附图于左以代说明：（原文无）

第四章　图书馆的组织

图书馆的事务繁多，若求馆务发展实效增加，不能不采分工制度。规模大的图书馆，其行政组织，除馆长外，每将全馆事务，分为 20 部，或分为 20 科，选任专员，各司其事，以馆长总其成。其各部名称如下：

一、选书部，二、购订部，三、收受部，四、编目部，五、藏书部，六、流通部，七、阅览部，八、参考部，九、装修部，十、乡土部，十一、纪念部，十二、博物部，十三、儿童部，十四、分馆部，十五、统计部，十六、出版部，十七、社会教育部，十八、文牍部，十九、会计部，二十、庶务部。

馆长总理全馆事务，督率馆员，执行职务，每月或每周对馆员为图书馆学术的讲演，或讨论问题，以引起其兴味，并注意社会状况，为适应的需要。

选书部　　专司选择图书事务。

购订部　　专司订购图书事务。

登录部　　专司收受购入新书事务。

编目部　　专司中外图书分类编目事务。

藏书部　　专司整理并保管图书事务。

流通部　　专司图书借出收入事务。

阅览部　　专司设备和整理阅览室，指导和监督读者。

　　　　　流通部和阅览部在图书馆职务中最为繁重。

参考部　　专司参考书籍，以备读者的质疑问难。

装修部　　专司图书馆装订修补等事。

乡土部　　专司搜集本地方，历代的图书和其有价值的出产品。

纪念部　　专司搜集古今中外，可资纪念足以启发人民志气的图书、

　　　　　器物等。

博物部　　专司搜集关于考古学上的参考物品。

儿童部　　专司关于儿童图书馆各事项。

分馆部　　专司分馆、阅览所、代借处和巡回书库等。

统计部　　专司编造藏书，图书出纳，阅览人数，财产损益和其他一
　　　　　切统计。

出版部　　专司图书出版品的编辑和介绍图书、杂志等事。

社会教育部　　专司学术讲演会、科学研究会、读书会，以丰富民众
　　　　　　知识，实现平民大学的精神。

文牍部　　专司公文、函件和报告、编辑等事。

会计部　　专司编制预算，造报决算和一切金钱出纳事宜。

事务部　　专司全馆庶务。

以上组织，唯规模最大的图书馆，乃能采用。

寻常较大图书馆则只设下列 12 部：

一、选书部，二、购订（部），三、收受部，四、编目部，五、藏书部，六、装修部，七、出纳部，八、阅览部，九、参考部，十、文牍部，十一、会计部，十二、事务部。

较小的图书馆可只设下列八部：

一、购订部，二、收受部，三、编目部，四、藏书部，五、装修部，六、流通部，七、会计部，八、庶务部。

依此种组织，可将选书部并入编目部，阅览部、参考部并入流通部，文牍事务由庶务部和馆长兼任。

最小的图书馆，则只设下列四部：一、编目部，二、藏书部，三、流通部，四、庶务部。

依此种组织则将购订部并入编目部，会计部并入庶务部。各部主任由馆长聘任之，馆长由图书馆董事会或委员会聘任之。各董事或委员则由当地教育主管机关聘任之。董事会或委员会对于馆长虽有任免之权，但应慎重人选于先，及馆长一经聘定，即须予以合法的保障，充分的职权，俾得发展所长，执行职务。然后图书馆事业，始蒸蒸日上。若朝令夕改，使人存五日京兆之心，断难收效。

各董事或委员人选，应具下列资格之一：（一）热心教育；（二）谙练法律；（三）有图书馆的学识；（四）富有建设的能力。至于董事会，或委员会的职权，则除上述（一）任免权外，尚有（二）制法权以制定各项临时法规，（三）监察权以监督事务兴废及金钱出纳等事。兹为系统

分明起见，图书馆组织特列表于下。

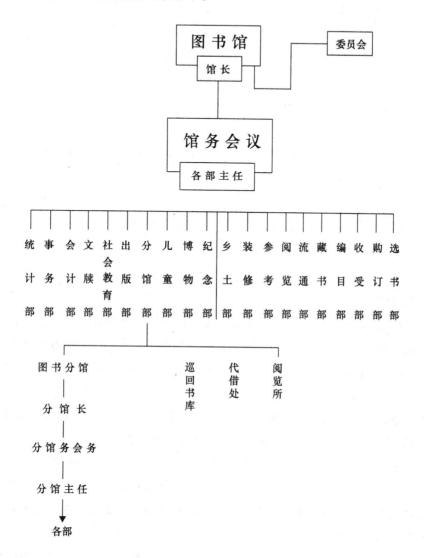

第五章　图书馆员

图书馆员的意义，有广、狭两种，广义的馆员系指馆内一切职员而言；上自馆长，下至练习生。狭义的馆员，仅指馆内各部主要人员而言。此章所论，为广义馆员。今就其资格和待遇两项，分述于下。

一 资格

广义的馆员约分四种：

（甲）馆长

（乙）馆员（各部主任和助手）

（丙）事务员

（丁）练习生

（甲）馆长责任重大，资格极严，第一要精通图书馆学术，第二要富有图书馆的经验，第三要通晓社会情状，具备干事才能。

（乙）馆员是图书馆中坚分子。丰富的学识、经验，良好的品行、才能，都是必要的条件。最好是大学毕业，或在图书馆学校毕业的。否则亦须具有下列资格之一：（一）在新式图书馆有两年以上之经验者；（二）富有考据学问和其他专门学问者；（三）精通外国文者；（四）任教育行政有成绩者。

（丙）事务员，其职务是受馆长或主任的指导办理各部专门事务，其人选须具下列资格之一：（一）曾在大学毕业者；（二）曾选习图书馆学者；（三）在新式图书馆办事有经验者；（四）通晓外国文者。

（丁）练习生，其职务是帮助馆员办理各部普通事务，借以实地练习，造成专门馆员。其人选须具下列资格之一：（一）中等学校毕业生；（二）图书馆员训练班毕业生；（三）通晓外国文者。

上述人选资格系指大图书馆而言，若在小图书馆，往往经费不足，难聘专门人才。中等以下学校，图书馆可由本校教员兼任。但也需稍知图书馆学，并且为人诚恳热心服务才可以。欧美各国对于图书馆员，多采考试制度。必考试及格，才可任图书馆馆长，或主任。再者当馆员的，自馆长以至练习生，除学识上资格以外，还有人品上资格，不可不注意。今略举于下：

（甲）外观上：

（一）容貌　容貌和悦，衣履整洁。

（二）举止　举止娴雅，语言爽利。

（三）声音　声气清细，音调明晰。

（乙）事务上：

（一）机械的事务，手续清楚，办事敏捷。

（二）文笔的事务，心思精细，注意周到。

（三）精神和社交，有向上心，无骄矜气。

（四）品格和性情，品格高上，性情温和。

（丙）高等事务：

（一）毅力　辨别敏慧，视察周密。

（二）天才　处置适当，因应有力。

二　待遇

美国芝加哥大学校长哈琴森氏于今年就职演说，内有几句话，最为中肯："有了第一流人物，才能做第一流事业，但若求第一流人物，必须提高待遇，若报酬太少，反不若买办工匠等，焉能望他安心服务，努力精进呢。"图书馆馆员资格，限制既然如此之严，待遇上就应该格外优厚。否则断难罗致才能、学识、品格，兼优的人。我国教育界号称清苦，图书馆界在昔更为人漠视。往往馆员待遇，不如同等级的教员，一般人遂视馆员为闲曹，而馆员也视图书馆为客舍。以致有关文化中心的事业，无形之中，大受影响。最近我国教育当局，渐知图书馆之重要，对于馆员待遇，也加以改良，实在是可善的现象。但除县立图书馆外，其余关于薪俸问题还没有一定规程。兹将英美两国薪俸标准，略述于下，以备参考。

（甲）英国　英国图书馆对于馆员，常以人口和课税多寡定薪金高下。其助手年薪二百至三百五十镑；各部主任和分馆长年薪由二百五十镑至五百五十镑，馆长年薪由三百至六百镑。（每镑按目前市价合银洋十五元）

（乙）美国　美国图书馆员待遇较英国更优。其助手年薪由一千二百银洋至两千银洋；各部主任年薪由三千二百元至五千元；馆长年薪有五千元至七千元。（每美金合银洋三元）

此指较大图书馆而言，若规模较小的图书馆，其馆员薪金自当递减，但也较各国为优。英美财力雄厚，上述办法，我国固难仿行。但在目前已须将馆员待遇稍微提高，图书馆事业发展，才有希望。

第 三 篇

图书馆的管理

第一章 图书的选择

图书馆的三要素，是馆舍，馆员和图书。在这三项中，最能表示图书馆意义的，就是图书。我们批评一个图书馆的藏书，不可只看量的方面，更须注重质的方面。但怎样能够"用最低的经费，购最好的图书，收最大的效果"，那全在选择的精当。滥购图书的流弊，至少有下列三种：

（一）耗费图书馆经费；

（二）增多管理手续；

（三）妨害读者。

结果必致妨害图务的进行，而招社会的指责，不可不慎。但馆员选择图书，一要有标准，二要有方法。今分述于下：

一，选择的标准：

选择图书的标准很多，但最重要的不外：（一）社会和环境的需要；（二）书籍的价值和内容；（三）图书馆的性质和经费。

读下列之表，更可明了一斑。

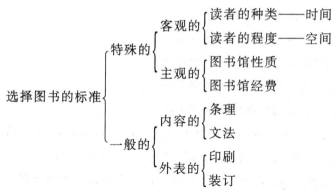

客观的标准，是以读者为标准。其间又因读者的种类和程度不同，要分别注意。如近海滨的图书馆，应注重渔业航业；近山林的图书馆，应注重农业林业；近城市的图书馆，应注重工业商业；这是关于种类的。此外尚有关于程度的，如乡村人民程度较低，应送浅易的图书，城市人民程度较高，应送高深的图书。这是关于程度的。

主观的标准，是以图书馆为标准。其间又因图书馆的性质和经费不同，显有区别。代分述于下：

以图书馆性质为标准，学校图书馆和专门图书馆各视其专门性质为转移。选择标准，比较简单。所当研究的，为儿童图书馆和公立图书馆。

儿童图书馆，儿童判断力薄弱，并且心地清白，容易感应。故对于儿童用书，当谨慎选择，其要点有三：

（一）可以引起儿童美感和兴趣的：如图画，游戏，运动，唱歌等书。

（二）可养成儿童记忆力想象力的：如名人传记，游记，童话故事等书。

（三）凡是儿童所爱读且有文学价值的书。

公立图书馆，这种图书馆对于社会是自动的，是取攻势的，对于社会文化，不但使之普及，且须使之提高。故选择图书，应注意下列各点：

（一）使人民志趣高尚的。

（二）使人民生活丰富的。

（三）保持公众健全，并涵养读书兴味的。

（四）辅助学术进步，并指导技术娴熟的。

（五）促进产业发达的。

（六）关于地方人士的著述。

（七）关于古今或永久有价值的著述。

（八）不能随馆员之好恶，而有所轻重。

（九）不能单看书的外表，须详察书的内容。

（十）专门性和普通性的图书不可偏重。

以图书馆的经费为标准，通常图书经费，仅占馆费的30％。此项经费，对于选购各类图书，又当怎样分配，须有一定的标准。此在学校图书馆和专门图书馆各就本身需要而定标，故无问题。今将儿童图书馆、公立图书馆图书经费分配比例，列表于下：

儿 童 图 书 馆
图 书 经 费 分 配 比 较 表

种　　　类	百　分　率
哲 学 与 宗 教	5　％
社 会 科 学	5　％
语 言 学	2　％
科　　　学	7　％
应 用 技 术	7　％
美　　　术	4　％
文　　　学	7　％
小 说 故 事	30　％
传 记 与 游 记	25　％
总　　　类	8　％
合　　　计	100　％

公立图书馆

图书馆经费分配比较表

种　　类	百分率
总　　类	6%
哲学与宗教	8%
社会科学	25%
文　字　学	3%
科　　学	8%
应用技术	10%
美　　术	5%
文　　学	15%
小　　说	10%
史　　地	10%
合　　计	100%

　　内容的标准：（一）要条理清晰；（二）要文法正确；（三）要说理真实。

　　外观的标准：（一）要印刷精良；（二）要装订坚固。

　　总之，选择图书的标准，要就读者、图书馆和图书本体三方面，兼筹并顾，然后所选购的图书，才合实用。而图书馆的意义和功效，才能充分的表现。

二，选择的方法：

　　图书选择的标准既定，为馆员的，自应遵守进行。但古今中外的图书，浩如烟海，关于名称、性质，如有无价值，实难尽悉。故选择要有方法——工具——兹择其最要三项，分述于下：

　　（一）搜罗分类的图书目录；图书目录详载书名、著者、出版者和价值等项，可供选书的参考。这种目录约有四项：1. 各地书局分送的目录，2. 专门学者编辑的目录，3. 图书馆藏书印刷的目录，4. 教育团体选定的目录。

（二）征求专门学者的意见。图书馆的藏书，包罗万有，为馆员的，对于添购各项专门图书，势难斟酌悉当。所以应借助专家的意见，以定去留。其办法有二：第一，对于某项专门图书，即请该项专家建议和介绍。如想购教育书，可请研究教育，素有声望，有权威的学者介绍，比较省力，而且可靠。但这种人往往过于忙碌，不敢谓有求必应。第二，由图书馆先选定若干种图书，开具书名，或将原书送阅，分送对于该项学术较有研究的，如学校专科教员和专科学生，请他们一一批阅，以作去留的标准。此项办法，比较具体，且易实行。

（三）根据书店所出的每周书目。欧美各国，都有出版界周刊，将国内每周图书，分类排列，并列举内容，以作选购图书的指南，非常便利。但根据书目选书，下列四点，应当留意。

（甲）著者　著者姓名，常足以表示该书的体裁、性质、文字和他对于该项著作有无权威。为馆员的，若熟知当代有名的著作家，选择图书，可得到很大帮助。

（乙）书名　书名原是一本书的简括名词，通常一看书名，便知此书性质。但有时命名的用意，是在引人注意，仅看书名，必为所蔽。如《冲积期化石》有人认为是地质书，《不平衡的偶力》有人认为是物理书；其实均为现代小说。依此选书，岂非大错？故应详察封面内的序词和章目，有时须进而阅读书的一部分，才能悉其内容。

（丙）出版者　著名的出版公司，对于承印图书，非常审慎，决不肯随便出书，丧失信用。故一书的出版处，和它的价值极有关系。

（丁）书评　书评是集一般人对于新书的意见，或为定期刊物，或为单行书本，或为报章杂志的一栏，如有几种和平中正的书评，供我们参考，即可依照选购，比较个人翻阅考虑，在时间上、精神上，都经济得多。

由上所述，选择图书不但是很重要的事，而且是很繁难的事。为馆员的当格外注意！

第二章　图书的订购和登录

图书选定以后，其次即为订购。其手续：第一，填写请购图书卡片；

第二，填写订购图书清单；第三，填写订购图书卡片。

订购图书，先要调查馆内有无这种图书（除特别需要外切勿添购副本）。如馆内并无此书，然后填写请购图书卡片，由馆长签字，其格式如下：

请 购 图 书 卡 片

未曾购买	译著人
没有复本	书名
馆长	发行所
日期	价格
	请购人签名

馆长签字准购以后，即填写订购图书清单，将著译人名、书名、部数和册数、出版次数、发行所、装订、价值等项记明。特别要注意的就是出版次数。因为一书经增订改版以后，内容时有更动。这在科学书，更为显著。其格式如下：

订 购 图 书 清 单

图书公司名称

著译人	书名	部数和册数	价格	装订	版数	出版地

日期　　　　　　　　　　　　　　　　　　　　　　　　　　图书馆

订购图书清单，系寄往各书店的，要留存根，以备查考。这种存根，仍用定制卡片填写，名为订购图书卡片。每一书填一片。即按著者姓名，顺序排列，按日放在抽屉里。书收到时，就将此书片取出注明收到日期，放在另一抽屉里，以备查考。有些图书馆，为人工经济起见，就将这种卡片，依收到日期先后排列，作为登录簿。不另备登录簿。

订 购 图 书 卡 片

著译人	
书名	
价格	
出版地	
发出日期	
收到日期	
备考	

关于订购图书应当注意的，约有下列诸项：

一，订大批图书，可先将清单提交多数书店，比较折扣多寡然后订购。

二，购置旧版图书和新版图书不同，宜分别订购。不可混在一起。

三，图书有一部分作数期出版的，订购的时候要分别记明，以免重复和遗漏。

四，图书有未出版，先售预约券的，倘若订购，要择素有信用的书店。

五，图书封面有布有纸，要买布封面的。

六，图书版本有大有小，要买形式大的。

图书购入以后，先将书单和存根对照，都无错误，然后受领。其次须检点册数、页数，有无脱落颠倒的地方，然后盖藏书印、登录号数印。然后将有关图书的要点，逐次写在登录簿上，计共 14 项。这种登录簿，是图书馆的财产总账，须永久保存，其最后的登录号数，即为馆内藏书的总数。其格式如下：

西 文 图 书 登 录 簿

Number	Author	Title

这是中缝装订的地方

这一面和前边的一面合成一个形式。

Publisher	Year	Page	Size	Binding	Source	Price	Class No.	Book No.	Volume	Remarks

这一个和关边的一面合成一个形式

中文图书登录簿

年　月　日

登记号数	类号	书号	册数	著译人	书名

这一面和前边的一面合成一个形式。

出版地	出版年	页数	形式	装订	价格	备考

报章杂志另用定制卡片登录，非常便利，其格式如下：

杂志登录片

（一）正面

号数							名称						
年	卷	一月	二月	三月	四月	五月	六月	七月	八月	九月	十月	十一月	十二月
出版地							出版处						
价格							发行					每年卷数	

杂志登录片

（二）反面

定价

订购或续订的日期	截止期	来源	实价

报 章 登 录 片

（三）正面

号数	1	2	3	4	5	6	7	8	9	10	11	12	13	14	15	16	17	18	19	20	21	22	23	24	25	26	27	28	29	30	31
1 月																															
2 月																															
3 月																															
4 月																															
5 月																															
6 月																															
7 月																															
8 月																															
9 月																															
10 月																															
11 月																															
12 月																															

报 章 登 录 片

（四）反面

定价			
订购或续订日期	截止期	来源	实价

　　杂志报章收到以后，应按发行的日期记载，收到的符号用"×"。

　　图书既经盖章登录，就可以分类编目。然后粘贴书签和借袋，并插入借书卡片，最后依照书签上所标号码，顺序陈列于书架上，以供借阅。

第三章　图书的阅览

　　现代图书馆最重要的工作，就是读书的活用。这种工作，属于参考部和流通部。这两部是图书馆活动的主脑。参考部专谋发展图书在馆内的用途。流通部专谋图书在馆外的用途，这章专论馆内的用途，就是阅览和参考工作。

　　（一）阅览手续

　　读者入馆后，先到目录柜，找得自己所要看的书，将书名、号数，填在阅览卷上，向馆员领书。阅毕交还，注销阅览卷。手续异常简单。阅览卷可分两种：（1）一卷只借一种书。（2）一卷能借数种书。其格式如下：

（1）

某某图书馆		
书　号	著译人	书　名
座号	姓名	

（2）

某 某 图 书 馆 阅 览 券						
第　号	月 日					要项
	住所					书名
	职业					
						册数
	姓名					函数
						号数

　　第一种是美国纽约州立图书馆阅览卷，每卷只借一种书；第二种是日本帝国图书馆阅览卷，每卷可借数种书。填写阅览卷，越简单越好。最重要的是书的号数，其次是著者姓名、书名、读者姓名等项。以上手续虽很简单，但对于读者仍有不便。现今欧美各国，除少数大图书馆外，其余都采公开书架制，让读者到藏书室自由阅览。如此，既无须填写阅览卷，也省却领书还书的手续，节省时间，鼓舞兴趣；对于读者，非常便利。虽因此图书上稍受损失，但利害相权，总是利多害少。不过依我国现状上看起来，尚谈不到采用开架制。

　　（二）阅览指导

　　指导读者，是图书馆重要的职务。关于指导事项，约分下列六种：

（1）目录的准备；

（2）目录的使用法；

（3）图书利用法；

（4）图书馆利用法；

（5）读书法；

（6）参考书使用法。

前四项的指导，比较容易；后两项则比较重要。参考部可说是读者的高等顾问，专备质疑问难，遇有专门学者的请求，或社会上重要问题发生，即临时编制关于该学科或该问题的书目，或读书目录以供参考。所以非有相当的学识，不能担任这种职务。

（三）阅览监视

较大的图书馆于阅览室中央或两端设有监视台，派有馆员立在上面，监视阅者。其目的在：

1. 维持阅览室的秩序；

2. 防范图书的遗失；

3. 减轻图书的污损。

此外，尚有关于阅览时间、阅览年龄、阅览费用诸问题。每日阅览时间的长短，应视图书馆的性质和地方的情形，酌定办理。总之以便利读者为主。关于阅览年龄，从前成人图书馆限定在 16 岁以上者，儿童图书馆限定在 10 岁以上者，始得入馆阅览。近因儿童图书馆，日有进步，凡满学龄的儿童，即可入馆阅览，限制稍宽。至于阅览费用，除私立者外，其余概不得收费，这和图书馆事业的发展大有关系，不可不知。

第四章　图书的借出

图书馆对于阅览虽然力求方便，但以天然的有空间和时间的限制，为谋扩大图书的活用范围起见，因有借出办法。借出的范围，可分三种：

（一）地方借出　凡图书馆所在的地方，民众都享有借书的权利。

（二）馆际借出　图书馆为辅助同业、互通有无起见，往往彼此互相贷借图书。

（三）国际借出　近年以来，因受科学的进步和交通的影响，一切事业，特别的是学术方面，都趋向国际化。图书馆既以服务人类为目的，便不应有种族和国家的界限，所以举办国际借出事业。现今欧美各国，已相互实行。图书的活用范围，可谓越推越广了。借出方法，新规合计共有四种：

（一）账簿法。

（二）木板法。

（三）临时纸片法。

（四）永久纸片法。

由此法演进遂成为现代图书馆最通行的借出制度。其中又分布朗尼法和纽瓦克法，今述于下：

（一）账簿法　馆中备有账簿，上面印好页数和一定的格式，分列各项，如书名、著者、日期等，以便读者填写。读书签字于某页时，其页数即为该读者登记号数。还书的时候，可将借项抹去，或盖还书日期。

账簿法的利益有：

（甲）记载所用的地位甚少。

（乙）读书曾否借书，很容易检查。

（丙）读者所好的书，馆中可以当作他行为的借镜。

但是账簿法的弊病，则有：

（甲）不能按字母排列。

（乙）换页很困难。

（丙）图书出纳时，读者须久候。

（丁）读者一人可占有几页地位，如此一人也就有几个号数。

（戊）每次只能有一人用那账簿。

总之，账簿法最大的缺点，是无伸缩性。

（二）木板法　木板各边，都用格子纸糊好。读者的姓名和号码，写在木板背后。俟读者借书时，即将那木板由序列箱内取出，将书的号码和借期写上，然后放在所借出的书的原位上。俟此书归还，即依其号码将木板抽回，书归原位。还书手续既毕，木板始得再为应用。这种方法的利益，就是遇有某书急待需要，而又不在本位。看木板，就知为何人借去，何时满期了。但是它的弊病，就是读者需等还书手续完了以后，才有机会再借。

（三）临时纸片法　读者借书，须填写一张纸片，上面载有：（甲）

阅者姓名，（乙）他的永号码，（丙）所借书之号码或著者名誉名，（丁）借出日期。俟此书归还，即将此片销毁。

临时纸片排列法，共有三种：

（甲）按着日期排列，可使和馆中日记本相等。

（乙）按着读者姓名或读者号码排列。

（丙）按着书的号码排收，借此可得各类图书的统计，这种方法，在小图书馆可以适用。

（四）永久纸片法　此法又分布朗尼法和纽瓦克（法），今分述于下：

借出的方法的用意，是在使馆内图书，充分地让读者利用。所以手续须简捷，记载须正确。关于记载可分时间记载、图书记载和读者记载三项。究以何项记载为主，须视图书馆的性质而定。公立图书馆因为需要多，供给少，对于借出和归还的期限，要有严格的规定。逾期就罚。所以采用时间记载。专门或参考图书馆，因为读者有限，以采用图书记载和读者记载为益。

（甲）布朗尼法　此法为美人 Browne 所发明，以时间记载为主，须有下列用品：

（1）读者袋　上面载有读者登记号码、姓名和住址。

（2）借书片　上面载有书码、书名、著者和借书期限。

（3）书袋　装借书片用。

（4）日期单。

借书手续，先将读者袋从序列箱内取出，借书片由书袋内取出，然后在日期单上盖期限章。将书交与读者再将借书片插于读者袋内，闭馆之后将装有借书片的读者袋，按着书码或著者姓名，排列在同的日期橱内。

布朗尼法有下列利益：

（1）读者号码，不必抄写。

（2）依照在同一日期橱内的所有借书片，填写逾期单，可免四处寻找之劳。

（3）寄发逾期单，此较容易。

不利益的点，则有：

（一）要存有很多的借书袋。

（二）交还手续迟缓。数人同时借取，稍有困难。

（三）遇有争论，读者对于他的读书袋可以不负责任，因为这袋是为馆员所保存的。读者只能在登记的本馆享有借书权，其他分馆，概不适用。

（乙）纽瓦克法 Newark System 这是近日各公立图书馆最通行的方法，也是以时间记载为主，所需用品如下：

（一）借书证；

（二）借书片；

（三）书袋；

（四）日期单。

借书手续，读者到馆，须带借书证，馆员书袋内借书片取出，然后连同日期单和借书证，都盖上期限章。并于借书片上，期限对面，填写读者登记号码。还书时，将借书证、日期单和借书片，加印归还日期章。借书证交还读者，借书片插入书袋内放在架上原位。

纽瓦克法的利益：

（一）馆员办事，可得最高的效率——特别是在还书的时候。

（二）借书片可使用多次。

（三）借书证可以充分地利用。

（四）各类图书，容易规定出借期限。

（五）遇特殊需要，有变更的可能。

不利益的点，则有：

（一）读者号，有抄错的可能。

（二）借书证时常失落。

（三）读者借书时，若忘了带借书证，必感困难。

因有以上困难，各图书馆就新创了许多改良办法，求适合本地需要，但还没有一种十分完美的办法。

就大体上说，纽瓦克法是非常的简便，富于伸缩性，关于下列问题都能答复。

（甲）在某天借出了多（少）本书？什么书？

（乙）某人在某天借了一本什么书？

（丙）在某天有些什么书满期？

所以这种方法对于读者和馆员都是很方便的。因此为多数图书馆所采用。

总之，不论采用何种借出方法，都须注意下列十点：

（一）使图书能够确实交还，

（二）知道借书人姓名，

（三）知道交还的日期，

（四）使借者知道交还日期，

（五）藉知利用图书馆的一切人民，

（六）使读者借书不得超过限制，

（七）藉知各种图书利用的程度，

（八）表示逾期的制裁，

（九）于年龄职业的区别，可知各种人民利用图书的程度，

（十）供月报和年报的统计的资料。

借 书 片

| 正面 | 背面 |

020　杨昭悊
y11　图书馆学

限期	姓名		限期	姓名

书　袋

日　期　单

此 书 出 借 一 周 为 限			
逾期不还每日罚洋一角			
限期	还期	限期	还期

借　书　证

（正面）

河 南 大 学 图 书 馆 借 书 证

姓名　　　　　　　　　号数

注　　意

（一）此书遗失缴纳证金贰角

（二）借书限一周归还逾期一日罚洋一角

限　期	还　期	限　期	还　期

（背面）

限　期	还　期	限　期	还　期

第五章　图书馆广告学

现代图书馆的要素，为图书、馆员和读者。但怎样使读者和图书接近，那要靠图书馆利用广告的程度。最低限度，馆外边应悬挂"欢迎阅览"（The here publications open to you.）的木牌，使民众晓得这是公开的读书场所。并随时散放书单和报告，使社会了解馆中进行的现状，然后才能获得民众的同情和帮助。图书馆事业也就借以发展。自 1906 年，美国成立图书馆协会，广告委员会，成绩异常良好。遂惹起图书馆界一般的注意。时至今日，图书馆广告学，已占图书馆学上重要的位置。

图书馆广告，不仅指正式广告，新闻的宣传和其他种种劝诱的计划。适当的图书和敏捷的服务，就是最有效的广告。但同时应将馆中的利益和储藏尽量宣布，艾迪生说："最有效的广告，是能找出最妥善的方法，使读者注意。否则虽有美好的物品，也曾被人忽略。"我们要注意的，也是这一点。今将图书馆利用广告的目的，列举于下：

（一）取得或保持经济的补助；

（二）补助或促进立法运动；

（三）获得捐款和图书；

（四）传布关于图书馆的消息；

（五）报告特藏的图书；

（六）通告特别的事务；

（七）指导读者；

（八）加增书籍流通的数目和参考的效率；

（九）增加借书的人数；

（十）引起民众的兴趣；

（十一）促进讲演会展览会的出席人数；

（十二）招徕民众到图书馆。

就以上所述，可概略为两点：

（一）增进图书的效率；

（二）获得经济上的援助。

图书馆广告，若想达到上述目的，须遵照下列原则分别进行。

（一）引起个人的兴趣，图书馆不当仅使民众知道它的存在，并须招之使来。

（二）唤起区域的注意。对个人宣传，固然亲切有味，易收直接效果。但不如对团体或对区域宣传的经济。最好的办法，是兼筹并顾，二者相辅而行。

（三）广告必须继续，现今社会事业愈益繁多，人民忙碌于日常生活，短期的广告，决不能引起多数人的注意。故必作持久的不间断的宣传，才能使民众认识，或了解图书馆的价值。

（四）广告的内容和形式，要时求花样翻新，引人注意，否则陈陈相因，日复一日，必为民众所忽视。

图书馆广告在消极方面，应注意下列各点：

（一）不可夸张或言过其实。

（二）不可作个人的宣传。

（三）敬重读者。

（四）避免有损图书馆的尊严的言动。

图书馆广告的目的，及其应注意的各点，即如上述。假如有人问"图书馆所要宣示于民众的，究竟是什么？"简言之，不外下列 12 项：

（一）图书是什么——事实、想象和理论的记录；

（二）图书有什么用处；

（三）图书和人生的关系——关于实际的、娱乐的、精神上的、智慧上的等用途；

（四）每个人怎样能够使图书应用到他的生活上；

（五）他怎样能够选择适应他所需要的图书；

（六）他怎样能够充分地利用图书；

（七）他应该怎样爱护图书；

（八）图书馆是什么——它的功用；

（九）谁设立它，谁管理它，谁维持它；

（十）谁有权使用它；

（十一）它怎样被使用；

（十二）它设在什么地点；

图书馆广告的方法，可分四项进行：

（甲）标语和各种印刷品；

（乙）图书馆报告和杂志；

（丙）新闻报告；

（丁）集会演讲和举行展览会。

（甲）标语和其他印刷品　标语字句要简要鲜明，应择要悬挂馆中各室，其馆外各地，如：学校，会所，俱乐部，工会，商店，银行，邮局，火车站，礼拜堂，电车和公共汽车等，皆可张挂。但太多也有时减少效力。关于各项标语，英美各图书用品公司，皆可订购，传单和布告，要随时散布，如关于演讲、新书购入等事。特别收效的，就是读书目录，如关于各项职业问题，专门著述，制成书目，分散于各职业团体，收效极大。

（乙）图书馆公报和杂志　发行图书馆刊物，须注意下列各项：

（一）使民众认识图书馆的价值；

（二）使民众明了图书馆的工作和计划；

（三）引起民众读书的兴味和嗜好；

（四）讨论读者已经阅过的问题；

（五）使读者循一定的程序进行；

（六）提高民众的教育，职业和文化。

至于散布方法，要以一半散给读者，其余一半，散给各界，如各委员会，各会社的分子，各机关人员，医院，俱乐部，理发馆，旅馆，澡堂，各地会客室，休息室，均为最佳的传播场所。有许多图书馆仅用周年报告代替公报。

（丙）新闻报告　图书馆要充分地利用本地新闻纸，传播馆务的进行；如关于新建筑的描写，开幕的仪式的报告；各种集会和名人演讲，各种展览会的报告，推广工作的报告，赠书和捐款的报告，支出和收入的报告，皆是。简单的书目，有时亦可登载，收效极大。有时更可利用广播无线和电话，报告图书馆的消息。

（丁）集会演讲和举行展览会　利用各种集会，请求一二十分钟的报告，效率较大。关于专家演讲和特别展览，都能引起民众对于该项问题研究的兴趣。同时就感觉到图书馆的需要和便利。昔时爱因斯坦到纽约演讲，其时各市立图书馆的读者，大半都在研究相对论：又如美术展览和实业展览等，往往唤起一般人士研究美术和从事实业的决心。

上述四项，是为图书馆广告通行的方法。

兹将美国某公司出版之标语，摘译 14 张于下：

注：空白的地方，要插入适当的图画说明本文意义。

（一）

你的嗜好

是

架汽车呢，猎鸟呢，

照相呢，园艺呢，

或为其他事务呢

请到

公 立 图 书 馆

面 商 你 所 需 要 的 书

（二）

你研究什么

最有兴趣？

你 的 图 书 馆

关 于 你 研 究 的 问 题

有 许 多 好 书

（三）

读书要有目的！

我们要帮助你

计划一周

读书课程

请面询馆员

（四）

你　培　养

鸡子、蜜蜂、

牛羊、果木、

或蔬菜吗？

请到公立图书馆

去借关于这些问题的书

（五）

打　电　话　到　圕

解决一个争论问题

或询问一个忘了的名字

或证明一个日期

公立圕的责任是：

答复疑问、不取分文。

（六）

全在你自己

　　要想敏捷

　　　进取

　　不落伍

每 周 读 一 本 好 书

　　和 几 篇 杂 志 的 论 文

　　向 你 的 公 立 图 书 馆

　　　索　　阅！

（七）

你有多少次曾说过

　　（我不知道——）

　　（我很奇怪——）

　　（我很想知道——）

关于你的日常工作

几个重要的问题、

　　答复问题的地方

　　离 你 不 远

公 立 图 书 馆

（八）

你 的 图 书 馆

贡献给你

1. 关 于 任 何 问 题 的 指 导

2. 或 为 娱 乐 或 为 教 益

借回家去读的

3. 答 复 困 难 问 题 的

电 话 服 务

（九）

你知道 — — — — — — —

在你的市内有一个图书馆吗？

它设在哪条街上？

它给你预备的有什么？

你怎样使用它？

它于你有什么好处？

（十）

你 今 晚 有 一 本 好 书

去 读 吗？

图 书 馆 员 很 喜 欢

帮 助 你

选 择 一 本

（十一）

要 多 知 道 些 ！

关于你的工作

已有专家著述

为什么不请教呢？

公立图书馆是免费的

（十二）

你 知 道 吗 ？

出借图书和

答复疑问

都是

公立图书馆的

责 任

免费——是的——免费

（十三）

好 书 的 影 响

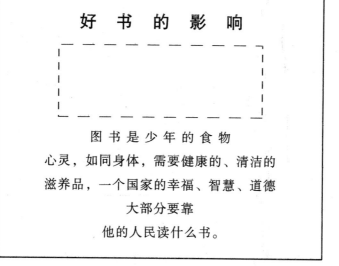

图书是少年的食物

心灵，如同身体，需要健康的、清洁的

滋养品，一个国家的幸福、智慧、道德

大部分要靠

他的人民读什么书。

（十四）

坏　书　的　影　响

这　一　类　的　书

过　于　刺　激　想　象　力

混　淆　判　断　力

耗　　费　　时　　间

堕　　落　　思　　想

第 四 篇

图书的分类和编目

第一章　图书的分类

图书分类的历史很长。自有学术，即有分类，其在西洋，如希腊的亚里士多德分学问为三大类——历史、文学和哲学；后英国培根又将这三类，再分为若干小类，是为图书分类的起源。其在我国，汉有刘歆的《七略》，魏有荀勖的四部，以至清朝修订《四库全书》，仍沿用旧法，分为经、史、子、集四大类。残缺固陋，不能概括现有的图书。其不适用，自不待言。故必采用新法，始合需要。据美国卡特氏（Carter）所给图书分类的意义如下："图书分类，是集合各种图书，选择它们性质相同的，放在一处。"兹再说明如下：

（一）各种图书　图书所以有分类的必要，因为种类太多，不易整理。倘若只有一两种，就不必分类。因此，图书分类不可用两方法，必用多分法。

（二）性质相同　分类是依事实或对象的同点，把它集合起来。但是这种同点，有形式的，有实质的。图书分类，以实质为主，不采形式。

（三）放在一处　图书分类的目的，是在便于检查。故必把性质相同的，放在一处，不相同的，不容搀入。

图书分类的方法欧美各国，对于图书分类的专家，如英国有爱德华氏（Edward）、桑纳新（Sonnenschai）、布朗（Brunet），法国的布拉特（Bradt），德国的哈特维（Hartvi），意国的邦那基（Bonaki）和美国的哈里士（Harris）、柏肯士（Juicy）、斯密士卡特（Mishikate）、杜威（Melvil Dewey）① 等，都按着学科，各自作成一种图书分类法，原则上，大概相

---

　　① 　这里的英文人名是点校者加的。

同，不过分类的细目和方法各有不同罢了。现在推行最广，而得一般人赞赏的有四种方法：

（一）杜威分类法

（二）卡特分类法

（三）布朗分类法

（四）国会图书馆分类法。

今分述于下：

（一）杜威分类法（十进分类法）

此法是完全用数目作符号的。先以三个数字，代表主要的类别；如有不足，再加小数，逐渐推演，可至四五位的小数。今将杜威法摘录如下：

000	总类	210	自然神学
010	书目	220	圣经
020	图书馆学	230	教理神学
030	百科全书	240	实际神及信仰
040	丛书	250	传道牧师
050	杂志	260	寺院教会规程
060	学会报告	270	宗教史
070	新闻学	280	基督教寺院及教会
080	特殊文库	290	基督教外诸宗教
090	珍贵图书	300	社会学
100	哲学	310	统计
110	纯正哲学	320	政治学
120	特殊的哲学问题	330	经济学
130	心身体	340	法律
140	哲学系派	350	学政
150	心理学	360	协会（慈善会、社会党、政党等的结社）
160	论理学		
170	伦理学	370	教育
180	古代哲学家	380	商业及交通
190	现世哲学家	390	风俗习惯
200	宗教	400	语学

410	比较言语学	710	庭院
420	英语	720	建筑
430	独逸语	730	雕刻
440	法兰西语	740	画学　意匠　装饰
450	意大利语	750	绘画
460	西班亚语	760	印画
470	拉丁语	770	写真
480	希腊语	780	音乐
490	其他	790	娱乐
500	理学	800	文学
510	数学	810	美国文学
520	天文学	820	英国文学
530	物理学	830	德国文学
540	化学	840	法国文学
550	地质学	850	意大利文学
560	古生物学	860	西班亚文学
570	生物学	870	拉丁文学
580	植物学	880	希腊文学
590	动物学	890	其他
600	有用技术	900	历史
610	医学	910	地志
620	工学	920	传记
630	农学	930	古代历史
640	家政	940	欧罗巴史
650	交通及商业	950	亚西亚史
660	化学工艺	960	亚非利加史
670	制造	970	北美利加史
680	机械工艺	980	南美利加史
690	工匠	990	太平洋州及地极史
700	美术		

（二）卡特分类法（展开分类法）

此法是完全用字母作符号的。以 26 字母代表主要的类别；每类另加两字母代表分类，各分类亦可照加字母，逐次推广，故运用极活动。但于书写和记忆上，不免困难。今将卡特法摘录如下：

A	普通书籍	Lr	天文
Ah	杂志	M	博物学
Ar	参考书	My	地质学
As	社会丛刊	My	生物学
B	哲学	N	植物学
Bh	逻辑学	O	动物学
Bi	心理学	Pw	人种学
Bm	伦理学	Q	医学
Br	宗教	K	美术
C	耶教	Rd	采矿冶金学
D	教会史	Ry	农学
E	传记	Rt	电气化学工业
F	古史	Ry	家政学
G	地理地图　游记　风俗史	S	机械工程建筑工程
H	社会科学	T	制造及手艺
Hb	统计学	U	军事学
Hc	经济学	V	体育及娱乐
Hf	商学	Vv	音乐
Ht	财政	W	图案及模型
I	社会问题	We	园艺
Ik	教育	Wf	建筑美术
J	政治	Wy	雕刻
K	法律	Wh	图画
L	天然科学	Wf	制版术
Lb	数学	Wr	摄影术
Lh	物理	X	方言学
Lo	化学	Y	文学

Yf　小说

Z　图书总说

Zh　图书馆学

Zt　自然学

Zy　文学史

（三）布朗分类法（调节分类法）

此法和国会图书馆分类法都是兼用字母和数目字作符号的，极易开展。今摘录如下：

A. 宗教及哲学

1. 圣经

2. 教堂

3. 神教

4. 哲学

B. 历史游记及地形（国史及地形学）

1. 欧洲

2. 亚洲

3. 非洲

4. 美洲

5. 澳洲

6. 南、北两极

C. 传记（辞典及丛书）

D. 社会学

1. 社会

2. 行政及政治

3. 法律

4. 法制

5. 教育

6. 商学

E. 科学

1. 生物学

2. 动物学

3. 植物学

4. 地质学

5. 化学

6. 地文学

7. 天文学

8. 物理学

9. 数学

F. 美术及娱乐

1. 建筑学

2. 油画学

3. 雕刻学

5. 雕版术

6. 音乐

7. 娱乐

G. 应用技术

1. 工学

2. 建筑法和机械学

3. 制造学

4. 农学园艺学

5. 航海学

6. 卫生及医学

7. 家事学

H. 语学及文学

1. 语学

2. 文学史

3. 书目提要

I. 诗和戏曲

1. 诗

2. 戏曲

J. 小说

（四）美国国会图书馆分类法

A. 总记

B. 哲学宗教

C. 历史——辅助科目

D. 各国历史地理

E.—F. 美国史地

G. 地理——人类学

H. 社会科学

J. 政治学

K. 法律

L. 教育

M. 音乐

N. 美术

P. 语言文学

Q. 科学

R. 医学

S. 农学

T. 专门科学

U. 陆军学

V. 海军学

Z. 书目学图书学

每科再加一字母分为若干门，例如：

H 社会科学

HA 统计

HB 经济原理

HC 经济史（各国产物）

1. 集合

2. 杂记

3. 集合著作

4. 杂志（不在他类的）

HD 经济史（农工业）

HE 交通与转运

HF 商业

HG 理财

HJ 公共理财

HM 社会学

HN 社会史

HQ 社会团体——家庭

HS 社会团体——社会

HT 社会团体——市乡

HV 社会病理

HX 社会主义

每门再加数目字分为若干节，例如：

HG 理财

HG 1—157 普通

HG 171—188 私家理财

HG 211—1490 钱币

HG 1501—3540 银行

HG 3701—9733 信用兑汇等

HG 8011—9970 保险

每节依照数目字再分，例如：

HG 201—1490 钱

HG 201 钱币杂志

203 普通社会

205	特别社会	227	泉币法
207	报告	229	钱币与价目
209	历史（社会）	230	钱币与商业
216	字典	230.5	钱币与利息
219	统计	231	普通历史
221	普通原理	233	详史
222	科学的钱币	235	上古史
223	价值标准	237	中古史
225	Gresham 法则	……1490！	

上述各种分类法各有利弊，今列举如下：

（一）杜威分类法

（甲）优点：（1）简单，（2）有柔软性，（3）记号易记，（4）小册信札簿记都适用，（5）有详细目录，（6）门类轻重划一。

（乙）劣点：（1）太机械，（2）无科学上的系统。

（二）卡特分类法

（甲）优点：（1）清楚，（2）和现世学术分类相似，（3）记号简（单）易记，（4）含有弹力性，（5）注重地理分类法。

（乙）劣点：（1）排列图书的时候手续不易，（2）各类轻重不一，（3）无索引目录，（4）不熟于分类的不能使用。

（三）布朗分类法

（甲）优点：（1）兼用数字和英文字母记号，调和以前两法。

（乙）劣点：（1）科学和应用科学的工艺品未分清楚。（2）缺乏开展记号法。

（四）美国国会图书馆分类法

（甲）优点：（1）极易开展，（2）适用于最大的图书馆，（3）注重地理分类法。

（乙）劣点：（1）不能适用于小图书馆，（2）缺乏学术的分类，（3）分类未完全。

照以上各种优劣的地方看起来，在理论上四种方法都有长短，难定取舍，但是事实上采用杜威方法的比较多。这里面有三种原因：（一）用数

目字作符号，易于通行于世界；（二）数目字作符号易记次序的先后，
（三）以十进位形式整齐。

但因为杜威分类法，对于吾国图（书），留的位置太小，不敷分配，
所以有几位先进，将它稍加修改。或另添新的符号作为中国图书分类的标
准，可以说是仿杜威法。最著名的有杜定友的《世界图书分类法》和王
云五的《中外图书统一分类法》。王氏之法系依照杜威原有号码，另添新
的号码。如 510 为美国文学，但 + 510 则为中国文学，以此类推。现在书
由商务印书馆出版，有志图书馆者，可购一编，以资参考。杜氏之法，系
将杜威分类法的轻重失宜的地方，和先后的次序加一变动，称之为"世
界图书分类法"。兹将其为中等学校图书馆选备的分类表，录列于左，即
从事县立图书馆，也勉强敷用。①

I . 总表		入此	
000	普通类	021	群经　数经合刊的入此
100	哲理科学	022	易
200	教育科学	023	书
300	社会科学	024	诗
400	美术	025	礼
500	自然科学	026	春秋
600	应用科学	027	孝经
700	语言科学	028	四书
800	文学	029	尔雅
900	历史地理	030	百科全书类书辞典
II . 群表		以国分	
000	普通类	031	普通万国各国文字都有
001—009	留备各馆特别书籍		的入此。
分类之用		032	中国
010	书目　各类图书目录	033	英国
020	经部　讨论经籍的书	034	法国

---

① 下文借鉴了杜定友先生中等图书馆分类表，有重复和空缺之处，是为中国图书馆学术起
步阶段的历史见证。

035　德国

036　日本

037　俄国

038　美国

039　其他

040　丛书　以国分照 031—039 一样

以下仿此

050　杂志涉及各科都有的普通杂志入此，以国分

060　普通社会章程刊物等以国分

070　新闻学及各国报纸以国分，学说入总类，报纸入 071—079

080　善本或贵重书籍分入此类，可免与其他书籍混杂

090　图书馆学

091　图书馆行政

092　管理如编目分类等入此

093　普通图书馆

094　学校图书馆

095　专门图书馆

096　专门图书馆

097　图书馆学校

098　补助学习诸方法

099　其他

100　哲理科学。普通哲理科学入此。以文分。以文章形式分类，以后 200、300 等均仿此

101　概论，哲论，通论原理等

102　细目，表册，图志，统计等

103　字典，辞典类书等，例如哲学辞典。

104　论文注解演讲等

105　期刊杂志，例如哲学杂志

106　会社章程报告刊物

107　课本学习研究法

108　丛书选本汇刊等

109　杂类历史现状等，例如中外哲学史

110　外国哲学家及其学说以国分。例如 115 德国哲学家

120　中国哲学家及其学说——诸子。个人著作入 120

合刊选本或总集以时代分，下仿此。

121　上古及普通，例如中国哲学史。

122　汉

123　唐

124　宋

125　元

126　明，例如明儒学案

127　清

128　民国　兵家、农家、医家等可以归入各门科学者，不入哲学类

130　形而上学

131 物性论

132 方法论

133 宇宙论

134 空间论

135 时间论

136 动力生活力

137 物质论

138 量数论

139 其他

140 哲论

141 唯心论

142 批评的哲学

143 直知论

144 经验论

145 唯觉论

146 唯物论

147 一元论

148 折中论

149 各论

150 心理学普通者入此

151 生理的

152 人类的，如儿童、青年、

社会等

153 动物的

154 变态的

155 实验的科学的

156 应用的

157 心理测验

158 □□□

159 各论　例如本能论、习

惯论等

160 论理学

161 界说

162 归纳与演绎

163 立段法

164 谬说

165 考证

166 符号

167 实验的

168 争论的

169 各论

170 伦理学

171 理论

172 国家的

173 家庭的

174 职业的

175 游艺的

176 性的

177 社会的

178 个人

179 其他

180 占卜杂术

181 占卜

182 相面

183 骨相

184 玄秘妖术

185 魔术

186 勾魂术

187 卧游术

188 催眠术

189 其他

190 宗教

191 神学
192 耶教
193 神秘学
194 佛教
195 波斯教
196 犹太教
197 回教
198 罗门教
199 其他
200 教育科学以文分，例如

203. 教育辞典
209 教育史
210 行政
211 理论
212 学制
213 教育法令
214 行政员
215 测验调查
216 组织
217 经费
218 强迫教育
219 其他
220 学校管理
221 学校编制
222 建筑
223 各部管理
224 训练
225 学生生活
226 学校卫生
227 经费
228 学校印刷品

229 其他管理问题
230 课程与教材
231 编制
232 课程表
233 课目表
235 各科心理
236 各项课程制度
237 各种学校课程
238 各国课程
239 各科课程教材
240 教授法
241 普通
242 课室管理
243 单级或分团
244 复式
245 特殊方法，例如道尔顿
设计法等
246 小学教授法
247 中学教授法
248 大学教授法
249 各科教授法
250 教员
251 教员之训练
254 教员之检定
257 在职教员之训练
260 初等教育幼稚园附
261 行政
262 教员
263 课程
264 教授
265 管理

266	标准	324	选举
267	调查报告	325	殖民
268	其他小学问题	326	仆役（黑奴）
269	各国现状	327	外交
270	中学教育照 290 分	328	立法
280	高等教育照 260 分	329	政党
290	特殊教育	330	经济
291	宗教伦理道德	331	劳力
292	自修补助	332	资本家
293	社会通俗	333	地产
294	女子教育	334	合作
295	科学教育	335	主义　各种社会主义、

共产、集产、新社会等

296	职业教育		
297	体育及其他补助教育	336	自由贸易
298	变态教育	337	生产制造
299	其他	338	消耗
300	社会科学以文分，例如	340	法律
305 社会学杂志		341	宪法
310	统计学	343	刑法
311	理论与方法	345	民法诉讼
312	来源与用途	347	国际法条约
313	收集	348	战法
314	方式	349	外国法律
315	比较	350	行政
316	人口	353	中央政府
317	各科	354	省政府
318	各国	355	市政
320	政治学	356	地方政府
321	国家学	357	殖民地
322	社会与政治	359	外国政府
323	内政	360	会社

361	慈善机关	399	社会状况
362	青年会	400	艺术
370	理财	410	建筑
371	泉币兑换	411	方法
372	银行	412	古代
373	投资	413	中古
374	保险	414	现代
375	公共理财	415	公共建筑物
376	税务	416	私立建筑物
377	公债	417	图样修饰
378	公卖	418	园艺
379	金融状况以国分	419	坟墓碑志
380	军事学	420	中国字画
381	行政	421	书法
382	组织设备	422	表册
383	具用	423	类书
384	军法	424	碑帖志集
385	陆军	425	碑帖别集
386	海军	426	各种碑帖
387	潜水艇	427	习字范本
388	航空术	428	中国画
389	其他	429	各种画
390	社会学	430	雕刻古玩
391	普通应用	431	古代雕刻
392	组织及进化问题	432	中古雕刻
393	社会问题	433	现代雕刻
394	妇女问题	434	篆章
395	社会化及意志	435	钱币
396	礼节	436	宝石
397	习惯风俗	437	瓷器
398	礼典	438	铜器

439	杂类	470	摄影术
440	画图图案	471	化学方面
441	自由画	472	手续方面
442	铅笔	473	石印影版
443	墨水	474	锌版
444	水彩	475	刻板
445	油画	476	电版
446	图案	477	电影及其他用途
447	用器	478	丛集
448	丛集	479	杂类
449	丛集以国朝分	480	音乐
450	装饰手工	481	古乐神乐
451	装饰	482	戏曲
452	布景	483	礼典乐
453	布置	484	唱歌
454	用具	485	团乐
455	织工	486	琴类
456	首饰	487	弦乐
457	手工	488	气乐
458	丛书	489	机械的
459	杂类	490	游艺
460	印刷刻板	491	公共
461	刻板	492	庭院
462	普通印刷术	493	户内
463	行政管理	494	棋类　智巧的
464	铅字排版	495	机会的
465	印刷手续	496	户外
466	样本	497	赛船珠戏
467	发行销售	498	骑驰
468	装订修补	499	渔猎
469	版权	500	自然科学以文分，例如

501 科学大纲

   510 数学

   511 算学

   512 代数

   513 几何

   514 三角

   515 解析几何

   516 分析

   517 微积分

   518 □□□

   519 谅必率

   520 天文学

   521 理论的

   522 实际的，球体的

   523 解释天文

   524 圆表

   525 地球

   526 测地学

   527 航海学

   528 海程

   529 年代学

   530 物理学

   531 机械

   532 流质

   533 气体

   534 声学

   535 光学

   536 热学

   537 电学

   538 磁学

   539 分子学

540 化学

   541 理论的

   542 实验的

   543 分析的

   544 质量的

   545 数量的

   546 无机的

   547 有机的

   548 结晶学

   549 矿物学

   550 地质学

   551 物理的

   552 岩石的

   553 经济的

   554 欧洲地质

   555 亚洲地质

   556 非洲地质

   557 美洲地质

   558 澳洲地质

   559 化石学

   560 博物学

   561 普通

   563 理科

   565 动植矿

   566 化石学

   567 显微学

   569 博物学

   570 生物博古学

   571 古物

   572 人种学

   573 人类学

574	动物生物学	614	公共卫生
575	进化论	615	药物疗治
576	生命之始原	616	病理调剂内科
577	生命之品质	617	外科
578	异体同形物	618	妇孺科
580	植物学	619	兽医
581	生理的结构	620	工程学
582	显花类	621	机械工程
583	双子叶类	622	矿务工程
584	草子叶类	623	海陆军工程
585	裸子植物	624	土木工程
586	阴花类	625	道路工程
587	羊齿类	626	水上工程
588	苔藓类	627	电学工程
589	扁长体植物	628	卫生工程
590	动物学	629	其他
591	生理的	630	农业
592	无脊	631	田地
593	细胞射形	632	害虫
594	软体	633	田产地
595	关节	634	果木森林
596	有脊	635	园植物
597	鱼类	636	家畜
598	鸟类爬虫	637	乳类
599	哺乳类	638	蜂蚕
600	应用科学以文分，例如：	639	渔猎
605	工商学报	640	化学工业
610	医药	641	化学品
611	解剖组织	642	爆炸品
612	生理	643	酒类
613	个体卫生	644	食品

646	油烛	680	机械工作　金工　铁工
647	粉类	681	钟表
648	有机物	682	铁匠
649	冶金	683	销工及枪械
650	交通	684	车辆
651	电报	685	革工
652	电话	686	钉工
653	旗码	687	缝纫
654	邮政	689	其他
655	铁路	690	家政及其他科学
656	长途运输	691	家政
657	水道	692—699	其他科学
658	海运	700	语言学以文分
659	本地运输	710	比较语言学
660	商业	711	字母
661	组织行政	712	字源
662	管理	713	字典
663	购买销售	714	音学
664	告白	715	文法
665	贮藏堆栈	716	韵律
666	分售	717	修辞
667	各种营业	718	古文
668	运输贸易，例如进出口	719	象形
670	制造工艺实业	720	中国语言学
671	行政	721	注音字母
672	管理	722	字源说文
673	五金	723	字典
674	木类	724	同义字　双关字
675	皮类	725	文法
676	纸类	726	韵律
677	棉丝类	727	读本

728　方言语体

729　杂类

730　英美语言学，照 720 分

740—790　以国分，例如 745 法文文法，780 拉丁希腊文

800　文学以国分，例如 809 文学史，813 各国文选

820　中国文学总集，数人合刊者为总集

821　别集，个人诗文合刊者为别集

822　诗

823　文

824　戏曲

825　演讲

826　函牍

827　小说

828　儿童文学

829　杂类

830—890　以国分，例如 850 德国文学，887 俄国小说

900　史地学以文分，例如 905 史地杂志

910　万国通史

911　上古

912　中古

913　近古

914　现代

910　万国地理

910—1　古迹

910—2　政治地理

910—3　人文地理

910—4　名胜

910—5　山河

910—6　商业的

910—7　工农业的

910—8　游记汇刊

910—9　历史的

920　中国历史

921　上古

922　汉

923　唐

924　宋

925　元

926　明

927　清

928　民国

921　中国地理

921—1　古迹

921—2　政治

921—3　人文

921—4　名胜

921—5　山河

921—6　商业的

921—7　农工的

921—8　游记汇刊

921—9　历史的

921—10　流域

921—11　京兆

921—12　直隶　此种地理符号的符入各类

921—13　奉天，例如 19 为

江苏

    921—14　吉林

    921—15　黑龙江，例如 359—

19 为江苏省政府

    921—16　山东

    921—17　河南

    921—18　山西

    921—19　江苏

    921—20　安徽

    921—21　江西

    921—22　福建

    921—23　浙江

    921—24　浙北各省区地志均

入此数

    921—25　浙北，例如 920—

19 为上海志

    921—26　陕西

921—27　甘肃

921—28　新疆

921—29　四川

921—30　广东

921—31　广西

921—32　云南

921—33　贵州

921—34　热河特别区

921—35　绥远

921—36　哈尔滨

921—37　川边特别区

921—38　蒙古

921—39　青海

921—40　西藏

930—990　各国历史地理照

910 分

第二章　图书的编目

图书馆是知识的宝库，目录就是这宝库的钥匙。很完美的图书目录，可回答下列问题：

（一）馆中有某书吗？

（二）馆中有某著者所著的某书吗？

（三）馆中有某著者所著的各种书吗？

（四）馆中有某种类的书吗？

（五）某书在什么地方？

（六）某书的内容，大概是怎样？

（七）某类的书，有哪几种参考？

（八）某丛书的内容是怎样？

（九）某书有翻译本没有？

目录的种类：

从前中国图书馆，只有一种目录，就是分类目录。但是这种目录，不能回答以上种种的问题。所以为某阅者便利起见，又增加了四种目录。

（一）著者目录，是以著者的姓名来作索引的。

（二）书名目录，是以书名的笔画来作索引的。

（三）类名目录，是以该书所属的类名来作索引的。

（四）参考卡片，是帮助或指引阅者参考的。

这四种混合起来，依着姓名、书名，或类名和参考节目的笔画，依次排列起来，就叫作字典式目录。阅者只要记得该书的书名或著者姓名就可以依着书名或著者的笔画，去找便得。即使他不知道著者或书名，只要依着类名的笔画，一找便得。

这四种目录和分类目录，一共五种。在小图书馆，不必全备，寻常有书名和分类两种，已可足用。在中等图书馆，有著者、书名和分类三种目录，也可足用。参考卡片，是两方面都要的。五种目录，能够全备最好，但是斟酌各图书馆的情形和需要办理。

卡片目录的优点。现在图书馆的目录，都用卡片制成，不用从前的书本式，因为：

（一）可以合时。今天添了一本书，目录上就可添上一张卡片，依图书馆的发达而进行。

（二）可以抽插。书籍如有添改或删减，都可以将卡片抽出调换，不必摇动全部。

（三）容易排列。各种卡片，都可以用一定的次序，即有增减，不动原有次序。

（四）经济耐久，卡片比较印刷经济，比较抄本耐久。

编目的方法：

（一）制著者卡片一张。抄两份，一份做字典式目录，一份做分类目录。编者译者，都作为著者。但于其姓名后，加写一"编"字或"译"字。如"某某人编"，"某某人译"等字样，以示区别。

又二人，或三人以上合著的，只写第一个，但于姓名之后加"等"字。凡著者卡片上须于书名后加入出版地点、出版者及出版年月。这三项统名为出版事项。然后于其空一格之下，填写页数、价格，或有无图解等项。书的号码，则填于卡片的左上角。分类号码居上边，著者号码居下边。

（二）制书名卡片一张。书名居上边，著者姓名居下边，书的号码仍居左上角，余可从略。

（三）丛书的分类，若是作为单行本的，每种制书名、著者、类名卡片各一张。好像平常的书一样。另外加制丛书名卡片一张；如尚志学会丛书、文学研究会丛书等。丛书分类时，若不是分开的，那么，除制一张总卡片之外，每种都要有著者、书名、类名卡片各一张，以便检查。是为分析目录。

（四）用别名的书，都改从正名。但恐怕也有人找他的别名的，须制参考卡片一张，指导阅者。

（五）凡是著者姓名书名或类名，有互相出入的，都要指定一种做标准，拿不用的一个名称，制参考卡片一张，以免混淆。

（六）类名卡片的制法，每书依他的性质门类，用一个概括的名称，标题出来，以便检查。见第四章"标题法"。

（七）如一书有两类，或两类以上者，各依类名，制类名卡片各一张。

（八）类名要统一，譬如：既用体育为类名，则不要再用运动。

（九）各种类名，宜用狭义的，比如清朝史一书，应用中国历史而不用历史。

（十）各种类名，应写在著者卡片的后面备查。

附目录使用法说明：

（一）找书名，照书名第一字的笔画，在目录内找去，便得。例：找"分配论"的，就在四画内找"分"字。

（二）找著者，照著者姓名第一字的笔画找去，便得。例：找王夫之的书的，就在四画内找"王"字。

（三）找类名，照种类名目的第一字的笔画找去，便得。例：找"文学"的，就在四画内找"文"字。

（四）同笔画的字，照"永"字八法的次序用它的起笔定先后，例：文、王、分等字都是四画，但文字起笔是（、）故在前："王"字起笔是横（一）故次之；"分"字起笔一撇（丿）又次之，余类推。

（五）各目录上第一字相同时，就按照第二字之笔画找去；第二字之笔画相同，再照它们的起笔为点（、）为横（一），或为直（丨）找去。

（六）目录内指导卡片所标之字，系代表所有起笔相同之字，但遇有重要的著者和类名，亦摘要标出。

（七）你如果仍有什么疑问，我们馆员很喜欢帮助你。

第三章　标题法
（录自王云五"中外统一分类法"）

图书分类之后，须在每张目录片上加入一个标题，分类的目的，在按照图书内容在科学上所占的地位，每种给一个确当的符号，这符号给的愈细密，则排列上每书各有确定的地位，检查上也较容易。标题的目的，在供阅览人检查，每书应有几个显明确定的标题，使阅览者从任一方面都可以检到所欲检的书。因此，标题至少须有三种：一是类别的标题；二是著者的标题；三是书名的标题。

标题又有两个原则：一要有标准；二要能明确。在三种标题之中，著者和书名两种较为简单，较易适合上述的两原则。只有类别的标题最为复杂。一因类名太多，其大部分是阅览人所不常见的；一因类名分歧，不易确定标准。所以标题的方法，就成为图书编目的一个重大关键。

美国图书馆协会，为某图书标题的整齐正确，曾印行一部标题汇典 *A. L. A. Subject Headings* 这是一本五六百面的巨著，规定可以作为标题的类名三四万个；凡图书馆规定标题时，须以此为标准。我国图书馆对于中文书籍的标题，向来漫无标准；至西文书籍都按照美国图书馆协会所规定，从前东方图书馆也是这样办理。近来我们觉得，西文图书虽可按美国图书馆协会的标题为标准，但是中文图书的标题，也有规定标准、避免分歧的必要。有人主张把美国图书馆协会的标题汇典，译成中文，但是外国人所习见的标题，未必为中国所习见，更未必包括中国一切的图书。并且每次规定标题，必须检查汇典，也是极麻烦的事。因此，我就决定将检查汇典，或任何表式的手续，改为只要了解几个原则。我们想了解这几个原则，虽不免要花上一点工夫，但是了解之后，就可以省去所有检表的麻烦。现在把我所拟定的中文图书的标题法，列举于下：

Ⅰ. 图书分类标题法

（1）凡括有四字以上的类名，一律破开，将名词排列在前，形容词排列在后。

（例）书目—知见

化学—有机

教育—初等

行政—地方

但下列各项，仍作整个名词，不得破开：

（A）九小类之名如哲学概论，哲学丛书等。

（B）四个字为两个名词所组成，其在前的一名词更合于学科名称者，如商业实践，绘画解剖，劳动问题，文学总集，文学别集等。

（2）类名应排在地名之前，地名应排在时代之前。

（例）地理—亚洲，文学总集—中国—唐，历史—中国—明

（3）两地名并用时，小地名在前，大地名在后。

（例）地理—直隶—中国，指南—西湖—中国

（4）每一类名至多分为三项，第三项以后的标题，无须按原则破开。

（例）小说—短篇—中国文学

（5）十大类之名以不作标题为原则；但得用以说明两可或不甚显著的小类。

（例）运动—哲学

幼科—医学—中国

道家—哲学—中国

但小类之名甚显明，不致误入其他大类者，无须附列所属大类的名，如代数之下不必附列算学字样，银行之下不必附列私经济字样等。

（6）分类表中居小数点下之类名，以不作标题为原则，但此种类名尚甚明确；或较小数点前的类名更为明确者，不在此例。

老子　应作　道家

封建制度　应作　政体

中美外交　应作　外交—中国

《华严经》应作　佛经

教学法　应作　教学法，不作　教育

对联　应作　对联，不作　杂著

（7）类名包括有两意义者，应各互见。

（例）中美外交应分别作为：

外交—中国

外交—美国

（8）类名前后两项同一重要者，应择其一为标题，余用互见片。

（例）教育—心理　见　心理—教育

（9）类名仅标"其他"二字者，改取实在类名为其标题，如初等教育的商业科，按分类法应归入其他科目项下，但其标题应作：

商业—教育—初等

（10）每大类作一分见片：

（例）

```
┌─────────────────────────────────┐
│          哲学—中国               │
│    分见儒家，道家，墨家，名家……    │
└─────────────────────────────────┘
```

Ⅱ．著者标题法

（1）凡著者名号并行时，应取该书封面或版权页上所列之名：其并用两名者，取在后之一名。

（2）名号并行者另用互见片。

（3）复姓之著者以其第一字为姓，余字照名例。

（4）无著者而为一家出版之书，以出版家为著者。

（5）无著者而为各家所出版之书，以书名为著者。

（6）数人合著一书而有主编者时，以主编者为著者。

（7）数人合著一书而无主编者时，以第一人为著者，而于其下加一"等"字。并于其他各人用互见片表著明之。

Ⅲ．书名标题法

（1）所有订正、足本、大字、绘图，及从前习用之"钦定"、"御批"等形容词，一律改书小一号字，不作为标题。

（2）所有丛书各编一丛书片，即以各该丛书名义为标题，将丛书所包括之各书名称与其著者一一列举，如一片不能写完，可连用数片。此项丛书片所载各书无须列举分类符号及其他条件。

附录一

图书馆条例

《大学院令》民国 16 年 12 月公布

第一条 各省区应设图书馆，储集各种图书，供公众之阅览。各市县得视地方情形设置之。

第二条 团体或私人得依本条例之规定，设立图书馆。

第三条 各省区及市县所设之图书馆，称公立图书馆，团体或私人所设者，称为私立图书馆。

省区立图书馆，以省区教育行政机关为主管机关。

市县立图书馆，以市县教育行政机关为主管机关。

私立图书馆，以该图书馆所在地之教育行政机关为主管机关。

第四条 公立图书馆设置时，应有主管机关开具左列各款，呈报大学院备案。

一、名称

二、地址

三、经费（分临时费与常费二项，并须注明其来源）

四、现有书籍册数

五、建筑图式及其说明

六、章程及规则

七、开馆日期

八、馆长姓名及履历。

私立图书馆由董事会开具前项所列各款，及经费管理人之姓名履历，呈请主管机关核明立案。图书馆之名称、地址、建筑章程、馆长、经费保管人等项，如有变更时，应照本条之规定分别呈报。

第五条 图书馆停办时，须呈经主管机关核准。

第六条 公立图书馆除搜集中外各书籍外，应有收集保存本地已刊、未刊各种文献之责。

第七条 图书馆为便利阅览起见，得设分馆、巡回文库及代办处，并得与就近之学校订特别协助之约。

第八条　图书馆得设馆长一人，馆员若干人。

馆长应具左列资格之一：

国内外图书馆专科毕业者。

在图书馆服务三年以上，而有成绩者。

对于图书馆事务，有相当学识及经验者。

第九条　公立图书馆馆长及其他馆员，关于任职服务俸给等事项，准各教育机关职员之规定。

第十条　图书馆职员，每届学年终，应将办理情形，报告于主管机关。

第十一条　公立图书馆之经费，应于会计年度开始之前，由主管机关列入预算，呈报大学院但不得少于该地方教育经费总额的5%。

第十二条　私立图书馆应设立董事会为该图书馆法律上之代表。

私立图书馆董事会，有处分财产、推选馆长、监督用人行政、议决预算决算之权。私立图书馆董事会之董事，第一任由创办人延聘，以后由该会自行推选。

第十三条　私立图书馆董事会，应于成立时间具下列各款，呈请主管机关核明立案。

一、名称；

二、目的；

三、事务所之地址；

四、关于董事会之组织及职权之规定；

五、关于资产或资金或其他收入之规定；

六、董事姓名籍贯职业及住址。

上列各款如有变更，须随时呈报主管机关。

第十四条　私人以资财设立，或捐助图书馆者，得由主管机关呈报大学院核明给奖。

第十五条　本条例自公布日施行。

附录二

前中央大学区县立图书馆规程（民国 18 年)[①]

前中央大学区（今已废止改设江苏教育厅）于民国 18 年 1 月公布的县立图书馆各项规程颇为详尽，兹特录列于下以供参考。

（一）各县公共图书馆暂行规程

第一条　各县至少应设置公共图书馆一所，隶属于县教育局。

第二条　公共图书馆，为谋办事便利，应酌设下列各股：

一、选购股　关于图书之选择、购买、征求、介绍、登录、交换、寄存等事项属之。

二、编目股　关于图书书录之编制、整理，以及图谱解题、图书增减、调查等事项属之。

三、指导股　关于指导、阅览、答复问题、讲演书报内容等事项属之。

四、保管股　关于图书之保管，整理以及报纸剪裁，汇集等事项属之。

五、推广股　关于书报之介绍、编辑、刊印、审定、取缔，以及一切推广事项属之。

六、事务股　关于图书之借阅、收还，以及文书、会计、庶务、统计、交际等事项属之。

以上各股，得视地方情形，合并设立。

第三条　公共图书馆，为谋阅览便利，得分设左列各阅览室：

一、普通阅览室

二、特别阅览室

三、妇女阅览室

四、儿童阅览室

第四条　公共图书馆，应附设巡回文库、民众阅报处，发行各种刊

---

① 标题为编者所加。

物，从事各种民教运动及文化保存传布等事项。

第五条　公共图书馆各种书籍，得向私人或公共机关征集，或借存抄印。

第六条　公共图书馆，设馆长一人，秉承县教育局局长，负本馆进行之全责。公共图书馆馆长，以专任为原则。但得以指导员兼任之。

第七条　公共图书馆，设指导员事务员若干人，承馆长之指挥，分任各股事物。

第八条　公共图书馆，遇必要时，得酌设书记若干人。

第九条　公共图书馆馆长馆员任免待遇规程，另订之。

第十条　公共图书馆，应举行馆务会议，并得组织各项委员会。

第十一条　公共图书馆，于每月月终及年度终了时，应将办理事项，制成各项统计，报告于教育局，转呈本大学备查。

第十二条　公共图书馆行事历，由各馆斟酌情形，按年订之。

第十三条　本规程自公布日施行。

（二）各县公共图书馆馆长任免及待遇暂行规程

第一条　公共图书馆馆长，由县教育局局长遴选合格人员，呈由本大学核准后聘任之，并呈报县政府备案。

第二条　公共图书馆馆长，以人格高尚，服膺党义，并具有左列资格之一者为合格：

一、大学或专门学校毕业，并于图书馆学，有相当之研究者；

二、中等学校毕业，并曾修习图书馆学专科，得有毕业证书者；

三、中等学校毕业，曾任图书馆主要职务三年以上，著有成绩者；

四、国学确有根底，而于图书馆学及社会教育，有相当之研究者。

前项应聘人员，应先行拟具计划书，连同履历、毕业文凭、服务证书，及著作品，交由县教育审查，呈由本大学核验，经令准后，方得聘任。

第三条　公共图书馆馆长聘任期间，分为三阶段：第一阶段为一年，第二阶段为二年，第三阶段以后均为三年。于每一阶段间，经严格考察，确有成绩者，始得继续次一阶段。

第四条　为提高馆长职务之专业精神，及谋馆员发展任务计划之便利起见，在未满每阶段聘约期间时，教育行政机关，不得任意撤换。惟犯左列事项之一，经查明属实者，由县教育局局长，呈准本大学撤换之。

一、违背本党党义者；

二、违背本大学教育方针者；

三、治事不力，改进无方者；

四、操守不谨，侵蚀公款者；

五、行为不检，人格堕落者；

六、身心缺陷，不能执行职务者。

第五条　馆长不能兼任馆内外任何有给职务。

第六条　馆长之月俸标准，规定如左：

等级	第一级	第二级	第三级	第四级	第五级
馆长	60—55	55—50	50—45	45—40	40—35

（1）以上数目，均包括膳费而言。

（2）以上级制，依个人学历、成绩，及各县经济情形，为区别之标准。

（3）各县遇有特别情形，得由教育局局长，另拟标准，呈由本大学核准施行。

第七条　馆长年功加俸、奖励金、养老金、恤金等项标准，另订之。

第八条　馆长服务细则，另订之。

（三）公共图书馆员聘任及待遇暂行规程

第一条　公共图书馆员，分指导员、事务员二种：均有馆长聘任，呈报县教育局备案。馆长于聘任各员时，应负责审查第二条所列资格，如聘任后，经发现资格不合时，得由教育局局长，督令撤换之。

第二条　公共图书馆馆员，以人格高尚，服膺党义，并具有左列资格之一者为合格：

甲　指导员

一、大学或专门学校毕业，对于图书，具有研究兴趣者；

二、中等学校毕业，对于图书，具有解难析疑之智能者；

三、国学具有根底，对于阅览人，善于诱导者。

乙　事务员

一、具有前项资格者；

二、曾任图书馆职务一年以上，而于图书馆学有相当之研究者；

三、勤奋耐劳，对于社会教育，富有兴趣者。

第三条　公共图书馆馆员，聘任期间，以一年为一期，期满经严格考查，确有成绩者，始得继续聘任。

第四条　为提高馆员职务之专业精神起见，在未满聘约期间时，不得任意撤换。惟犯左列事项之一，经查明属实者，由馆长呈准教育局局长撤换之。

一、违背本党党义者；

二、违背本大学教育方针者；

三、治事不力，改进无方者；

四、操守不谨，侵蚀公款者；

五、行为不检，人格堕落者；

六、身心缺陷，不能执行职务者。

第五条　馆员之月俸标准，规定如左：

职务＼等级	第一级	第二级	第三级	第四级	第五级
指导员	50—45	45—40	40—35	35—30	30—25
事务员	40—35	35—30	30—25	25—20	20—15

（一）以上数目，均包括膳费而言。

（二）以上级制，依个人学历、成绩，及各县经济情形，为区别之标准。

（三）各县遇有特别情形，得由教育局局长，另拟标准，呈有本大学核准施行。

第六条　馆员年功加俸、奖励金、养老金、恤金等项标准，另订之。

第七条　馆员服务细则另订之。

（四）各县巡回文库暂行规程

第一条　各县巡回文库，隶属于公共图书馆，或通俗教育馆。前项巡回文库，如在公共图书馆及通俗教育馆，尚未成立县份，得单独组织，暂隶属于县教育局。

第二条　巡回文库，依所隶属机关之名称，定名为某县某馆附设第几巡回文库。前项巡回文库隶属于县教育局时，定名为某县教育局附设第几巡回文库。

第三条　巡回文库，每库设管理员一人，以所隶属机关原有管理图书人员轮任之，遇必要时，得酌用工役，以司输运。

前项巡回文库，隶属于县教育局时，其管理员，另行聘任。

第四条　巡回文库每月巡回时，应将巡回区域、日期、时间、借书处，先期列表，分别通报巡回地之群众，及所隶属机关，其表式另订之。

第五条　巡回文库不得征收阅览费。

第六条　巡回文库于巡回时，得置备手风琴、留声机、活动影片等，并从事讲演，以引起民众识字阅书之动机。

第七条　巡回文库管理员，每月月终及每年年度终了时，应将办理事项，制成各项统计，报告于其隶属机关。

第八条　巡回文库管理员，依路程远近，酌支相当旅费，实报实销。

第九条　巡回文库之巡回办法，及各项细则，由各项斟酌情形订定之。

第十条　本规则自公布日施行。

附录三

河南大学图书馆借阅图书规则

第一条　本馆所置中西图书，除供本校教职员学生参考之用外，其他经相当之介绍，得主任之同意者，亦得借阅。

第二条　欲借图书者，须先领借书证，凭证借阅。

第三条　借书证应于终止借书或学期结束时，随同所借图书，一并送还。

第四条　借书证倘有遗失，应注意下列各项：

（一）须至馆声明，请求补证。

（二）在未经声明前被捡得借书证者，借出图书应由原领证人负责。

第五条　借图书至馆外阅览者，应注意下列各项：

（一）借出图书以寻常版本为限。

（二）欲借何书，应就目录中选择，记其书名及分类号数于索书单，交馆员检取。

（三）受书时须用中文正楷签名于书片。

（四）借期以一星期为限，逾限，需续借者得酌量展限，惟至多不得过二次。

（五）逾限之书欲续借者，须将该书随同借书证带至馆员处，声明换盖借期日戳。

（六）借阅图书未满一星期，遇有必要时，得通知收回。

（七）逾定期而不归还者，每本每日罚洋一角。

（八）每人借出图书总数以三本为限。

（九）教员借学成参考用书，经商定得增加本数、延长借期。

第六条　在阅览室借阅图书，应注意下列各项：

（一）务宜肃静，勿高声朗诵、重步、偶语，致妨他人阅览。

（二）勿吸烟。

（三）勿随地吐痰。

（四）陈列图书杂志报章等不得携出室外，阅后并须归还原处。

（五）阅览未毕因事出时，必须将所借图书交还后始可外出。

（六）参考书及杂志，未经管理员许可而携出者，每次每本罚洋一角。

第七条 书经阅毕须即交还，不得任意辗转传阅。

第八条 阅书时应注意下列各项：

（一）勿污损。

（二）勿圈点勿批评。

（三）勿蘸唾翻页。

（四）勿折角。

第九条 凡应缴纳罚款而未付者，停止借阅图书利益，并逐日加罚洋一角，至纳金时为止。

第十条 凡罚款积至五元仍未缴纳者，即令其退学。

第十一条 借阅图书加有剪裁图画，或遗失污损评点等情者，应即按照原价赔偿。

第十二条 凡在参考室阅书于出门时，须将所带图书一律交馆员点验。

第十三条 各阅览室阅览时间，每日上午八时至十二时，下午一时至五时，晚七时至九时，星期六夜间及星期日下午闭馆，寒暑假期另行规定。

第十四条 各藏书室非经许可不得入内。

附录四

图书馆学参考书

（甲）中文之部
（一）通论

	著者	册数	出版所	价目
《现代图书馆序说》	马宗荣	一	商务	四角
《图书馆通论》	杜定友	一	商务	两角五
《图书馆学》	杨昭悊	二	商务	一元二角
《图书馆学 ABC》	沈学植	一	世界	五角
《图书馆学概论》	杜定友	一	商务	两角
《图书馆学简说》	蔡莹	一	中华	一角五

（二）组织与管理

《现代图书馆经营论》	马宗荣	一	商务	一元
《图书馆之组织与管理》	洪有丰	一	商务	一元
《图书馆员之训练》	杨昭悊李燕亭译	一	商务	七角
《图书选择法》	杜定友	一	图书馆协会	四角
《儿童图书馆之研究》	陈逸译	一	商务	
《学校图书馆学》	杜定友	一	商务	八角

（三）分类与编目

《中国图书分类法》	刘国钧	一	金陵大学	
《中外图书统一分类法》	王云五	一	商务	一元
《实用图书分类法》	陈天鸿	一	中央图书馆	二角
《图书分类法》	杜定友	一	商务	二元
《图书分类法》	陈子彝	一	苏州图书馆	
《图书目录学》	杜定友	一	图书馆协会	四角
《拼音著者号码编制法》	钱亚新	一	圣教书局	一元
《著者号码编制法》	杜定友	一	图书馆协会	一角二

《汉字排列法》	杜定友	一	图书馆协会	二角
《四角号码检字法》	王云五	一	商务	

（四）刊物

《文华图书科季刊》	武昌文华图书科
《中山大学图书馆周刊》	广东中山大学
《国立北平图书馆馆刊》	北平北海图书馆
《图书馆学季刊》	北平图书馆
《国学图书馆年刊》	南京国学图书馆
《中华图书馆协会会报》	北平中华图书馆协会

附录五

一个中等图书馆所应备的定期刊物表

（民国 20 年 2 月拟）

刊物名称	全年价目	全年册数	订　购　地　址
《小朋友》	二元	五十二	上海河南路福州路转角中华书局小朋友编辑处
《小说月报》	一元八毛	十二	上海河南路商务印刷馆通信现购处
《文华画报》	三元三毛	十二	上海虹口密勒路文华图书公司
《文艺月刊》	三元	十二	南京成贤街五十号文艺月刊社
《中外评论》	一元五毛		南京大石桥石婆婆巷九号中外评论社
《中国学生》	三元六毛	十二	上海北四川路良友图书公司
《中华英文周报》	一元	四十	上海河南路福州路转角中华书局中华英文周报编辑处
《中华教育界》	一元一毛	十二	上海河南福州路转角中华书局
《中学生》	一元五毛	十	上海四马路望平街口电报挂号 7054 开明书店中学生出版处
《少年时代》	二元四毛		上海河南路六十号神州国光社总发行所
《少年杂志》	九毛六分	十二	上海河南路商务印书馆通信现购处
《民铎杂志》	二元	十	上海河南路商务印书馆
《生活周刊》	一元三毛	五十二	上海修龙路环龙路口生活周刊社
《自然界》	二元	十	上海河南路商务印书馆自然界杂志社
《良友画报》	三元六毛	十二	上海北四川路良友图书公司
《社会杂志》	二元	十二	南京北四川路永安里社会杂志社
《社会与教育周刊》	二元		上海海宁路傅薪里新生命书局
《河南大学各学院季刊》		十二	开封河南大学秘书处
《河南大学校刊》		四十	开封河南大学秘书处
《河南省政府公报》			河南省政府公报编辑处
《河南教育月刊》			河南教育厅编辑处
《河南教育周刊》		仝上	
《东方杂志》	三元	二十四	上海河南路商务印书馆
《英语周刊》	一元五毛	五十	仝上

续表

刊物名称	全年价目	全年册数	订购地址
《儿童世界》	一元五毛	五十	全上
《儿童教育》	一元二毛		上海四马路望平街口开明书店
《儿童杂志》	一元		上海东新桥浙江路口同春坊儿童书局
《建国月刊》	二元	十二	南京成贤街 51 号建国月刊社
《军事杂志》	三元	十二	南京黄埔路军事杂志社
《科学》	三元	十二	上海亚尔培路中国科学社
《科学杂志》	三元	十二	上海河南路商务印书馆
《现代学生》	一元	十二	上海四马路大东书局
《时事月报》	二元八角		南京鼓楼北时事月报社
《教育部公报》	二元	十二	教育部总务司第二科公报室
《教育与民众》	一元五毛	十	江苏省立民众教育学院
《教育杂志》	一元二毛	十二	上海河南路商务印书馆
《国民政府公报》	七元二毛		国民政府文官处印书局
《国闻周报》	四元五毛	五十	天津日租界旭街大公报馆国闻周报社
《妇女杂志》	二元四毛	十二	上海河南路商务印书馆通信现购处
《新亚细亚》	二元	十二	上海派克路登贤里新亚细亚月报社
《新月》	三元	十二	上海望平街新月书店发行所
《学生杂志》	一元两毛	十二	上海河南路商务印书馆通信现购处
《学衡杂志》	一元八毛	六	上海河南路福州路转角中华书局
《学艺杂志》	两元	十	上海河南路商务印书馆
《戏剧月刊》	四元三毛	十二	上海福州路百十号大东书局
《戏剧杂志》	三元		上海河南路六十号神州国光社总发行所
《读书月刊》	一元八角		上海光华书局
《读书杂志》	三元		上海河南路六十号神州国光社总发行所

以上共 50 种刊物，需洋 120 元左右。假定每月购书经费为 100 元，则每月至少应提出 10 元订购刊物。全年 12 月，合计如上数。

第 二 编

尚志学会丛书

图书馆员之训练

[美] 佛里特尔 著

杨昭悊、李燕亭 译

商务印书馆发行

民国十八年六月初版

范源濂先生序

　　美国今日以教育普及学术进步著称于世界。夫敷教与为学之方不一其途，而必多借助于图书，则毫无疑义也。余游美，历其国都，则见有宏壮富美之国会图书馆，历其各省，则有省立之图书馆，各市各郡各乡，亦皆有公立之图书馆，此就地区言之，其周备已如此。至于学校，则凡大学专门各校，中学、小学以及幼稚园，又莫不各备有其丰富而适宜之图书，以备教师及学子之参阅。此外若教堂，若商店，若工厂，若兵营，以及各种会所，与常人家庭，又莫不有图书之设备。即旅行于舟车之中，养息于医室之内，亦无在不有图书之供给。吾人观察美国人之生活，如确认其生活之一部分，为快乐、为优裕，为上进而有意义，吾人当知彼之所以得此者，实图书之力有以助成之也。夫图书之来源，由于著述者之众多，与出版业之发达，固矣。然能使举国之人，无远近，无贫富，无男女，或老幼，但有片暇，便可读书，便欲读书，便可适意，此种事功，又岂著作家与出版业者，所能尽其责耶？是不能不归功于图书馆之组织矣。然图书馆之为物，质言之，亦不过一种设备而已。譬之人身，苟无主脑，虽具形骸，不能有所为也。譬之机器，苟无动力，虽备轮件，不能即为用也。彼图书馆之主脑，与其动力，果何在也？则图书馆员是也。图书馆之职责原难备述，约言之：则对馆外应有种种之经划，对馆内应事诸般之整理，故为馆员者，首当具明敏干练之才能。文化之进展，与时无穷，书籍之供求，因地而异，故馆员当为博洽勤勉之学者。图书馆原具教育之目的，为社会而公开，故对于阅书者当谋其便利，引其兴趣，有时更当指以途径，祛其繁难，是馆员又当谙习教育，而热诚服务于公众者。以上诸端，苟缺其一，即不足以胜任。此种事业，而谓不须预备，无待讲求为尽人所能者也？美国图书馆办理之善，实有图书馆员一职，已成专业。师其训练馆员之法，乃举办图书馆之先务也。友人杨君昭悊、李君燕亭留美肄是学，课余复译《图书馆员之训练》一书，以飨国人，其劳既足多，其用心尤可感，吾国图书馆教育之发达，将于此是赖。

范源濂

译 者 序

　　这本书的原著，是美国图书馆学界最近的出产品。名称虽然叫作"图书馆员之训练"，其实除使办理图书馆的人得有办理图书馆的技能以外，还有两种效用：第一使研究图书馆学的人知道各种图书馆的重要；第二使享用图书馆的人明白各种图书馆的内容。我前年为尚志学会编了一本《图书馆学》，图书馆的种类，仅占一章，略举梗概。这本书把各种图书馆分别叙述，详我所略，略我所详，所以乐于和李君分章译出，以飨国人。李君兼通中西文，近又同校研究图书馆学，分译以后，又复互相校订，合为一书，译名措辞，幸少乖误。读者若能把这本书和那本《图书馆学》合读，当收相得益彰之效。

中华民国十二年一月十日

杨昭悊

第 一 章

图书馆员职业

从前的人，都相信图书馆员的训练，是不可能的事，都说图书馆员是天生的，不是养成的。他们所以持这种态度，并不奇怪。从前的图书馆员，若就现代图书馆员应做的事务看起来，实在差得远。从前的图书馆，仅当作学者的一种工具。馆员往往就是著名的学者。这种图书馆，是为那些思想家而设的，并不像现在的图书馆，总设法为一般做事或做工的男子和妇女们服务。并且从前的图书馆，所做的职务，对于现代的图书馆所做的社会服务，如给体力或脑力衰弱的人，游惰的人，技术不精的人，没有受过训练的人，和那些关系本国最要紧的外国人服务，都没有想到。图书馆采用科学的方法，当时还很幼稚。又没有图书馆学校，对于图书馆员和他们的助手，施以有系统的训练。所以图书馆员，从前都不当作一种职业。

现在一切都大变了，现在美国，间或有人对于图书馆仍持旧日的态度，在外国，这等人比较上更多，但比从前已经减少了。1903 年英国大图书馆学家曾解释图书馆员的资格说："图书馆员和其他一切事业中的强健分子和学问家，都是天生的，不是养成的。如对于图书馆的热诚，创造和积极的天才，都不是训练和经验所能养成的。"但他不能不保留一句话："适当方法的训练，可以代天生的特长。"从那年以至 1919 年英国舆论家大有变动，因为 1919 年 9 月，英国破天荒的训练图书馆员的学校，叫作图书馆员学院在伦敦大学内成立。

关于图书馆员的预备，或是自修，或是实地练习，或是有图书馆的经验，或入夏令学校，或入各学校所设的夜学校，或特别班，或入图书馆学校肄业，都可以的。

天生的特性，可以预定一人将来的职务，如喜欢儿童的，就设法办儿童图书馆。但是不论个人的天才怎么样，训练是不可少的。现在若求图书馆的工作有效，先要有丰富的图书馆学的知识，精娴的技术，和专门的指导。这些事只要有适宜的训练，是最容易办到的。

有人问爱迪生发明能不能传授？他答说："可以的。"这很可以表明现代对于研究科学的态度和19世纪对于发明的态度，决然不同。从前的图书馆员和现代图书馆员不同的地方，就是他们对于图书馆员训练的态度不同。人生下来，就有天赋的特才，专适宜某种工作，是极少的。就这种人对于劳苦的工作，其得力于天才的，并不比勤敏为多。大多数的人，对于自己一生的事业，必须作预备的工夫和特别的训练。幸而图书馆员这种职业，可以容纳各种嗜好和性情不同的人，也不论男子和妇女。

现代的图书馆员应该做的是什么？他为什么必须受特别的训练？这问题很容易回答。现在美国各大都会里普通的人，都知道要借一本书带回家里去看，必经过一定的手续或规则。先要查目录片看一看，是不是所要借的书在这图书馆里？如在馆里，就要按著书的编号去找。有时先要填写借书单，才能借书。读者的权利，也必须定妥。如果读者已有借书券，这层就可不必，因为这可证明他已愿意遵守图书馆的规则，已有借书的权利。但是他的券上，还得盖章，指明什么时候借出，什么时候归还。这些手续，凡是曾到图书馆借书的人都很熟悉的。这不过是个中机械显而易见的一部分。

图书馆员的技术，是很复杂的。但要求馆务办理得法，根本的问题，就是精娴这种技术，如书籍的选择、订购和出纳，各种一览表的保存方法的研究，思索和应用，书架目录，分类、编目、索引和序别各种问题的解决，目录学和读书目录的预备，各种疑问的回答，还有维持和进行上的问题，用具的购买，建筑问题的研究，图书馆委员会的集会，董事部的进行和募集基金，吸收读者，和为他们服务各种方法的筹划，还有用人和管理上许多问题。这都是图书馆员重要的职务。上列各条，不过略为拟举。其实他的职务，还得大加扩充。但就所举几条，已可知这些问题怎样的宽广，怎样的复杂和那些机械的性质了。

图书馆员，不是一种死工作，要有执行的能力，要有做事成功的本领，要有广博的见闻；要有整理事实和用人的才能。出版界是图书馆员的领土，图书馆员不但要知道它，并且他的知识须带有条理和扩充的性质，才容易对公众为有系统的贡献。所以，逻辑的心思，秩序的感觉，和坚强的记忆力，都是必需的。

图书馆员曾有一个定义，就是为图书馆的读者服务以谋生活的人。他的第一职务，简言之，就是节省读者的时间。所以图书馆员，就是社会服务者和实效的工程师。他的工作，我们后来便知，需要兼有这两种人的精神上的态度和活动。在公共图书馆里，图书馆员是为公众服务。这种服务的重要和价值，渐渐地为世人所公认。商业图书馆的馆员，对于公司所用的印刷品，负有商榷和分析的责任。他要多知道些可以利用的资料，备人询问。不论书籍、小册子、日报、杂志，学校或个人，都可供采访的资料。图书馆员是智识界的指导者，这是到处所承认的。但要指导人，先要自己知道才可以。知识就是权力。凡有知识的男子和妇女，正不愁没有机会。一个社会即和一个公司一样，都是急于雇用这般人的。他们的知识越富，身份也越高，薪金也越优。

除了具有管理的才能，健全的常识，自由公共的精神，和筹划学问进步的知识和热诚以外，图书馆员要有礼貌，要机警，对于有人问话，不论他是有知识的，或是没有知识的，都应情愿帮忙。忍耐和有恒心，都是很有价值的特性。冷淡和脾气太坏的人，绝不能成功。从前的人多相信图书馆，是一个养老院。残废的人、有疾病的人、年纪太老的、或是不能做其他工作的，都可就图书馆的事。这种思想，现在偶尔还有。但不多见，已经成为过去的意见了。健全的身体和活泼的精神，都信为是根本的条件。

在专门图书馆做事，需要有专门的资格。但在普通图书馆，只要身心强健的男子或妇女，富有干才，读书很多，受过好教育，有学者之风的，就算是对于图书馆员训练，根本上有成功的机会。

第 二 章

图书馆的技术和管理

所有图书馆的工作，天然分作两部分：第一种是关于图书馆技术的工作，预备印刷和其他文字的材料，以供借阅。第二种是关于图书馆中社会的专门的或个人的工作，专管关于图书馆的材料和参考文字精确的用法。凡一种材料，供借阅之先，必须整理就绪。

不论在哪一种图书馆，若求工作有成效，图书馆员的技术知识，决不可少。至于助手，也应当熟悉图书馆学的大概情形和实用，因为这是图书馆行政不可少的。工程师对于工程学的技术，应该明白了解。真正图书馆员对于图书馆员的技术，也应当精通。

图书馆的技术工作，包含下列各种：如图书的选择，订购、收授、分类、编目、索引、序别等是。各处图书馆办法虽稍有不同，但是图书馆技术的原理，大致一样。从前图书馆对于搜集上，没有正当的手续，只注意图书的册数的多少。现在情形，大不相同了。我们敢断言将来关于图书馆材料的选择和订购，应格外注意。出版界对于我们的日常生活，占重要的部分，这是人人知道的。况且现在出版界发行的图书册数，非常的多，增加的速度，非常的大，没有一个图书馆，能够将所有这些图书，都一一购藏的。

材料的选择和订购，在图书馆工作中占最重要的部分。做这事须明白图书馆的需要和图书馆的内容和价值，因为书架上的位置，是看作一种生利的地方。订购图书，须从图书馆和读者的需要两方面着想。所以要知道所订购的图书，对于图书馆是不是有重复或补助或扩充的性质。若解决这个问题，须明白图书馆旧有图书的内容。此外还要明白图书的定价、折扣、出版界的情形，要知道什么当买？在什么时候、在哪里买？这都是很重要的。拍卖的书和旧书的目录，都要研究。许价，通讯，对于购书单的配置，各界赠书的答谢，出买或交换的存据的整理，所有馆务记录的保存，都是馆员应做的事。

在较小的图书馆里，馆员对于馆中各种职务，不但要监察，还得实地做去。在较大的图书馆里，可以分科或专门办事。在较大的图书馆里，其普通的分科就是管理科、购书科、编目科、出借科、装订科、新闻科、参考科和专门科。

下述各种职务，不管个人或一科执行，对于图书馆都有关系。并且有大部分的情形，大小图书馆都可适用。图书馆购书科是对于订购图书负责任的。若求实效，须有很好的营业常识。以最低的定价，于最短的时间，买最好的图书，是图书馆购书的第一要义。现时需要的图书，如果这书还在发行，立刻就要购齐。如果时效没有多大关系，最好等到拍卖的时候再买，或按旧书，或按书局残书的定价购买。这种定价，往往比原价便宜得多。所购的册数若多，可得较廉的价格。所以同种书籍，若要买几册的时候，最好买在一起。托本处书局代购，有时候于服务和书价上很有利益。如本处书局不能代购，可借助各处出版界的中心。不管用什么方法，总要记得若想使图书馆为社会服务，使社会受一种好影响，第一件事就是慎选图书。选书的事，一个人的判别力，决不足为定凭。适当的图书评论，图书归类，图书撮要，都可以帮助。专门家的意见和劝告，也可以供参考。有几种出版物，可以直接帮助选书的事，如出版界周刊，对于美国现实的出版物，都加以注释，出版界年报，凡现时出版物，都加以注释，图书索引汇刊，将每月出版物都加以注释，图书评论归类，将所有较好的评论，选集一起。美国目录，美国图书馆协会书目，对于小图书馆，很有用处。并且有些图书馆，自己按定期发行书目，或图书评论。全国实业研究会发行图书评论年报，是专为本会的图书馆员所预备的最有关系的实业经济文字而发行的。波士顿保险公司图书馆协会发行一种季刊，专载保火险的文字。国家保安局的图书馆员，在本署定期出版物上，专评论关于治安的书籍。再者，许多大图书馆，发行新增的图书目录，可供其他的图书馆购书的标准。加以有许多关于教育和科学的著名的杂志，也包含专门家的图书评论，都于选择图书有极大的帮助。

若馆员对于图书的订购和保存，没有适当的办法，则选书一层，也没有多大功用。许多图书馆备有购书记录，专记未付的订单；有收书记录，

专载历年收到的图书。收书记录，对于某种书自收到的日子到废弃的时候
为止都有完全的记录。由这种记录，还可知道图书馆藏书的总数。

　　若求图书借阅上的便利，必定有系统的分类。最好的分类法，就是先
把关于同样题目的图书，归在一起。如果各种图书，只按收到的先后排
列，这些图书彼此间必没有确定的关系。借阅的时候，必将各书架一一寻
找。对于图书日报，杂志，或其他图书馆的材料，如小册子、新闻碎节、
草稿或地图，按照它们的性质相似不相似，分别排列，用时自然容易简
捷。若按照颜色、大小、著作者、出版的日期、发行者的姓名或言语等分
类，未尝不可；但因为大多数的人，都注意图书的件名，所以普通都按件
名分类。现在图书馆所用的分类法，已有几种，其中关系重要的，有杜威
十进制分类法（decimal classification），国会图书馆分类法，克脱展开分
类法和调节分类法。调节分类法，英国图书馆用得最多。杜威十进制分类
法，是杜威（Melvill Dewey）所创，美国图书馆大半都用他的方法。这种
分类法，是把所有的学问，分作十大类。每一大类又分作十小类。按十分
类，所以叫作十进位分类法。这些标准的分类制度，还都存在。这种制度
对于普通图书，还可适用。但对于专门图书馆不能完全适用。专门图书馆
的范围，是有限制的，但是它的利益也较大。所以在许多专门图书馆里，
都用一种适宜某种搜集的分类法。熟悉图书范围，明白各件名彼此间的关
系，都是分类时最宜注意的。不论用哪一种分类法，须有逻辑的次序的整
理。分类一定要合科学的方法。各类图书彼此间要有确定的关系。最好的
分类，就是清楚、确定，合于逻辑，查的时候，非常简捷。要有一种号
码，标明各种大类和各种小类，可以用之不穷。在每一大类之中，分类
时，须按照它们的重要的性质，依次上升的排列，虽然件名和件名一部
分，彼此有密切的关系，但分类的目的在把相似的材料分在一起。散见和
重见，都不合乎科学的精神。再者若求分类适用，须有适当索引。

　　一本书分类以后，须用号码标明，使人知道它在书架的位置和册数的
次序。号码共有两部分，一是标明书的分类，一是标明书架上的次序。这
种号码的用途，就是当读者索这本书的时候，可以立刻知道这本书所在的
地方。这叫作书的号码（call number）。

　　编目是图书馆中最重要的工具。凡图书借阅的便利，大部分要靠编
目。编目若好，可以弥补分类和其他的缺憾。编目不好，其余各部工作的

优点，都归无用。编目是图书馆中的图书、杂志、小册子和其他材料的表簿。这种表簿或用抄写，或用打字，或用目录片，或装订成册，都可以的。这种表簿或只记载著作者和书名，或载记述的材料，如页数，大小，发行者姓名，出版日期和地方，或载小注，描写图书的内容，或批评图书的价值。

现今目录片差不多已通行于全世界。目录片都放在抽屉里，由前向后的按字母次序排好。抽屉方面，另用字母标明它的内容，是由某种字母到某种字母。这种目录片，普通是要告诉人馆中藏有某著作家的什么书，或某种书的著作家是谁，关于某种件名，备有什么书籍。

平常我们可以用三种目录：收授表，专记录新添的书籍，按时期的先后排列的；书架表，是记录所有的藏书，按它们在书架上的位置排列的；还有一种目录，是将各书的著作者、件名、书名的字母，按字典的方法排列的。前两种，即收授表和书架表，是多半为图书馆助手所用的。第三种是目录的本部，为公众阅书所用的。目录既是图书馆索引，不论关于一种件名或关于所有的件名，最要紧的就是所编的目录，完全用着便利。

编目以前，有几项应注意的事。因为目录是为一般利用图书馆而不明白图书馆技术的人而设备的，第一要能从他方面的意见，观察这种工作，并且能设身处地地着想。

最好的编目家，不但能利用公众的意见来观察他的工作，并且能采用他处图书馆的助手们的意思，因为他们也要用这目录。编目家最需要的，是对于公众有同情的谅解，对于自己的工作，有丰富的知识。

目录是图书馆的锁匙。编目家要明白图书馆员的技术，不能当作一种范围狭小的技术。精确更是要紧。粗忽的人，不能担任这种工作。见闻广博，熟悉各种语言，都是极好的资格。图书购得，分类、编目以后，其次就是它的用法。这种工作，属于参考部和出纳部的主任。在大图书馆里，这两部是图书馆活动的主脑，都是最重要的部分。

一切图书馆的工作，主要的部分，是能应答读者怎样找出某种指导或某种件名。属于管理部里的一部，帮助读者利用图书馆的藏书的，叫作参考工作。

参考部主任的职务，是帮助读者寻找参考的材料，为他找出适用的书籍，关于有利益的问题，预备书目（bibliography）和特别的读书目录，发展图书馆的藏书在馆内的用途，正如出纳部发展馆外的用途一样。适当的图书给适当的读者，在适宜的时期，是最合理想的。受过好教育，读书很多，熟悉各种印刷物，记忆力强，对于参考书和各种索引的用法都了如指掌，这都是必具的条件。更须有和蔼的礼貌和帮助读者的热诚。

出纳部主任，对于公众和图书两方面，都要有透彻的了解，因为他和他的助手，多半是直接与图书和人民来往。所以他们的第一的职务，就是使读者和图书接近，借出统计表，不只标明图书转手的次数，最要紧的是可以标明馆员的服务好不好。

出纳部主任是图书馆职务中重要人员之一。他的目的应鼓舞馆中助手都情愿帮忙，使图书馆的用途扩充，或作指导，或作模范。他待遇公众，要用较高的标准。此外还要鼓舞他的助手，不但愿受训练，并且愿为公众服务。出纳部和参考部，既然常和公众接近，对于公众的意见，又负极大的责任，所以任命这两部主任的时候，对于人格上和学识上，须特别加以考虑。不论哪一部主任，都要有代表的权威，指使他人，更须以身作则，使他们愿为公众服务。出纳部既然出借图书为外人所用，一定要有一种记录，标明某种图书为谁借去，这种记录制度，就叫作出借制度。最通行的有两种标准制度，一是布朗，一是纽亚克（Newark，即前文纽瓦克）。还有许多和这两种稍有出入，也行于世。出借记录，第一就是要精确。

除此以外，现代的图书馆员，要晓得保护图书的适当方法。想法使图书经用和扩充图书的用途一样，都是需要技术的。要延长图书的生命，装订和取放的时候，一定要用适当的注意。还有最不经意的地方，如烟气灰尘，过量的水分和干热，于图书最有害。现代皮装的图书，所谓干坏了的，若久置架上不用，反比天天借阅的图书，破裂霉烂得容易。对于装订图书，图书馆虽然设有专科办理，或托馆外相当之人代办，图书馆员对于装订的完善不完善，必须熟悉。

书架的爱护和图书一样，也是一个重要的问题。大图书馆里都另设书架科，专管理书架事项。小图书馆就专靠图书馆员和他的助手管理了。他的职务是使书架上的图书，各占适当的位置，用的时候很方便，借阅的时候取出来，不用的时候放回原处，预备馆内藏书的周年报告，或其他账簿，使图书上和书架上的编号布置得宜，力求避免尘灰等弊。

此外还有其他职务，如关于图书馆建筑上适宜的计划和爱护，和图书馆管理上的详情，对于图书馆员的训练和预备，都很重要。普通都归在图书馆经济年报上，并且各图书馆学校，都另设科目去研究他。

组织图书馆的时候，不论是公共的，是实业的，或是其他的性质，第一步就是选择图书馆员。没有执行的首领，无论哪一种图书馆都办不成。一切图书馆和各种事业一样，管理完善，比设备上完善，更为重要。只要有钱，关于机械、器具和图书，都很容易添购。但是办事人的精神和忠诚，只靠钱是不行的。

公共图书馆和许多专门图书馆，普通都设有董事部或图书馆委员会，作为一种顾问或监督的机关。董事部的地位，有许多地方和各商店董事部的分子相似，普通以较小的董事部或委员会为最相宜。但在大都会，较大的董事部可以收容各界各派的分子，以免除偏重的弊病。他们的任期也不一律。普通都是把董事部分做数组，一组先行退职，依次递补，或每年限一定的名额。总之他们的任期规定，为使馆务稳固，不致停滞。

董事部的职务，就是募集和管理图书馆的基金，作适当的投资，监督用途，决定图书馆的行政大纲，图书馆和读者的关系，图书馆管理政策，对于馆内雇员的关系，监察图书的选择和订购，研究他处的图书馆，以革新和改进自己的图书馆，选择图书馆员，且须极力帮助他，使他尽职。他们应使图书馆员有利用他们的办事经验去聘请所用的人员和解决新发生的主要问题的机会。他们须使社会上知道图书馆管理得法，图书馆是专设法以为读者求利益。

董事部要对于图书馆的管理政策负责任。图书馆员是他们的执行机关，把他们的志愿透彻的敏捷的高高兴兴的一一执行。如果他们得着一个有训练有经验的图书馆员，老成练达，身心强健，有执行的能力，他们便可以把管理权都委托他，只须从旁帮助已足。若图书馆员有不称职的，他们就应另选一位较相当的人物。

图书馆董事一定要品格健全，常识丰富，判断力强，有公共的精神和办事的能力，在社会为最优的代表，文学的嗜好，有时也可以帮助。但因为董事部的职权，大部分是关于管理的，只要办事素有成绩，就算适宜，可以被选。

图书馆董事部和图书馆委员会的责任，就是要知道图书馆是一个赔钱的营业。他的功效和服务须尽力的推广，有作为的人，自然不能将他的位置，当作养老院。董事部虽然不可当作一种傀儡的机关，但对于图书馆行政，也不可过于专制。群策群力是要紧的。图书馆员是管理或执行的人员。董事部是最高的立法机关。不论藏书怎样丰富，布置怎样华美，基金怎样充足，若没有选妥适当的人物，没有用过一番的苦心，结果也没有什么功效。董事部或市议员，有时把形式认作真实。但是图书馆员虽然可以敷衍董事部或地方官，但是能不能永久的敷衍公众或她的助手，还是疑问。常有图书馆员责难本处公众不注意图书馆，或是商业图书馆馆员责备局长或雇员不乐意用图书馆。其实这也是图书馆员的错误。批评图书馆，全要看他的用途。不怕只几本书，一遇精明强干的助手，就还胜过许多的书，落在不知运用的人的手里。

位置不同，所限的资格，也就不同。但图书馆员的责任，是总要使雇员的资格，适合他的位置。要为事择人，不要为人择事。所有图书馆，都应当量力使馆内人员，有自由发展的机会。有许多图书馆，为馆内人员和研究班，举行一种讲演。

以上所述图书馆的管理问题，关于劳工方面，还没有讲起。但现代图书馆发展得这样迅速，用人也天天增加，图书馆员对于劳动问题，不能不加以注意。现在纽约、巴尔的摩尔（Baltimore）、波士顿各城图书馆的工人，都已组织工联（trade union）。这种情形很可使人注意。有许多图书馆，每遇工人问题发生，经济上受极大的损失。但实际上还没有人注意。从前图书馆员，只注意管理上机械的问题，使图书馆在社会上成一种生活力，所以对于人工问题，以为不甚重要。但在各大图书馆，这种情形，已在迅速的变化之中。图书馆员和各种事业的经理一样，对于怎样处置劳工问题，一定要先有研究和训练。

第 三 章

公立图书馆

美国公立图书馆，现在已经有两万多处。每省都设有成百成千的图书馆。例如：马萨诸塞（Massachusetts）省各城镇，都有公立图书馆。只有一处例外，但这个唯一的例外，仍联合邻镇，共同维持一个公立图书馆，使本镇居民可以借用。

有几省公立图书馆，比较上不甚发达。但就那几省的图书馆委员会、各处图书馆协会，和教育行政机关的努力看起来，可相信数年以内，他们的图书馆的数目，必格外增加。

公立图书馆与学校一般重要，现今已为全世界所公认，所以素有"平民大学"的徽号。人民都公认图书馆是训练民治主义最有效的机关。

国家的安全，全靠优秀的公民。若国民都受良好的教育，他的国家不但可期强盛，即治理上也可因应咸宜。美国的儿童，都受强迫教育。将来所有的公民必须能读能写。还有许多城镇，设立补习学校，专为年长失学的随意补习。如此，凡是可造的公民，都有机会受教育，预备自身发展的基础，成一个社会上有用的人才。

但每年 14 岁的儿童，只住到小学第三年级就废学的，尚有百万上下。并且现今美国土生的外国人，为数极多，这也是将来的重要问题。所以现今趋势，除开办学校以外，还要公家筹出经费，另办成人自修的教育机关。这种机关，就是图书馆。馆内藏书，听公众自由阅览，或带回家里去看。所以公共图书馆，已成为广义教育制度的重要部分，和为国家服务和实效生活的预备学校。凡一社会之中，若没有完美的公立图书馆，就可以证明他的分子，没有责任心和荣誉心。这是和没有完美的公共学校同一错误。两者缺一，便不能造成理想的社会。

学校和图书馆，对于教育上的努力，有显然不同的地方。在学校专研究功课，多少要依赖教员的意思和指导，限定应读的书籍。公立学校多半为命令所支配。在公立图书馆就不同了。研究和阅览都是出于自动，或为消闲或为求学，其主动出于个人，不是由于外方。

这样研究和阅览，影响个人的性质和理想，更为确定，是明白易见的。但自由阅览，有时所选的书，未必都妥善。所以公立图书馆对于书籍的选择和用法，应当负完全指导的责任。好书的影响很大，不能不注意。米尔顿（Milton）说过："一本好书，就是主宰精神的很宝贵的生命血，加上芳香，保存起来，可以永垂不朽。"克莱尔（Carlyle）说得更透彻："凡人类所有的行为思想，造诣和为人，就如好像用奇异的保存法，都包括在书籍里面。"凡常看书的人，都知道爱默生（Emerson）那一句话："书籍若善用它，就是顶好的东西；若滥用它，就是顶坏的东西。"托洛（Thoreau）说："你所需要的书籍，只有那称得起书籍的书籍。但是这样的书籍，一千本里也不过有半打。"

衣阿华（Iowa）省达丸波尔特（Davenport）市公立图书馆所散布的传单标题为："我是图书馆"，很简单地说明公共图书馆是什么和为什么：

"我是这市内的知识贮藏室。"

"我是机会。"

"我是人人的终身学校。"

"我胸藏古今来的志愿，希望，学说，哲学，印象，主义，文化，造诣，经验和科学。"

"我是智慧的源泉，幸福的宝库。"

"我是由人民供给的，为人民设立的。"

"我给你机会，使你知道所有你应该知道的。"

"我是为那一般爱阅小说，诗文，哲学，传记，商业和科学的人而设立的。"

"我为所有的书，对于嗜好不同，需要不同和主义不同的人，都能供给。"

"我任凭公众到我这里来得益，来享受。"

"我有许多谦恭有礼的侍者留心照料，他们的本分，是帮助你们从我受益。"

"我大开门户，等你们公事完毕时，将我当作一个公共的精神修养场。"

公立图书馆最大的用处，就是搜集、储藏和出借有兴趣、有利益的书籍。他是公众的精神上修养的地方，如同公园、游戏场，为公众身体上修养的地方一样。公立图书馆对于群众，无时不表示欢迎，并且使他们借这个机会，可以逃出日常生活的烦恼，走入一个浪漫进取的世界里。这虽然是假定的、临时的，但也可使人精神上得一种快乐。它的目的，是供给阅览的资料，并且由书籍的选择，个人的指导，可以养成读好书的习惯。1918 年美国全国的公立图书馆，出借的书籍，超过二万万册，专为带回家里去读的。同年纽约公共图书馆连他所有的分馆共出借了 1070 多万册，波士顿公立图书馆共出借了 200 多万册，马萨诸塞省公立图书馆，共出借了 1500 万册。

就以上种种情形看起开来，便知公立图书馆的影响，是非常的大。1876 年，美国教育局所作关于全国公共图书馆的特别报告上说："图书馆员对于教育的贡献，外人鲜有知者。便是图书馆员自身，或者也不相信。图书馆员对于琐碎事务，可以自由料理，不受直接的监督；可以选定图书馆应购的书和读者应读的书；可以遵守一定管理的方法，如已经为各处所采用的一样，图书馆员无形之中，对于一般专以公立图书馆为求学地方的人，可以转移他们的思路和嗜好。教育家应当明白这种潜势力的方向，筹划他的扩充和结果。图书馆员不但要认清他们第一的职务，就是为人民购备书籍，还要确信他们负有教员的责任和特权。这都是对于公共教育最重要的事项。"

现今图书馆员，不但共同研究管理的问题，交换彼此的经验，并且和教育家及各界人士，研究为社会服务的较善的方法。

第 四 章

公立图书馆的社会服务和特殊服务

从前公立图书馆员的职务，多半是从事搜集和贮藏书籍。现代的图书馆员，多办是从事藏书的用途。不论哪一种图书馆——公立或私立——绝不能够将以前所有的和现在续行出版的图书，搜罗净尽，保存一处的。所以公立图书馆只须搜集那用途广而且有永久价值的一部分。现代图书馆员和往日的图书馆员的区别，就是前者注重藏书的用途，后者但注重藏书的册数，使蔚为大观。但是公立图书馆，不但要搜罗印刷物品，布置在爽朗的阅览室里边，听人自由借阅，更须将各种新书和特别有兴趣的书，在日报上、电车上、和旅馆内，遍登广告。并且利用各种公共运动，设法使公众发生读书的兴趣，请他们来馆读书。这种带侵略性质的努力，使公众常和图书接近，是美国图书馆的特色，为他处所没有的。从前文塞（Justin Winsor）氏说过："将图书搜集一处，加以保存，结果也可以称为图书馆。但是若用图书去帮助和促进人民的日常生活，图书馆就变作一种生活力，如同监狱变作工厂一样。"

公立图书馆不单是图书阅览的中心，群以为若再进一步，可为公共指导场的机会，与各种为社会服务的机关，并驾齐驱，专以服务公众为目的。它的服务，不但公正清廉，并且想法使所有藏书，对于一城一镇，成一种生活力。使所有搜集的可以利用的材料，到那需要的人的手里。

有许多城镇，特别的美国南方一带，黑人占全境人口的一大部分，对于他们另有特别的服务。有黑人区域的地方，公立图书馆，常设立分馆，专为黑人谋借阅图书的便利。有时这种分馆的职员，都用黑人，不但可以广招来，并且帮助他们经济的进步。黑人多不识字，实在是一个大障碍。所以教他们能读能写，也是图书馆目的之一。图书馆特开班次教授，使他们得和图书接近，并且知道怎样使用图书。有许多地方，黑人往往为社会所摒弃，聚会、自修和改进的机会，都比不上白人。因为以上缘故，又因为事实上图书馆的建筑，可以做黑人极好的会场和白人享同等机会。所以有些公共图书馆，便组织老少俱乐部。这种俱乐部，有许多用意。他们可以满足社交的本能，同时可以减少青年们在街市游逛。他们可以做一般人学习自治的地方，在民治社会里，便是一种训练服务人才的学校。他们帮助一般求学的人，怎样发表他们自己的思想。思想清楚，发表的文字才能清楚。除了社交和教育两种目的以外，这种俱乐部，更有一种较为切实的功用。图书馆是指导公众的场所，改善人民经济的机能。社会既然出财购买知识，那获得知识的人，对于谋生上便受极大的利益。有时那专为黑人所设的分馆，可以借给他们作为公共讲演和公共聚会的地方。因以上及其他的服务，图书馆于无形之中，在黑人社会里成了一种建设的机关。他不但有确定的宗旨和贡献以帮助政府解决国内一部分的问题，并且对于黑人成了一种生活力，可以训练他们成为有用的公民，共享有兴趣的生活。

恳塔启（Kentucky，即肯塔基）省路易斯维（Louisville，即路易斯维尔）市立图书馆设有两处分馆，专为黑人服务，且用黑人为职员。此外每年还开办补习班，训练在这种分馆或南部各省黑人分馆服务的人才。

公立图书馆对于外国的移民或土生子弟有同一的功用。在较大的城市里，公立图书馆或他的分馆，另备有外国文的图书，以便外国人阅览。小城市里，若有土生的子弟，图书馆的服务，更是一样的努力。马萨诸塞省有 414 处公立图书馆，其中 186 处，即 45% 都是勤勤恳恳地为一般土生服务。除供给他们本国文的书籍外，公立图书馆对于那些愿意学习英文的人，另购备简单的英文书籍。纽约公立图书馆的分馆，都设有英文班。公立图书馆的房屋，常借作会场，或为外人演讲或演讲美国化及其他的集会。据马萨诸塞省公立图书馆委员会的报告，在 1918 年，借用图书馆的建筑集会的，有关于美国化的，有关食物贮蓄的，有关于外国语言的，有为自由公债设法，散布外国文传单的，有关于劝告兵士的，有关于讨论流行感冒（Influenza）的。图书馆是容纳外国人来解决疑问的地方。马萨诸塞省的公立图书馆，多半都设法求实现这种希望，据马萨诸塞省骚司布里支（Southbridge）市立图书馆的报告，他们对于工厂的工人美国化的事业，已得工人们的亲切的合作。他们刊印了一种关于美国书籍目录，散布在各工厂内。不但那些阿尔巴尼亚人，希腊人，波兰人，可以看，便是那些由坎拿大来的法国人，也都愿阅览。其中有许多人，虽住在美国已有多年，但对于美国的事业，向来不甚注意。但是现在都变为说英国话，受美国训练的最勤恳的学生了。

美国图书馆协会见公立图书馆，对于移民及外国人的服务，和这种服务扩充的可能性，于是在他们扩充计划里，正设法和各学校，各团体，通力合作，或利用展览会，或利用外国文的印刷品，使各处不懂英文的人们，能够教育他们自己，养成美国公民，尊重美国的理想。图书馆扩充计划委员会都相信本国图书馆员，不但有这种权利，并且有这种当尽的义务，更伸张他们的范围，设法获得国内千百万外国人的信赖，供给他们图书和外国文的印刷物。如果关于鼓舞美国人的精神和养成较好的公民的图书还很缺乏，美国图书馆协会，可利用他们的机关名义，鼓励和翻译那些较为重要的外国文的书籍。如果我们记得在美国全境共有 1600 万的外国人，其中有 600 万人是不懂英文的，便知道对于他们服务的机会，是非常之多了。

图书馆对于盲人的服务，也极有成效。美国全国约有盲人 75000 名，这些人可算是人世间最不幸的了。美国公立图书馆对于盲人服务，都带有人道主义的精神。今略述其大概。这种服务足可表示社会服务的精神，使图书馆更为活动，并可向各方面发展。

关于制造一种凸起的印刷物，使能用手指辨识字义，已经费了几百年的努力。进步很慢。直到 19 世纪中叶，才有人发明了一种可用的字模，月形字模（moon type）是 1847 年发明的。布赖尔（Braille）是 1829 年发明的。纽约针（New York Point）是 1868 年发明的。到 1918 年所有为盲人服务的人，才都同意采用一种标准的指认印字机，叫作格雷得一又二分之一的布赖尔（Grade $1^{1/2}$ Braille），为盲人识字的印字机发明以后，大家既很满意，于是这种印刷局随之成立，专印盲人用的各种书籍，公立图书馆也当然酌量为他们传播。

在 1868 年的时候，波士顿公立图书馆便将凸字书籍另设一部管理。1882 年费拉得尔飞城，也仿照这个办法。这两处创办以后，设立盲人图书馆的城市，一天比一天多。渐渐推广到全国。较大的城市如波士顿（Boston），乌斯特（Worcester），普洛否腾（Providence），哈得富尔（Hartford），新哈文（New Haven），纽约（New York），布鲁克林

（Brooklyn），泽稷城（Jersey City），菲列得尔菲亚（Philadelphia），巴尔的摩尔（Baltimore），里士满（Richmond），北明翰（Birmingham），罗彻斯特（Rochester），布法罗（Buffalo），匹兹堡（Pittsburgh），辛辛那提（Cincinnati），克利夫兰（Cleveland），格兰剌匹咨（Grand Rapids），底特律（Detroit），芝加哥（Chicago），密尔窝基（Milwaukee），路易斯维（Louisville），孟裴斯（Memphis），新奥尔良（New Orleans），圣路易（St. Louis），堪萨斯城（Kansas City），西特里（Seattle），斯波坎（Spokane），波特兰（Portland），旧金山（San Francisco），劳斯安极立司（Los Angeles）等处，都有盲人图书馆和盲人阅览室。较小的城市，对于盲人服务，也很活动。其中如马萨诸塞（Massachusetts）省林（Lynn）及布鲁克林（Brooklyn），康涅狄格（Connecticut）省诺窝克（Norwalk），纽约（New York）省奥本（Auburn），纽折尔西（New Jersey）省普楞飞德（Plainfield），宾夕法尼亚（Pennsylvania）省伊利（Erie），伊里诺斯（Illinois）省，挨尔京（Elgin）及加利福尼亚（California）省散塔梦尼卡（Santa Monica）等处，成绩都好。这种图书馆其中有些只为本市盲人服务，有些将书寄到辖境以内所有的盲人，有些竟没有区域的限制。马萨诸塞省的斯勃林菲尔德（Springfield）市立图书馆，每礼拜请人为盲人诵读。盐湖城（Salt Lake City）市立图书馆每礼拜请人为盲人诵读两三次。加利福尼亚省立图书馆且派人到盲人家中，教授他们读书。1918 年的时候，最老的盲目学生是 96 岁的老人，最幼的学生才 6 岁。这是很有兴趣的事。

　　所以，公立图书馆，施行了许多便利的方法，或招盲人来馆内阅览，或将书直接送到他们家中。因此所谓盲人最大的痛苦——无所事事——完全免除。从前所认为废人的，到现在也有新希望新勇气了。据纽约省教育厅的报告中有一段话："省立图书馆所做的事务，其中成效最伟大，最迅速，最令人感激，令人尊重的，就是关于盲人图书馆的一部分。"

　　现在美国图书馆协会正计划和各机关合作，用一律的活字为盲人多刊印些书籍。这事更足以鼓舞那一般为盲人服务的人。

　　关于图书馆阳光工作（Sunshine），就是为疾病残废的人服务，也当略为陈述。图书馆常派人将图书和杂志送到医院借给病人，总之凡读者不能到图书馆时，馆员即将书籍送到读者所住的地方。

　　图书馆的儿童服务，是大家都知道的。现在所有较大的图书馆，都设有儿童阅览室。完美的儿童图书馆，须备有读本，画册，神话，游记，博物，历史，传记诗歌和专为儿童选的文学名著。每一门各有确定的功用——读本可以补助校课；画册可以醒目悦心，引起嗜好的标准，养成品重的价值；神话，博物，游记，可以引起想象力，使胸襟扩大；历史，传记，可以影响品格；诗歌，经典，可以使他们早同优美的文学接触。

管理儿童图书馆，须使儿童常同好书接触，教导他们怎样善用书籍，养成他们读好书的嗜好，引起他们向上的心。儿童图书馆员必须明白儿童的心理。并且喜欢儿童，熟悉儿童的用书，能认识书的内容。有些图书馆学校，为志愿从事儿童图书馆的人，特设专科教授。

凡有儿童阅览室的地方，附近一般儿童，都争往阅书。图书馆员往往感座位不敷之苦。据 1919 年波士顿市立图书馆儿童部的监察员的报告说："儿童占阅览室的阅览人数的大部分，成人阅览的机会，因之大为减少。有一阅览室内阅览人的 3/4，都是儿童。"

儿童图书馆的特色，就是每周有一定的时间，讲演故事。一人若能讲演故事，便可称为儿童的大王。儿童天性喜欢故事，所以给他们讲故事。很可以辅助他们或引导他们读书。对外国的儿童，便用他们的本国言语讲演故事，给他们听。

一到夏天，许多人要往乡间避暑，在较大的城市里，寻常都允借给他们书籍，并得延长出借的期限。至于一般儿童到夏天仍旧住在城里的，普通都喜欢户外运动。游戏场更为重要。所以有游戏场图书馆的设立。这又是图书馆扩充他们服务范围的例证。圣路易（St. Louis）市立图书馆所办巡回书库，在城市游戏场是一个极受欢迎的熟客。

图书馆除上述服务以外，更向其他的方面发展。穷乡僻壤的地方，人烟稀少，散居各地，和外界隔离。除了杂货店、车站、邮局，更没有输入知识的地方。结果遂致吸收知识的机会减少，个人的外观狭窄，生活没有意义。这些地方需要良好的图书，比城市尤为迫切。但以种种原因，有许多乡村，对于图书的搜集，都没有进行。目前幸有活动图书馆，可以弥补这种缺憾。近有人加以美满的批评，他说："现代一切改良的事业，最可令人兴起的，就是那些孤立在荒村僻壤的图书馆代理所，这些村落，从前都是屏绝于美国文化以外的地方。" 1893 年纽约省首创活动图书馆制度。全美各省，继起仿行。这种活动图书馆，是由省立图书馆，图书馆委员会，或地方上的图书馆，供给图书，送到没有图书馆的地方。

筹办活动图书馆的时候，须选择性质不同的书籍，以求适合不同的嗜好，这些书籍，一面要有指导和教育人民的价值；一面又要能够增加娱乐。最要紧的，是要引起读者的兴味，使他们读后还想再读。有外国人住的地方，须备外国文的书籍。对于老人或儿童，画册和杂志，最能引他们入胜。对于妇人俱乐部，或其他团体的用书，有时不但要满足读者一时的兴味，且须引起下次的需求。活动图书馆往往使当地人民受一番刺激，因之也设立本地的公立图书馆。

在那人民散居的地方，还有一种规模幼稚的图书馆，就是巡回书库，布置妥当，派往各处。人民可从书车上借书，和在公共图书馆一样。这也是帮助传播现代图书馆员的精神的一种利器。

各种俱乐部可以借用图书馆建筑作会场，前已约略言之。下列之表，是表明 1915 年纽约各团体，曾借用市立图书馆各分馆开会。所有各分馆的勤动表，就是对于现代图书馆员的精神一种最好的评注。

AGULIAR BRANCH

Beacon Lights' Literary Club（Boys）.

Meetings weekly, January – May and October – December.

Civics Club for Girls（City History Club）.

Meetings weekly, September – December

Classes in English for Italian Girls under auspices of Y. W. C. A.

Meetings semi – weekly, January – June.

Classes in English for Italian Men under auspices of Y. M. C. A.

Meetings semi – weekly, January June.

Groups for the study of Algebra.

Meetings semi – weekly, June.

Groups for study of Stenography（Men）.

Meetings, Four meetings a week, June – September.

Junior Literary Club（Girls）.

Meetings semi – monthly, January – May and October – December.

Little Mothers' League.

Meetings weekly, July – September.

FORT WASHINGTON BRANCH

Drama　Discussion Club of the Drama League.

Meetings monthly, January, February, November and December.

Fort Washington Chapter International Child Welfare League.

Meetings weekly, August – October.

Washington Heights Symphony Orchestra.

Meetings bi – weekly, October 19 – November 26.

Lecture：Patent Medicine Fraude, April 10tn.

Reading：John Galsworthy's The Mob, April 22nd.

HUDSON　PARK　BRANCH

Italian Class for Teachers.

Meetings weekly, January – May and October – December.

Classes for Backward Children.

Three meetings weekly, January – May and October – December.

Association of Neighborhood Workers,

February 22nd.

Historical Exhibition　in connection with Greenwich Village.

Week, May 24 – 31

125th STREET BRANCH

Boy Scouts.

Meetings Saturday nights throughout the year.

Harlen Boys' Library League.

Meetings Friday nights, May – September.

Young Men's Business Club.

Meetings Friday nights throughout the year.

我们如果立在大图书馆的门口，见各色人等，出入不断，立刻感受一种印象，这便是不论操哪一种职业的人，都要和图书馆发生关系。若遇阅览人需要较高的服务，便另设专科办理。如工业、科学、经济、美术、政府公文、专利权、日报、杂志、写本外国语、文化等项，都设有分部。且须用受过专门训练的人管理。现在这种办法非常流行。这种分设专门部的办法，专为使读者获得较好的服务。

有几处市立图书馆，已经分设商业图书馆。有的城市图书馆同工厂合作，供给工人们书籍。但厂主须供给地址和馆员。

公立图书馆还有一种特色，就是能同市民及社会上各团体合作。有许多城市的公立图书馆，代办学校图书馆。此外，还预备关于各种件名的书目，由图书馆或别种机关广为散布。并且时常开展览会。纽约省之叙拉古（Syracuse）公立图书馆，近来同国家治安会合作，举行一种关于治安的展览。爱国展览，周年纪念展览，重要事件展览，也时常举行。

纽折尔西（New Jersey）省洛威（Raliway）公立图书馆代市政府散布法令章程。自 1909 年，卫生局将关于牛乳的报告，也在图书馆公布。结果有许多业牛乳的男子和妇女，都来馆参考这种报告。近有一家业牛乳的因为公众得着消息，说他的牛乳不洁，已停止营业。明尼苏达（Minnesota）省图哈柏斯（Two Harbors）公立图书馆，且作为妇女交际的中心。图书馆内教授编物、刺绣、编篮、纺织、缝纫等科。明尼苏达省喜丙（Hibbing）公立图书馆，特购置留声机，每星期日下午奏乐享客。明尼苏达省维基尼亚（Virginia）公立图书馆，也仿行此法。每次来听者，不下200 人。

纽约省丙干吞（Binghamton）市立图书馆对于半途废学的儿童，都用专函请他们利用图书馆读书，并且告诉他们读书的利益。密执安（Michigan）省格兰刺匹咨（Grand Rapids）和丙干吞两处，且授以职业上的指导。

以上很足表明图书馆对于社会上各种的服务。这种服务，自然不能强使所有的图书馆，一律仿办。但是图书馆员和图书馆的董事，都已经觉悟图书馆服务的扩充性，所以图书馆为社会服务的精神，也一天比一天的奋进。前美国图书馆协会会长，在年会演说："大多数有职业的人，都为个人的职务所纠缠，没有时间照管旁人的需要。但这是图书馆员的职务，他是被雇使知道怎样的。"豪（Frederick C. Howe）氏在他的《现代城市问题》一本书里说过："公立图书馆实在是美国所特有的组织。世界上没有一个国家，能够像我们这样的广设分馆，这样自由任人借阅图书，利用阅览室研究或作参考工夫。欧洲各国，都派委员来美研究图书馆，就如同我们遣派委员到英国、德国研究政治一样。因为他们对于政治是先进国，公立图书馆确乎是美国对于市政管理上的一种贡献。"现在一般人士，渐渐都相信图书馆和礼拜堂一样，是有生命的，不是空空的大理石建筑物。这正如密尔顿所说："书籍不是死物，它们含有一种生命的功能和它们的著作家的灵魂一样活动。"

凡是受过良好教育，精通图书馆学，有服务的精神，有应用的想象力，热心图书馆事业和志趣高尚的人，公立图书馆员，对于他们是很相宜的位置。

第 五 章

私有图书馆和集资图书馆

私有图书馆和集资图书馆与公立图书馆的区别，就是它们的所有权和借阅权都有限制。只有担负图书馆维持费的人或是缴纳定额常年费的人，才有享受借阅的权利。这种图书馆成立较早，这是显然易见的。有许多点可以说它是公立图书馆的嚆矢。自公立图书馆发达以来，许多私有图书馆都渐渐消灭，因为不能和公立图书馆竞争。但还有许多如波士顿文社（Boston Athenaeum）、波士顿图书社及纽约商业图书馆，仍然存在，并且可以永远维持。

私有图书馆，有带普通性质的，有带专门性质的。波士顿文社是一所普通图书馆，对于各科书籍，都用适当的搜集。波士顿社会法律图书馆，便只搜集关于法律的书籍。波士顿医学图书馆，便只搜集关于医学的书籍。私有图书馆和集资图书馆与其他图书馆的区别，就是它们的借阅权，只限于那出资维持的人，或捐纳常年经费的人，或是由他们所介绍的人。从前开办私有图书馆的人，大约不外下列三种：（一）有些富人虽然有公立图书馆可以借阅书籍，但是他们总觉着在一个小团体所办的图书馆，有种种便利。（二）有些人不能够，或是不愿意单独维持个人的私有图书馆，同旁人联合起来，大家出资，办一个图书馆，都可以享私有图书馆的利益。（三）有些人住在人烟稀少的区域，同他人联合起来，办一所图书馆，只有担任维持费的人，才有享受借阅的权利。当19世纪的时候，美国南部和西部各省，由第三种办法所设的图书馆甚多。自省立图书馆法成立，允许图书馆开办费和常年费得用公款，同时省立图书馆委员会的事务，也日形发展，于是那些私有图书馆对于公立图书馆，不得不退避贤路了。

有人以为民治的社会里，不容有私有图书馆的存在，但这个问题，现在还没有解决。集许多志同道合的人，声应气求的，做一件共同的事业，这是人类的通性，社会上所常见的。这事实对个人和社会裨益很大。并且这种图书馆对于出资维持的人，或缴纳年费的人，确可以使他们的事业前进，并保证将来的发展。

私有图书馆的所有权和借阅权，只限于少数有关系的人，前已说过。若求实效的管理，最好将所有权交给一个大组合或大公司。私有图书馆差不多都是为那些组合、公司、俱乐部，或协会所办的。

私立图书馆的利益甚多。它可以为志同道合的人，作一个群聚讲习的地方，并且可以补助其他图书馆所不能办的职务。论藏书的数目，它自然比不上公立图书馆。但因为借书的人较少，读者得所欲看的书籍之机会也较多，而且借阅书的人越少，读者个人，越可多享权利。他可以使图书馆员了解读者的意旨和嗜好，然后于购书的时候，可以先有一定的目标，以求适合读者的需要。他可以使图书馆长和读者有较多的接触。波士顿文社图书馆馆长常说："私立图书馆大半是为教育界的人所设立。他的主人翁，总感觉和他的办事员接近，比一般的纳税者对于他们的信托人，更为接近。所以他相信自己，可以直接参与馆务，并情愿纳费，以获得借阅的权利。此在公立图书馆就无须纳费了。"

还有一种利益，私立图书馆不但可以和它的读者接近，并且服务上可以投他们的所好。人数太多，必须加以限制，如肃静、座位、容纳等都有限制。私立图书馆，只要享所有权的人肯出钱，馆员便可以设法使读者极舒适及便利。公立图书馆的经费，是有限制的。它的服务上，一时自难求十分美备。

私立图书馆的雇员，也有各种利益。薪水比在公立图书馆做事稍丰，稍有功绩，容易表现。并且在私立图书馆做事，读者和馆员常常接近。差不多是一种个人的服务。即此一端，对于愿就这种职业的人，大可以心满意足。金钱尤其小事。

凡没有受过训练的人，想在私立图书馆做事，不论是普通的，或是专门的，很不容易。想在普通的私立图书馆做事，至少要在专门学校肄业两年以上，并且在认可的图书馆学校毕业，或有相当程度，而曾在图书馆实地练习过的才可，在专门的私立图书馆，如法律、医学、神学、美术或工程等如第七章所讨论的各专门图书馆馆员应得的训练，这里可以适用。

第 六 章

学校图书馆

学校图书馆对于教员和学生的关系，是人人知道的。凡小学、中学、师范学校以至大学，莫不设有学校图书馆，现今学校图书馆的功用，已经彰明较著。美国全国的教育家，对于这种图书馆，都是一致的欢迎。美国全国教育协会，且特设图书馆股，与其余各股并重。从它一方面看起来，学校图书馆的发达，既这样迅速，并且是一种专门性质的职务，所以它的馆员，应有一种特殊的训练。这是现在各图书馆学校要试办的。1917 年，加利福尼亚省颁布了一种新法令，凡在中学图书馆每天服务过两小时以上的人，须领有中学教员的证书，或是有一种特别证书，证明他通晓图书馆的技术和用法才可。在宾夕法尼亚省匹兹堡市和马萨诸塞省布洛克林市两处，大学毕业生，或是在认可的图书馆学校毕业生，才有中学图书馆做事的资格。图书馆馆员也和其他教职员享一样的权利，与中学教员支一样的薪金。学校图书馆于教育上直接的有极大帮助。它可以鼓励学生养成一种读书的习惯，可以使他们常同有价值的著作接近，可以用敏捷的方法，搜罗知识以增进个人的见闻，可以使一般青年的男女，获得较多的经验，可以做他们的职业指导，还可以帮助儿童，决定他们自己将来的方针。学校图书馆的书，不在多而在精。精致的纸张，印刷和图解，颇为重要。一本书的印刷好，图解好，很容易起美感作用，这是人人所知道的。印版太劣的书籍，先使眼睛感到一种不快，阅览的时候，不但没有快乐，且觉着非常吃力。

关于很好的儿童用书的设备，还在试验时期，因为好书太多。儿童好读杂书，但是不知道选择，与成年的不一样。所以馆员最重要的职务，就是指示儿童读好书。还有一种重要的职务，就是训练儿童怎样阅览书籍，怎样利用图书馆。如关于字典，百科全书，杂志索引，和其他普通参考书的用法，关于馆内书籍的分类，目录片的用法及功用，或自由谈话，或实地练习，务使儿童个个了解而后已。某省公立师范学校图书馆馆长，曾向一般将毕业的学生说明他所教的那一门功课：

"我们当谨守一条严肃的规则。凡学生将自己能够回答的疑问，来问我们，我们绝不可以回答他。往往有学生来请教我们，当时以为要省麻烦，最好是立刻回答他们的疑问，但我们要使学生能够独立，俟将来没有人在旁边指教的时候，他们也能帮助自己才好。所以每逢有人遇见疑难，我们先要问他，你曾向什么地方查看。如此，可以使学生与著作家姓名接近，不至但以书皮颜色为辨识某种书之标准，往往学生自己能走入正轨。倘若不能，我们可以指示他某种书可以解决某种疑问，使他可以粗识门径，常常留意，待他得到他所找的材料为止。下次有同样的问题发生，自然容易解决些。再经验一次，就差不多可以完全自动了。为教员者，不久便晓得这种训练，不是白费光阴，实在是节省光阴。学生们借此可以养成一种图书馆的习惯，在学校毕业以后，仍然能够自立。"

学校图书馆馆员还有一种职务，就是使学校和图书馆的工作趋于一致。因此学校图书馆馆员的职务，越发觉得重要。俄勒冈（Oregon）省教育局，曾通知各处学校监督，凡中学有教员十人以上者，其中只须9个人担任功课，其余一人，须聘一位有训练的图书馆馆员。他应将所有的时间，从事图书馆的职务，帮助那9位教员。1917年，华盛顿大学钟斯通（Dallos D. Johnston）教授在美国全国教育协会图书馆股演说，曾详述学校图书馆的重要："关于图书馆与学校联合一致的运动，图书馆馆员须多做创造的功夫，一面是为教育，一面是为自救。图书馆和学校的联合，就是使馆员成为一种儿童的教师。他们都相信仅通晓教科书，便算教育。"

图书馆所以发达最快的缘故，与美国全国的中学极有关系。如果中学没有图书馆，一切学务，就很难进步。中学图书馆馆员的职务有四种：管理的、技术的、教育的、奖励的。关于管理的职务，不外指导图书馆的行政、计划服务的方法和图书馆充分的发展。关于技术的职务，包含选书、分类、编目、索引和叙别种种的印刷物，给读者种种便利，并保存图书馆的记录。关于教育的职务，就是帮助教员和学生，关于某种问题，可以找出相当的材料，留心教室和实验室内发生的问答，预备读书目录，教导学生怎样用图书馆，又和职业介绍的人合作，帮助学生选择他们最适宜的工作。中学学生，正在发展的时期，操行和规律的习惯，皆须以此时养成。中学图书馆馆员，当利用他的地位和机会，引导学生使将书籍当作自修的器具，当作消遣和鼓舞的方法。

美国全国教育协会敷设的图书馆的组织设备委员会，关于中学图书馆馆员应具的资格，大概有所讨论。都以为对于书籍有丰富的知识，有组织的能力，对于参考书的用法，有良好的经验，都是一切图书馆馆员必备的条件。而最要紧的，便是图书馆馆员的人格。任中学图书馆馆员和当教员一样，须有教导鼓舞的热诚和能力。愿书上须具有良好的图书馆经验，曾为已达中学年龄的男女青年服务的人，或曾在公立图书馆的普通阅览室，或在儿童图书部，或在学校部，或在中等学校做事的，都可以。在中学当教员，成绩优良的，也是图书馆馆员一种很好的资格。凡欲任中学图书馆馆员，须在大学毕业。他所学的主科，须为文学、历史、社会学、教育学，或是其他的科学，而适于专门需要的。例如工业中学，对于他的图书馆需要，都带有专门性质，至少也要在认可的图书馆学校有一年的训练，再有一年为青年学生服务的经验才好。

大学教育实以图书馆为中坚，这是全世界教育家所公认的。例如普林斯顿大学的图书馆的新建筑，行落成礼的时候，校长纪尔曼（Daniel C. Gilman）演说："大学图书馆，就是大学的心脏。若心脏微弱，各部都要受累。若心脏强壮，各部都能奋兴。"哈佛大学校长爱略脱（Charles W. Eliot）在他的最早的报告里说过："哈佛大学图书馆对于该大学的教授上，不论教材和教法，都有很大的功效，因为他是教员的教员。"

大学或专门学校的图书馆，可以作教员预备讲授或参考的地方，可以作教员、毕业生和未毕业生，作研究功夫的地方，可以作学生自修或参考的地方，且可以作一般读者自修深造的地方。

大学图书馆馆员对于读者的责任，比公立图书馆馆员的责任较大。公立图书馆和其他公共机关一样，其经费由公家支出。它的大部分的责任，是为公众服务。公众的意见，比借阅书的人反面的意见强得多。大学图书馆的情形，稍有不同。凡来阅书的，都是要关于专门题目的参考。这些读者，同时都是学生，前罗彻斯特大学（University of Rochester）图书馆主任说过："大学图书馆馆员和其他职教员一样，都负有增进学生的知识的责任，不可没有方法，任意使学生枉费精神。对于没有读书机会的人，也不可不注意。凡为学生所设的图书馆，须设法使最愚鲁的学生，也能起读书的兴会，对于普通的书籍，更须有适宜的指导。"

大学图书馆馆员已渐渐地承认他们的地位能影响学生全体，鼓舞他们读书的兴味，对于他们所作的研究功夫，应设法养成他们预备、注意，和精确的习惯。许多专门学校都授图书馆学，为使学生能够熟悉读书的原则。1914 年，美国已有 91 处专门学校，讲授图书馆学。这门课程，颇为重要。好像各种科学，必须有实验一样。因为借此可以使学生不但了解怎样使用他自己的大学图书馆，且知道怎样可以利用校外的图书馆。这种知识，对于学生，他比在大学里所得的一切课程还为重要。因为这种知识，不但指导学生读书的方法，并且使他在学校毕业以后，获得一种继续求学的方法。

第 七 章

专门图书馆

由经验所得，我们知道分业愈专，实效愈大。凡人不论做何事业，必须专精一门，技术才能精熟，知识才能丰富，方法才能进步。内科医生远胜于普通科的医生；精巧的工人，远胜于号称百事通的人。

图书馆和学校都已经明白专门的价值。大都会的公立图书馆，前已说过，各部搜集该部应备的专门书籍。这种专门的搜集，虽然有时当作专门图书馆，实际上并不一样。

专门图书馆和公立图书馆和其余图书馆不同的地方，全由于他们的职务和功用上区别。专门的搜集，乃限于一种题目或数种相关的题目，并且有专家管理。这都是专门图书馆最要紧的事。图书和其他的材料，还在其次。第一要知道怎样去找参考的材料。专门图书馆只搜集他们范围所及的材料，并不是单以储藏为目的。形式又在其次。如果某种书中之一页，与所属机关有益，图书馆便只保存这一页，其余可以不管。如果由报章剪下来的一节新闻，可以供人参考，且远胜于书籍，那么图书馆便须保存这一节新闻。

专门图书馆，所保存的书籍和其他的材料，以在它们有效用的期间为止。效用期间已过，这种材料便可以废弃。这种办法，实在是专门图书馆的特色，和其他图书馆决然不同。纽亚克（Newark）省公立图书馆主任德拿（John C. Dana）为专门图书馆协会的创办人，他曾将专门图书馆与其他图书馆的异点，略举如下："选最好的书，仔细安置，永远保存，这是从前图书馆的信条。将来呢，选几本最好的书，照从前一样的保存，但还得从那浩如烟海的出版物中，费最低额的金钱，拣选你本馆最有用的图书。待这些书籍失了效用，立刻便将它们废弃。"

专门图书馆，只向它们所专门的一方面搜集，只搜集对于研究家有用的材料。

服务是第一关键。凡收到一种材料，须预备分类、简说和报告，须有确实的指导；须应付本馆的需要；须搜集所有的材料，使本馆有较完全，较确当的指导；或由通信，或由面询，或用其他的方法，以增加本馆参考的材料，不能单以书籍、杂志、小册子，和新闻碎节的数目，为标准。而所保存的参考材料，最应注意。此外还要看这种材料，是不是有用？又怎样的用法？所以专门图书馆是一个指导的中心，且负有指导的责任。是一个破除迷局，又是一个研究所。

商人们都已了解专门图书馆的价值，所以商业图书馆成立的很多。专门图书馆不只限于商业图书馆，还有法律、医学、农学、财政或神学图书馆。就图书馆的用处和服务两项，可以断定它是不是有专门的性质。从它一方面而论，商业图书馆不一定就是专门图书馆。商业图书馆出借图书，若专以公司利益为主，不得谓为专门图书馆。只有当它的服务可以达到公司以外，与公司中各执行部一样的时候，才得谓为专门图书馆。不必待人家请求，先应极力向外推广。图书馆要奖励人提出问难。若收到所需要的材料，须立刻通知读者，或由纪念册，或由报告，或由其他有功效的格式。

所以专门图书馆和公立图书馆有许多不同的地方。纽约公立图书馆威廉孙博士（Dr. C. C. Williamson）说过："专门图书馆是有实效的，是应时的。关于一种特别题目的参考书，有较完全的搜集，所搜集的，不只书籍，还有新闻碎节、小册、零段、报告等项，都有完全的索引和分类。关于最近的材料，都容易查出来。若是稍大的公立图书馆，便不免有多少的延搁了。"

总之公立图书馆，对于公众还没有贡献这种带专门性质的服务。一部分固然是因为需要上，并不迫切。其主因当为经费问题。若想筹办一所有实效的专门图书馆，必须聘一位专家管理。现今各阅览室的馆员，不论他怎样的博学广闻，怎样的服务敏捷，但他决不能成一个所有各种学术的专家。其结果若想普通或公立图书馆，仿照专门图书馆的办法，各阅览室必须添聘专家。支出亦必因之增加。此外更有购书等种种问题。

米西干大学图书馆主任，前任美国图书馆协会会长比沙普（W. W. Bishop），亦曾指出专门图书馆和公立图书馆的一个异点："试将一般所谓专门图书馆对于读者的态度，加以考虑。因为这些读者对于他们所专门的方面，都有高深的知识，对于他们所操的职业有关系的文字，都感浓厚的兴会，所以他们要求并且获得馆员美满的服务。这种服务，为读者起见，馆员须拼着无限的时间，无限的努力，用在这种图书馆里。有时热心招待，亦不致有过于殷勤之弊；有时稍自稳重，亦不致有过于冷淡之弊。科学试验室，保险公司和研究所的图书馆馆员，都认识那几个有限的读者，知道他们的需要，有问必答，服务敏捷，所以功效很大。"

铁路经济局钟斯通（R. H. Johnston）说过："专门图书馆一天一天的将变为解决商业、工业、市政和立法等种种困难问题的一部分。现在它已经超过了试验时期。"

良好教育，见闻广博，组织的能力，眼光远大，判断事务的缓急轻重的能力，文学优长，对于所服务的图书馆有特别的训练，这都是专门图书馆馆员必具的资格。

第 八 章

农业图书馆

"我们生活在现今时代，若求农业的发达，一定要全国的优秀分子一致努力，同各种团体合作，以求人类的安全和幸福，图书馆员是帮助科学家解决农业问题的，是供给过去和现在所有实验的知识的，是使着农人不但有科学的知识，并且可以得读书的快乐和修养的。所以它做的是一种有荣誉的服务。这不但是农人一部分的福利，实在是对于全社会有普遍和永久的价值。"这是美国农林部次长乌斯力（Clarence Ousley）氏对于农业图书馆馆员的职务所说的话。

农业图书馆大概可分为三种：第一种是那些和农业学校有关系的。第二种是那些和农业试验场有关系的。第三种便是那些私立的农业图书馆，为个人或团体或组合所有的。前两种有许多地方彼此相似。但因为地势上和学校及试验场的不同，所以这种图书馆的性质亦稍有出入。例如在弥尼苏达和威斯康星（Wisconsin）等省立农业大学，都是省立大学的一部。但马萨诸塞省和俄勒冈省两处稍有不同。在俄勒冈省农业大学的图书馆和农业试验场的图书馆是合办的。在马萨诸塞省便另有试验场图书馆，但是受农业大学的图书馆主任的监督。在俄亥俄（Ohio）和佐治亚（Georgia）两省，它们的试验场的图书馆和它们的农业大学，就没有关系。

因为管理的性质不同，图书馆有时也受影响。若是农业大学为大学的一部分，还可以有一个较大的图书馆。例如：纽约省立农业大学是设在康南耳大学里边的，便可以利用该大学的图书馆，参考普通的著述，和有关系的科学，而农业专校的图书馆，可以聚精会神地搜罗专门书籍。

但有几省如缅因（Maine），和俄亥俄便没有专设的农业图书馆。关于农业的书籍，通通地放在大学图书馆里边。美国全国共有农业大学 65 所，有的是国立，有的是省立。其中有 23 所，是省立大学的一部分，有

28 所，是独立的，为省立农业大学，有 14 所是专为南方几省的黑人而设的。

农业大学的图书馆，是特为教员和学生而设的。学生中包括毕业生、未毕业生和特别生在内。这种图书馆的服务，除较带专门的性质以外，其余和普通的大学图书馆及学校图书馆也差不多。农业图书馆当然要注意搜罗关于农业上极有贡献的基本科学的书籍，如农村经济、植物学、动物学、昆虫学、微生物学、植物病理学、化学、兽医学、森林学、果菜养成法、家禽饲养法、畜牧学、农具和农业工程。

此外农业图书馆还有一种馆外服务。因为农业大学都设有推广部，所以它的图书馆，也随着作馆外服务。各地农业大学常用这个口号："你们若不来找农校，农校就要去找你们。"他们常在外边举行特别展览，如麦种展览，玉蜀黍展览，还有种种展览，说明养鱼、养鸡，或种果的种种方法；举行乡间赛会；一到冬季，又开农夫补习班，组织俱乐部，鼓舞农夫的兴味，灌输精确智识。这种运动的成功之速，足以使各处农校图书馆群起仿行，有几处则编纂读书目录，如康南耳大学里所设的、纽约省立农业大学的"田园用书"、"农夫必读"各种书目，都已编好。对于各种俱乐部所应研究的书籍，都编成大纲。供给研究的材料，利用邮局出借书籍。凡小册子、零星稿件和报告等都可装成小包，用邮借的方法，以供个人、俱乐部，或学校的需用。北达科他（Dakota）省农业大学，将关于改进农业的宣言、演说和戏词，都用打字机打好，借与各学校。威斯康星大学，除用邮借的方法以外，更发行关于各种问题的目录学的报告。马萨诸塞省农业大学，更进而创办巡回图书馆。普度大学（Purdue University）预备了一种模范图书馆，购置很有价值的农业书籍，还可卖给农夫，成绩极好。并且各农校图书馆，对于美国农林部和各农校所发行的报告，都代为散布。在农业报上、在火车上、在工厂里、在学校里都可散布。

所有这些职务，不但是继续前进，并且向各方面推广。农业大学的图书馆，便是指导的中心和服务的局所。它不但帮助农业工作，同时对于农村生活的改良，亦有贡献。对于家庭科学，如养蜂法、种种关于园艺的问题，都有预备，供人采择。所以能使田间一般的男子妇女和儿童，都能感受这种图书馆的便利。总而言之，凡是农夫不能到图书馆读书的地方，图书馆就要找他们去。这种馆外服务，正在进行，并且有许多地方，可以使农校图书馆的范围，超出学校的自身以外。农校图书馆的馆外服务，和公立图书馆的一样，实在是现代美国的图书馆馆员的一个大贡献。能使农业图书馆对于农业发展上，为一种有机体，对于农业教育上，为一种重要的机关。

此外农业图书馆，还有一种工作，就是和农业试验场的联合。农业试验场的宗旨，是研究和传播研究的结果。农学的研究和工业的研究一般重要。必须经过精确的知识，最新的学说、事实、实验和思想，然后人的知识才有进步。研究便是由不知而求知的一个方法，首先要借助旁人的工作，或是他们所发表的经验。所以农学研究和所有的科学研究一样，最要紧的，是对于现代应需的知识，能十分的了解。因此对于前人所做的事业，必须注意。舍此而外，农学研究的问题，实不能解决。凡遇一件事实，必须审查它的成效怎样？研究生对于已经成功地发表的各种学识，必先有了把握，然后才能打算发明新的事实，新的观念，新的学理，以从事试验他的演绎和归纳的精确或不精确。因为前人所做的，全是印刷的材料，所以研究农业的人，第一先要将所有可以供他参考的书报，都搜集一处，加以整理，然后才容易从事。说到这一点，图书馆馆员对于研究农业的人，遂成了最适宜最有用的人物。当研究功夫稍深的时候，本问题也渐渐地复杂起来，往往牵连到旁的科学。图书馆馆员因为对于各种参考的材料，都很熟悉，所以能够常常帮助。或是关于所研究的题目有一种新的材料，馆员应该唤起那研究家的注意。所以凡是一种研究，从头到尾，图书馆员的合作，是不可少的。他们既然时时供给研究家的材料，其结果足可以使他的较好的成绩，并且可以省那研究家的时间、精神，和思想。所以图书馆馆员，算是直接帮助他做研究的功夫。

图书馆馆员对于农事试验场中研究家的成功，有很大的贡献，这已经为大家所公认。前美国农林部所设的农事试验场主任特鲁（True）博士说过："试验场的图书馆，实在是试验场工作的中心，最为重要。所以试验场图书馆的设备，在组织试验场的时候，应当首先注意，不可将它当作一种点缀。"

现在那试验场的主任，也发表了同样的意思：图书馆馆员所以于研究农业有益，全在他们受过一种训练，有一种擅长和坚忍性，可以帮助研究家参考的材料，使他作极透彻的有系统的研究。还有特别的用处，便是他们能凭借以往的经验，访求各种答案的来源。对于这种帮助研究农业的人，还未能尽量利用。其中一半是因为问题太专门，研究家喜欢用专门的助手去做专门的功夫，还有一半是图书馆员对于农业研究一方面，尚嫌幼稚。或者就因为上述的原故，或者为图书馆其他职务所累，所以尚未能充分发展。图书馆馆员有普通科学知识，固然有极大的帮助，但是他们能够不用专门的知识，往往所讨论的问题范围极广，所以养成了一种敏捷的辨别力，可以马上断定何种书有价值，何种书当采用。图书馆员若能得研究家的指导，并且对于所研究的题目，加意训练，他们所养成的技术，当更有益。

据图书馆馆员看起来，有一种特别值得训练的，并且很有利益。现在美国总有几千的男子和妇女，从事农业研究。加以美国农林部农事试验场各研究家充分的努力，和各处农业学校及各州的农林局的通力合作，于是农业研究的问题，渐渐地便扩大起来。图书馆馆员若想从事这条途径，最好在大学里于普通科学，尽力下一个基础，然后再向专门方面求去，才容易着手。凡是农业研究家，不久就要承认这种助手。现在农业图书馆职务的范围，日益扩大，我们很可以鼓舞起来，作一种特别的预备。

第 九 章

商业图书馆

近世纪以来，因为实业界有长足的进步，商业图书馆也就十分发达。许多公司，皆设立各种特别图书馆。三年以前，这一类的图书馆在美国已经有 2500 处。英国虽然没有这样多，但是也日渐发达。改良的方法、实业的研究，外国的市场等问题渐引人注意；用实业法则和机械方法教育或训练从事实业的人员，一般人都认为重要；又图书馆曾帮助他们发展能力，增进相互的利益，节省时间，修养身心，这都足以使商业图书馆发达。

商业图书馆是专为公司经理和其他从事业务人员而设；主要的任务，是在搜集关于商业记载，以供商界参考，公司经理为发达营业起见，不但对于自己事业，要有特别技能，并且对于一般其他商业，都要有明了的观察，又要明白会计、财政及生产、贩卖等情形。一切经营，都要适用科学的方法。为将来扩充营业，增进财源起见，对于平时之经历，应有相当的记录；为和同业竞争起见，自己经营方法必与他人互相比较，因此记录更不可少。以上所言，不但经理应该如此，就是辅助经理的人员，也应当具有这种知识；因为一个公司的计划和商略，常由多数人决定，并不是经理一人专断。

为达以上各目的起见，良好的报告当然紧要，至于印刷品，如商业技术和商业文学，市上发售的日渐众多，商人终日忙于业务，读书时间既少，必难一一阅览。凡关于商业报告，非阅览不可的，要格外简短、明了、正确，适合需用程度，不能稍涉浮泛。欲达这种目的，非将各种报告加以整理不可。这种整理的责任，就在商业图书馆员。所以商业图书馆注重在搜集关于一个问题或多数问题的零星小册，大部专书还在其次。商业图书馆是商界报告统计或研究的中心点；直接间接增进生产利益，生产质量，和致力商事行为的改良，和商业范围的扩张。能负这种任务，才得称真正商业图书馆。

商业图书馆又对于商伙能有极大的帮助。凡公司司书、速记等类人员，皆可从此得当时的书报杂志阅览。

美国 14 岁以下的青年男女离校失学的每年约有百万之多。这些青年既无学识，又不能不从事于职业以自给，因此一般雇主常为之设法，施以相当的教育，补偿其缺陷。所以商业先进人员，特设商业图书馆补助这种有志未逮的雇员。

对于商业雇员，商业图书馆于学问上精神上都能予以极大的帮助。芝加哥威尔孙包裹公司图书馆长曾经说过，他的图书馆所以设立的原因，并且维持不坠，纯是为本公司雇员使用，不但可以帮助各雇员解决对于各自业务所有的困难问题，并且能使各雇员熟练关于包裹事业，各方面之技能，提进他的能力，增高他的地位，遇见确有相当能力的，本公司的分店或代理店就可给予较好的地位。

许多商店把图书馆当作一种重要事业。芝加哥马沙尔公司图书馆（The Marshall Field and Company Library）除收藏小说、游记、普通等书，供雇员阅读外，并购置儿童用书，使他们带去携回家庭，供他们子弟阅览。又有许多公司所设的图书馆，附有休息室，使雇员在其中休息，借以恢复其疲劳，以便再从事于工作。据美国职工局报告在 430 个实业场所中间，有 99 个公司图书馆和他种图书馆。56 个公司图书馆虽不定自己购置图书，但是常做公共图书馆的支部，并且供给适当的馆员。这 155 个商业图书馆，中间有 85 处设有杂志或新闻阅览室。

商业图书馆对于工厂做工的人方面，比较的利益少。但是有时若能把能增进工人关于对机械方面知识的报告，收存若干在工厂内，使工人得自由接近，或者使工人能读有关系的杂志图书，也能使工人得很大的帮助。

想组织和管理一种商业图书馆，必须具备对于一种商业各方面的知识。知识越广，然后所办的图书馆效力越大。倘若是制造商业，这种图书馆员对于收买原料品和转运制造品各种手续，都要明白；倘若是售卖商业，对于贩卖方面一切的情形，都要熟悉；倘若属于广告的机关，关于广告的方法，当然要能办理；倘若属于信用的组织，关于交际信用，当然要能遵守。

公司组织计划和人员上一切的知识，也很紧要。因为商业图书馆的目的，是在服务。从事商业的人员对于各雇员和各部分的事务，都要知道，又为图书馆事务推行尽力起见，公司营业的方法，也不可不知道。商业图书馆的成功的大原因，就在能应时势需要。倘若一般人不知道它的用处，那就难得存在了。

商业图书馆员一方面因为它的职务是在适用图书馆学搜集报告和报告的材料，所以对于图书馆技术的知识要具备。但是他方面要有操纵图书馆的能力，也不必尽守琐细的规则。在未离去职守的时候，应当格外审慎从事，如关于报告一类的东西，务必尽所有的技能，把它搜集整理，活用。

商业图书馆员除应有商业和图书馆两方面应有的知识以外，尤应当具备下列各要件，如常识、机警、热心，联合他人的能力，理解细事的智慧，以及改革和执行的毅力，都是很要紧的条件。怎样组织，能使事业有利益，也不可不研究，又怎样对于公司人员有利益的地方，必须事先知道，并预备供给相当的报告，也是商业图书馆员当有的职责。因此，不可不和利用商业图书馆的人接近。

商业图书馆的人员，因为公司里边利用图书馆的态度，都随他转移，所以也很重要。有资格的图书馆员，并且能使图书馆增进商业利益的馆员，常能使商业发达。照例，商业图书馆员的薪金比别的图书馆都多，地位也比较高。从此可见别的图书馆所有的事务，不必要十分精细，馆员的性格也不过于苛求。

第 十 章

财政图书馆

近来稍为重要的财政机关，莫不有特别图书馆。这种财政图书馆不单是一种贮藏所，收藏和有关系的历史，并且有使事业价值增高的效力。一方面可以应现时需要，将来发展，无论从何方面观察，都很重要。

现时银行员的事务，和以前银行员的事务完全不同。如兑换货币，保存物品，并非现实银行重要业务。所有财政界的目标，完全都注射在经济生活基础各种要点。银行员不但对于自己职业详细情形必须熟悉，并且对于其他实业界重要事件也要明了，必须实事求是，然后能得美满的结果。至于概括近似的材料对于投资或贷予并无多大效力；因为银行雇主或董事所要知道所要做的，必须根据完全并且切实的报告。不然，他绝不肯相信。在以前的时候的银行员，由通信或书面的报告，以及和同业共同研究，就可得到相当的知识。现今经济情形复杂，事势变动迅速，财政事务内容和范围，日渐扩张，以前的方法当然不适用。

从前银行的利益，在某地方的利益，它的主顾投资和利润，无非属于地方。现在情形已经改变，发展到国家并国际间。银行员所具的知识，不可带个人的色彩，有时贷物到国外的城市或者外国公司也来投资，银行执事有为银行员所不认识，所做的事，银行员也未必知道。但是银行员可以凭他的判断做事，深信不疑，这是因为近世财政，都是利用报告，报告材料的搜集和整理，是银行重要职务的一种。图书馆员就是担任这种职务，必须对商业上有充分的知识，和在图书馆方面有相当的训练，然后能胜任愉快；所以财政图书馆实银行业务最重要机关。

美国保证信托公司副总经理息孙（Francis H. Sisson）氏说："现今专门家的学识，在于事实的集合；专门家的出路，在于财政图书馆。"他这两句话的意思，就是说图书馆是财政机关的主脑。财政事业改进，端赖确实的报告；供给报告的来源，端赖图书馆。息孙氏又说："财政图书馆是一种事务图书馆，凡是银行员于他的事业所需要的材料，都要搜集，并且商界事业日见繁重，绝非思想简单的人所能了解……搜集材料当要熟练家。熟练家的地域，就是图书馆。财政机关办事员和雇用人所需要的报告，都可从财政图书馆取得，也就是一种报告的源泉。凡雇主或其他友人遇有困难时，都可到那里参考取决。我们从此可以知道财政图书馆的范围很广。"

因此，财政图书馆还有一种用途，就是可以帮助向公司问事的人解决问题。凡人既然和公司发生关系，他的财产也就和公司发生关系。所以和银行有关系的人关于财产的事情常到所交往的银行请教。有时当然是行员答复他，但通常却移交银行的图书馆解决。譬如，美国前次的所得税，曾发生许多困难又复杂的问题。凡是应纳税的人都想到银行询问一切，请他指示。银行图书馆就把所有关于纳税规则供给大家参考。以上不过举一个例。此外同类的事件要向银行打听的还有很多，都是要银行有一种诚恳的答复，然后才能满意。因此，设备完善的财政图书馆，于银行营业大有关系。

此外，财政图书馆还有一种用途，就是关于训练雇员问题。近来银行事业还是一种寻常商业，一定要有相当聪明才力的行员。行员所做的多半是记录的事情，当然要有专门的知识，才能胜任。财政图书馆就是供给他们所需要的材料的唯一场所。这种图书馆又搜集关于精神修养上一类的图书，供给忙碌的行员浏览，借以修养精神。

就以上种种关系看来，财政图书馆的职务和其他专门图书馆相同，应有相当的知识和性格，然后能使所有之经营成功。这种图书馆的范围，随公司不同。普通银行所设立的图书馆，所搜集的图书当然属于普通的。倘若是特种银行，当然对于特种事业的材料，要详细，其余可以类推。

财政图书馆员当然要知道经济学，如银行、货币等，都是必具的知识。倘若更求进步，想使事业完善，更应受过普通完美的教育。因此，除明白图书馆一方面的事务以外，更要是专门学校毕业生。不然，对于自己所办的事情，必定发生困难。倘若图书馆员在银行实习有相当经验，然后到图书馆办事，那更可以迎刃而解，无往不利了。

第 十 一 章

法律图书馆

吾人需要图书，再没有像法律家范围那样广大。法律家的图书，就是他的工具，没有这种工具，他的工作就不好。法律图书馆是他的工厂。他必定要用很多的光阴，在这工厂内和法庭上；并且法律家来到法庭以前，必要到图书馆预备一切，他在法庭的成功，可以说是全靠使用图书的功夫。法律家不但要知道法律的意义，并且要知道法律的用法和应援引的例案。凡是有能力的律师，都要明白利用法律图书馆，并且实际上要和里边的图书接近。今再举一例，图书馆好比军械局，律师常利用他做法律上战争的后盾。图书馆员就帮助他取得军械，增进他的战斗力。因此，法律家为进行他的法律事业，必定常和法律图书馆有密切的关系。

法律图书馆可分六大类：（一）法律学校的图书馆；（二）协会的法律图书馆；（三）私立法律图书馆；（四）捐助或私有的法律图书馆，这种图书馆限于捐助或纳租金的人，方能享用；（五）法庭的图书馆；（六）省立的法律图书馆。从此可知法律图书馆的设立和维持，不外于法律学校团体和个人，律师公会或法律协会。经费来源，非出于公家，就出于享用图书馆的人身上。各种法律图书馆所藏的图书，无非是关于法律，性质多半相同，都能应享用这种图书馆的人的需要。

法律分成文法例案法两种：成文法是立法家造成的，可以分手续法、实用法、法典等类；例案法又叫法庭法，是法庭造成的，多半是法官的断案。法庭所记录的意见，可由官吏或非官吏报告出来。在上级控诉院有一定作报告的人员报告并且印刷出来。私家的印刷局也可选择紧要的印刷，发行丛书出售。法庭的断案更可分类择尤，印作记录。法律的论文或教科书，都是研究法律的意义历史，以及解释的方法。法律全书是把一切法律选择出来，依字母顺序排列。法律原理，记在教科；法律例证，入于杂记。法律全书就立在这两种中间。

各法律图书馆都藏有成文法，报告、记录、全书和教科书。成文法尤其重要，因为别的东西，都直接或间接根据它。法律报告也很重要，各法律图书馆都有一大部分是属于它的。美国各法庭断案的报告，在1850年约980册，1865年，就增加到1820册，在1880年约3230册，在1895年约6300册，在1915年约9000册。

美国完善的法律图书馆，必须搜集外国的成文法和报告，尤其以英国为最紧要。从此可见法律图书馆所搜集的图书范围更广，不限于一国以内了。律师个人或律师协会照向来的情形看起来，很难有能力设立那样完善的图书馆。所以有许多律师加入律师协会，希望得享用协会的图书馆；或者与同行联络，设立捐助或合资的法律图书馆。又有许多城市大建筑里边所住的，多半是律师，或者全是律师，房东常设立图书馆，供这种租户使用。

关于图书馆技术方面，在普通图书馆常发生困难的，在法律图书馆反不算什么，法律报告照例是顺序发行，每册都有发行的号数，最好是顺字母的次序，分出各册，再由各册里边分出顺序的号数，教科书先以件名分类，再于件名以下，照著作者的姓名字母，顺序排列。所以分类一层，在法律图书馆并不麻烦。

但就他方面说。法律图书馆是唯一的参考图书馆。图书馆员，为使用便利起见，务必把图书顺序排列，易于检查；要熟悉法律工具常常调查接近议会的法案和法庭的断案；又要知道觅得法律的地方。图书馆员固然不必是法律家，但是不可不明白法律发达上显著的事实，更不可不明白律师、立法家、司法官所有的事务。

法律图书馆员最忌的是粗心，是要能处理繁剧的。遇有特别问题，要能潜心研究，必定疑难尽释，然后放手；又要有热心、毅力，将别人的事，当作自己的事，要知道法律图书馆就是训练这种图书馆员顶好的学校，所以最好是要在这种图书馆练习，可得实地经验。

第 十 二 章

医学和慈善团体图书馆

著名医生奥斯勒氏（William Osler）曾经说过："研究医学若无图书，如同欲航海不知航路。"从此可见图书和医学的关系大了。近来医生知道从事研究医学，要有专用的图书馆，搜集良好的教科书和杂志等类，以供参考，常加入地方医学会，享用会中设立的图书馆。我们要知道凡是良好的医生，无一不是从勤学的学生来的。当他从事研究的时候，必定常把所遇见的新事件或问题和他种已有的经验，比较参考。但是学识高超的朋友不多，很难得研究的机会，不得已只有乞灵于图书杂志。实在说罢，医学教育既然不能说已经完满，那么和实验室功用相同的图书馆，不但不能少，并且对于医学方面，有极大的帮助。

医学图书馆的数目，据 1914 年的调查，全世界上共有 312 处。据 1917 年的调查，美国有 174 处，已经占全世界过半数。

医学图书馆可以分两大类：第一类是通常医学图书馆，如初级医学校，或地方的医学图书馆，省或县医学会图书馆；第二类是实用的医学图书馆，都和医院、药房、医学专门学校和其他疗病所有关系。前一类是为医学学生练习生或其特别人设立；后一类是供医生、助手及看护人使用。

医学界因为新发明、新经验和较好的知识，日渐增多的缘故，陈旧的便成废物。二十几年以前，有位名叫比令兹（John S. Billinzs），是一位医学图书馆员，又是创办图书馆的大家，他以为医界文学，十年以后，有价值的不过 1/10。照现在的情形看来，他这种比例，仍旧一样。有许多参考书，一时认为极有价值的，到了时候已过，有新著作出版，价值就要大减。医学教科书虽然是采的新学说，但是几经编纂及全书出版，已觉稍旧。医学和别的科学是一样，最新的发明仍然要从杂志、小册子，实验室的报告，政府的公文书和医学会的事件得来。但是和谟兹医生（ Dr. Oliver Wendell Holmes）又曾说："医学文字，有死的，有活的；但是古代的，不尽是死的，近代的，也不尽是新的。"这两句话，很是公平的，我们不可不注意。

照上面所说的，我们可以得两个结论：第一，医学文字的范围，既然那样日渐广大，关于实用问题适用的时候，就不能不有抉择的能力；第二，医学文字内容，既然那样复杂，又时常因为新材料出来，发生变动，我们对于医学原理和应用方面，就不能不力求精习。

最要注意的，管理图书馆的人，必须要医学毕业生，这种医学图书馆员的医学知识比图书馆的技术知识，尤为紧要。现在有许多医学图书馆员，都不是图书馆学校毕业的，因为在这种学校，受不着一种为医学图书馆服务的训练。但是医学图书馆办理技术事务的，仍然要由图书馆学校毕业，或在第一等有名的图书馆练习，确有经验的，然后能使医学图书馆有圆满的结果。

此外，有一种社会图书馆，事务的进行和范围，虽然有时大不相同，但是宗旨却类似。近一百年以来图书馆效用推广，凡是生理上心理上有欠缺和小有过失或因事系狱的犯人，都有图书馆可以享用。这种图书馆通常叫作病院图书馆，卫生图书馆。收养身心不健全的人、盲人，和聋哑等人的堂会图书馆，收容犯人的感化院，收容犯过儿童的学校图书馆，又酗酒或年老人家庭图书馆。这一类的图书馆，莫非是为身心不健全或缺乏道德教育的人设立的。所以主要的目的，就是增进他们的道德和经济的能力。

我们都知道有一类的图书和病人顶相宜。这一类的图书，大概注重修养，不注重教训，所以内容不要有刺激精神的东西。小说、记传、游记、户外生活、浅易科学，都是很好的，但是为便于程度很低的人起见，表解和图画最好。医院的图书馆，办理最好的，确能使病人复元迅速，并且不至于患神经和脑病，又能补助意志薄弱人的教育。凡心性卑下的人，如在牢狱或改过学校，因有相当的图书馆可享用，思想、道德都可渐增高尚。

以上所述的各图书馆，无论从教育方面或治疗方面观察，都很重要；并且这些图书馆又能给与众共弃的罪人一种快乐。这种快乐不但能使他暂时安慰，且并使他心地根本改善。因此，这种会社图书馆常为医生、看护人和在狱的犯人欢迎。往往就是他们自己管理，不过犯人执行管理职务的时候，要另外有监视人就是了。

　　美国依阿华省和明尼苏达各种会社图书馆是由省立图书馆代为组织，归省管理局（State Board of Control）管理。里布锐司加利福尼亚省是受省图书馆委员会监视。有许多地方，各会社每年略出捐款，凑合买书，作成巡回图书馆，公共享用。明尼苏达省每一医院年出款 50 元，常年可以轮流享用最好图书，年底并可以分得书 50 册，藏在自己图书馆里边。

　　社会图书馆最要紧的，是要有充足的经常费用，训练的图书馆员和中央图书馆。这三项中间，馆员一项，尤其紧要。当这种图书馆员的，选择图书要适当，又要经济，要知道分类和编目，要熟悉记录保管和使用等方法，更要使图书和阅览人接近，此外又因为这种图书馆概是慈善性质，要有服务的热心和实力，更要有为效力社会的态度。和悦，恺悌，真诚，是这种事业的根本。他的职务，不但是一个图书分配人，是在给病人或犯人一种恢复健康、改过自新的机会，倘若他们都健康或能自给，才是他的幸运，才是他的成功。

　　社会图书馆还有一种作用，有许多医学会里边的图书馆，除注意病人方面以外，常从事研究科学。因为研究科学需要很多的图书，这种图书馆藏书既多，当然是研究所。医学图书馆最好是和医院或实验室联络，然后理论和事实一贯。外科医生实行解剖，内科医生遇有险症，办事员，看护人，医学生，都常到这种图书馆里边参考。奥斯勒（Dr. Osler）医生曾说："大学毕业后的教育，在于图书馆。就我自己十年以来的经验说，凡是遇有疑难险症，仅检查自己的图书，是不成的；要想解决困难，非到皇家学会医学图书馆（Royal Society of Medicine Library）不可。"他又说："图书馆对于教员和著作家都是不可少的。吾人要知道世界上顶好的著作，又要知道得很快的，要把报志或其他小册子上有关系的材料，都搜集起来。如同炼矿砂，铸货币一样。"现在有五六个城市，藏有关于这一类很好的书。加之医学图书馆有平等利用的机会，因此对于美国医药界贡献很大。

　　譬如医院图书馆有一种医学的记载，必须把它保存、分析、记录、叠置起来。病源必须抄下概括起来。其余别种记载，按照解剖、诊断或其他重要题名，编出目录。这种医院图书馆事务，于人类利益上精神上均有关系。馆员不可不知。知识是一种有规律的思想。图书馆员若素有训练，思想上能合规律，然后做事顺遂。这是社会上普通情形，不单是图书馆。

第 十 三 章

工业图书馆

实业方面科学的研究虽然还在幼稚时代，但是自从欧战以来，却大受世人注意，英美两国政府，尤其极力提倡。1915 年，英国化学工业会（Society of Chemical Industry）在年会里边，曾议决一案，以为省县中间工业图书馆是很重要，不可不急于设立。教育局会议（Committee on Adult Education of British Ministry of Reconstruction）在他的报告里边，也曾说明，英国工业教育，不十分发达，须在各地多设工业图书馆。枢密院（Privy Council）方面又督促雇主协会，从事实业的研究，并帮助他们设立实验室和图书馆，以便研究。

英国工业图书馆的数目，虽然比美国少，却是很费经营。美国所以容易的，因为公立图书馆极其发达。公立图书馆，无论大小，差不多都有关于工业一类的图书。譬如罗斯安极立司（Los Angeles）、格兰刺匹咨、匹兹堡波士顿、纽约等处的公立图书馆，都设有特别工业一部（special technology department）。

凡稍有专门知识的人，都知道特别图书馆要和实验室联络。所以美国大化学家力特而（Arthur D. Little）在 1913 年，当他初就任美国化学会会长演讲美国实业的研究题目里边，曾说："实验室都是靠着特别图书馆发展。图书馆的职务，是在搜集实业的报告，如关于需要、生产、材料、方法，各种的材料，都很紧要；并且将这些材料、编辑、分类，以便检阅。近世科学的进步，既然不能靠着偶然的发现，所以凡是关于高深的实科，都要切实去研究，好比用兵，要用进攻的方法。"以后，他就同一题目，又申明说："在过去的 7 年，自从我的意见发表以后，渐蒙一般人信仰；在现时我以为特别图书馆对于实验室，好比是心脏血管对于人，那样紧要。因为实验室的目的，不外增进大家的知识，但是若与图书馆，将关于理论和事实的材料，源源供给，实验室的事务，就不能进行。那么，他的目的当然难以达到。并且科学研究，在能创造。这种创造者，须从有一定组织的科学全体着手，然后能继续从事高深的探讨。科学的理想，要循逻辑的程序，这种程序，要根据实在的事实。"

无论研究何种科学，在研究时所得的经验或知识，非留意不可；因为科学的进步，全是根据高深的理论，和实验的经验。卡内基（Andrew Carnegie）曾经说过："就我制造厂长个人的经验说，我知道我的工厂里，因为不注意些小的事情，常做出很多的错事。我以除非经理人将别人做过的事情，已经试验过，工厂里边，决不可轻于采用。我们因为不注意这件事情，曾经损失了好几百万的金钱，现在我已经得到这个秘诀，不至再吃亏。"

工厂图书馆是搜集关于实科的图书或别种材料。这种实科，不外工业方面的应用科学制造工业、工程或应用化学等类。

无论分类编目，怎样善良，材料搜集，怎样完全，图书馆一切工作，怎样精当，倘不将有关系的机关，所出的各种紧要报告，广为搜集，仍然效力不大。

图书馆员必须将图书馆方面的技术知识都明白。工业图书馆和别种图书馆也是一样，要有次序，要能精细，然后才能将事情办好。倘没有能力将所有材料用科学的方法整理妥善，这种图书馆员既然如此昏聩无用，所有的材料，也就无价值，等于没有。又图书馆技术的知识，必须应用到特别的事件或问题上面，这是要有几分天才，不然像那心思褊狭的人，绝对不能办到。

事件的搜集，是工业图书馆第一件事情，为供献意思起见，工业图书馆就很适用。这是因为图书馆员必定知道图书馆公开的重要，并且能够分别轻重或有无价值的事件。普通人对于一切印刷品，都很尊重，毫无轩轾，但工业图书馆员应当特别注意。倘若他知道自己地位重要，想使图书馆和别的部分比肩，他除了图书馆范围内的职务，且常作人家顾问，在使用印刷品的时候将应有的事件，供献大家。此外并要将可靠的事件供给大家。人家将他当作一个分析家。他既然作人家的顾问，那么他自己当然要有充分的知识。他必须明白他所时常接近的各种科学，又要精通文学，受过完善的教育。无论男女，想将他这种事做成功，至少要在专门学校毕业，或相当的学力。至于科学方面，要有特长和实验的功夫，这都是不可少的。

工业图书馆员为备人顾问起见，要有发现隐微，辨别轻重，以及提要钩元的能力。预备报告，也是工业图书馆事务的一部，馆员预备报告，必须熟察图书馆主管机关的设施，和各部各人所有的工作情形。此外凡有关重要和有用的报告，要能分析和节略，使他简短明了，报告的预备，和详明的解题，也是工业图书馆员的重要职务。

菲列得而菲亚（Philadelphia）城捷运公司（Rapid Transit Company）的图书馆员非耳柴德氏（C. B. Fairchild）曾经说过："工业图书馆事务，对于男女都相宜，但是要有宽宏的心思，特殊的训练，无限的忍耐，终日欢愉，更要有精锐智力。工业图书馆自身，并不是能有特别贡献。他的功用，是在使人能在他那里得各种重要的报告。报告的来源很多，今单举最重要的二种：（一）工业杂志；（二）馆员通信。"

再过十年以后，你们可以想见工业界图书馆方面，一定有很大的建设。前边曾说过，欧战曾经给工业界很大的促进力，政府和科学会都从事实业教育，谋国家的福利。学生界和科学家更是如此。这都是给工业图书馆业务继续发展的大机会。

第 十 四 章

神学图书馆

神学图书的分类方法有两种：（一）或就公开的和非公开的分类，（二）或就各会社分类，如神道学校，礼拜堂，星期学校，宗教团体等，都各有它的图书馆。

在古代的时候，传教师多具有有学识的声誉。他们唯一的职责，就在教人。近世教育方法未成立以前，教士都是教员。他们不但著书，并且把图书保存起来，供给大家阅览。所以古代牧师教士或其他宗教的教员，差不多都有一个图书馆可以享用。这种图书馆有的是他自己的，有的虽是普通神学图书馆，他却有享用的权利，有的就是他所属的教会设立的。神学图书馆不单是搜集关于宗教和伦理的图书，凡是于人生攸关的经济学、社会学等书，也得要搜集；因为教士和教民接近，凡是和教民日常生活有关系的事情，就不可不留意。所以他除研究文学以外，也就不可不研究经济和社会等问题。

大多数神学图书馆是和神道学校有连带关系。神道学校又大多数是大学校的一部分，如耶鲁神道学校是耶鲁大学的一部分，哈佛神道学校是哈佛大学的一部分，波士顿大学神道学校，是波士顿大学的一分科。这种神道学校图书馆，当然要和其他独立神学图书馆有分别：它可以附属在范围较大的大学校图书馆里边。所以它的图书可以比较的少，并且是只限于神学的。倘若在不同的情形时候，神学图书馆是独立的组织，并不和其他图书联络，那就除尽力搜集神学的图书以外，同时不能不注意搜集普通的图书。

神学图书馆是神道学校的心腹，在牧师的教育和宗教的研究，都有绝大的势力，又能给有学识的教士一种帮助。倘若他要明白一般人反对或赞成他所主张的教义理由，就不能不多读或参考所有的图书。又在神道大学预备得神学博士的，不可不将神学家的著作当作解释疑难的工具。既然如此，那就不能不知道享用他所能到的神学图书馆。

神学图书馆又常附属在教会里，如美国圣父教会（American Unitarian Association）、美国独立教会（American Congregational Association），都有办理很发达的图书馆，收藏和本会方面有关系的图书。波士顿神学总图书馆凡是在纽约英伦的教士，都有借书权。住在波士顿 20 英里以外的，并可由邮局寄书，来回邮费，都由馆内支付。这个神学总图书馆，是由几个教会不同的著名的教士，联合许多方面，在 1860 年创办的。他们自己就是各教会神学书或宗教学书的主人。

神学图书馆的事业，对于不熟悉特殊图书馆行动的人不在效力。一来因为他们不知神学的重要，在社会上是一种职业；二来因为他们不了解宗教在日常生活上的地位和它的贡献。近世教士的职务，就是教员、商议员、先觉者、安抚使、社会事业家、讲演家。他必定和别种职业的一样，自己要常做学者的生活。因此，神学图书馆对于他就是一种不可少的工具。

神学图书馆员当然先要有图书馆的训练。但是以外还要受过普通教育，熟悉礼拜堂的历史和文学，又要能够热心服务社会。

星期学校的图书馆和普通的神学图书馆不同，它的目的限于教育的需要。因为星期学校的目的在教育，它的图书馆就是扩充宗教教育代理所。在校的学生，可以按照它的年龄、才力，和信奉宗教的程度，分作好几级去享用这图书馆。所以它的图书馆须是分级的。所藏的图书，都要适合它的特别需要，凡是不相干的图书，就不要放在它架子上边。

星期学校图书馆，不单为年轻的人搜集小说等类的书，又搜集各种说明的材料，如模形、地图、图画等类，使圣经或别的功课研究得格外切实有趣，又搜集教会文学或宗教事业良好的图书。图书选择表，教授法，教育心理学，本市或别的宗教新闻纸，星期学校的杂志，都是应当有的。宗教的音乐，复活节、圣诞节或别种在历史上有关重要的时会，应有的预备，又家庭里边儿童或成人应读的书籍，这些问题，有时都到了星期学校。所以图书馆员就不能不设法尽力指导和帮助他们。又因为星期学校服事教员和服事学生一样，所以图书馆就不单是一个制造厂，并且是一个博物院。

　　星期学校图书馆员除图书馆学方面的技术的知识以外，要有宗教的训练。这种训练，可从大学神学科、神道学校或者师范班和所在的教会里边宗教教育科得来。此外要有星期学校的组织法和管理法的知识，尤其要紧的，就是圣经的根底。

第 十 五 章

省立立法市政参考图书馆

各省政府应当设立图书馆供本省行政、立法、司法各公署人员参考。美国各省，差不多早已承认。同一理由，省内别种图书馆，也因此日渐发达。

省立图书馆第一个用处，就是做一个收藏或参考本省公文的场所。每省都印刷并保存官所的记录，如省内立法机关的杂志和已决或未决的议案，立法会议或其他的有特权的团体的报告，省的法律，立法的年报，高等法庭或其他上诉法庭的断案，省内各省公署常年的报告，又农业、工业、劳工，卫生医院，教养老弱、残废、罪犯等机关的报告，都是。简单言之，凡是关于省内各机关进行状况的公文，都得要保存。保存这些东西的唯一的地方，就是省立图书馆。

更进一步说，各省政治的生活和利益内部的关系，非常密切。彼此应当和衷共济。因此一省应当知道别省的行动。美国宪法曾规定每省都应当信仰他省的公家的法令记录，并司法例案。从此可见各省相互的关系了。因为本省的官吏或公民将要就别省的报告或指导抽绎新的东西。又要信从别省公家的报告，所以一省搜集或保存的文件，除本省外，更及于各省。

因为同一理由，省立图书馆更应当搜集中央政府的文件。照例各省图书馆都和本省有关系的各州的文件。照美国公文管理局（Office of Super-intendent of Documents）章程所规定，各省图书馆都可做中央政府文件储藏室。但是只限于官吏和公民的接近使用。所以这种图书馆也服事中央政府和各省的官吏公民。

除公家文件以外，省立图书馆更应搜集和本省历史直接有关系的记载，如名人的传记，省郡社会史，地方志，杂记，新闻。又关于政治、社会、实业和教育的普通书籍等类，都可作为本省公家记录的材料。所以不可不保存。

因为法律机关需要法律原理和现行法律的知识，所以各省图书馆都有法律图书的搜集。有许多省立图书馆，大半作法律图书馆的事务，如阿拉巴玛（Alabama），明尼苏达（Minnesota），密苏里（Missouri），俄克拉何马（Oklahoma），犹他（Utah），西维基尼亚（West Virginia），威斯康星（Wisconsin）等省都是。其余还有 17 省，除省立图书馆以外，另外设有法律图书馆。

省立图书馆虽然可以供公民享用；但是它的第一的职务，仍然在服事省的立法者官吏和雇员。因为这种图书馆原来是为他们设的。在古代的时候，国家的生活，比现世简单得多。团体很小。立法者不但明白关于自己职分以内的事务，并且要熟习关于国家的一切问题。现在事务日繁，情形大异，从最简单的农业制度，发达到最繁盛的工商业制度，经济和社会情形，生了大变动，城市生活、社会生活，日渐复杂，立法者要格外缜密。因此立法者负责很重，更不能不留心参考别种的报告，当作自己的根据。

又有当注意的，近世立法机关任期较短。在这短期间内，无论怎样能干的议员总难保熟悉关于立法方面所需要的一切问题。并且有许多议员原来有政治或社会上的任务更减少他预备的功夫。就他一方面说，研究机关、经济家、社会学家、教育家等，常供给许多材料，足以做立法者指导。此外新闻杂志，以及小册子，常有很多强有力的公共的意见。这一类的东西，现今议员决不能记忆或熟习。

因此有以上所述的种种原因，所以就要有省立图书馆和立法市政参考图书馆。这种图书馆介在立法者和公民中间，能够将各方面公民问题，介绍给立法者。他将直接有关立法的报（告），分别供给立法者，以便立法者知道应讨论的问题。他将同类立法的结果，和历史报告他，他将别省或本省所有的提案供给他。他又使他从新闻杂志或其他出版物知道民意的趋向。他又帮助他预备关于讲演应讨论的问题的材料。还有几省甚至于帮助他起草提案，使他格外有根据。

马卡替博士（Dr. Charles McCarthy）是美国从事立法参考的第一人。他的行为闻名全国。他对立法参考的事业曾有下边的一段谈话："我们要知改良立法的顶好的方法，是在直接帮助立法的人，将各种材料供给他，使他知道现世最关重要的法律界限。大学教授的理论，简括起来，使程度较低的人，也可容易了解。立法的人，每日从事他的新事业，他每日被许多事物烦扰，或同朋辈聚会讨论政治，或见宾客，采集舆论，终日忙碌，无暇研究。设若他不研究所应研究的事务，很容易受觊觎的人指摘。所以我们将所能研究的材料，弄得简单明了，他的时间这固然是很重大的事情，但也是可以办到的事情。"

美国省立图书馆，虽然性质是随地方不同，但是差不多都担任立法参考的事务。除少数几省设有立法参考的布局以外，其余各省立法参考事务，都归省立图书馆承办，作为馆内一部分的事务。

以上所说关于省的情形，也适用于较大的城市。近来美国人口渐集中城市。1800 年城市的人，约占全数 1/10，到 1890 年约占 1/3，至于现在差不多一半。纽约的人口比其余所有的城市人口都多。芝加哥的人口，比其余的国内四十城的人口都多。最大的十城的人口，约占全国所有人口的总数 1/8。现在无论哪一个大城市所发生的重要问题，要有市政会议讨论的，比以前全国的事件还要多。譬如省和市的政府，是一种商业机关。在州和市服务的官吏，就是一种商人，公共雇用的。这种服务公家的商人，应当有享用图书馆的机会，也和私人雇用的商人一样。

以前的时代省立图书馆，常当作政治的机关。从不见有私人在里边服务。到了近代，思想改变，觉得这种图书馆的费用，都是出自民间，所有的事务，应当公开，所以成为很普通的机关。

即就近来任命妇人管理省立图书馆一事观察，可以知道这种事务是公开于有能力的人并无性的区别，每年薪金从 800 元到 5000 元。事务的情形也和省的别的机关相同。省立立法市政参考图书馆里边用人权，都在馆长。

德拉瓦（Delaware）省，佐治亚（Georgia）省，堪萨斯（Kansas）省，缅因（Maine）省，马里兰（Maryland）省，马萨诸塞（Massachusetts）省，密执安（Michigan）省，明尼苏达（Minnesota）省，新墨西哥（New Mexico）省，宾夕法尼亚（Pennsylvania）省，西维基尼阿（West Virginia）省，歪俄明（Wyoming）省等 12 省的馆长，是省长任命的。

路易斯安那（Louisiana）省和罗得岛（Rhode Island）的馆长，是省的秘书官任命的。

垦塔启（Kentucky）省，密士失必（Mississippi）省，和南卡罗来纳

(South Carolina) 省的馆长，是议会任命的。其余各省都是由一定的局所推荐的。这种局所，有些是省的官吏组织的，有些是官吏和公民组织的，有些是完全公民组织的。

在省立图书馆做事，最要紧的是有经济的知识，要熟悉各机关的情形和各机关所发行一切的印刷品。法律知识也很要紧。除关于图书馆的技术上的知识以外，又要看他的人格、意志、能力怎样。立法参政图书馆员的资格，无论是何种等级，都是相同。密苏里（Missouri）省圣路易（St. Louis）图书馆长，曾列举下列四条要件：（一）实有图书馆的训练；（二）要有在市政府练习或调查的经验。凡是不能从事调查或无相当成绩的，不得做馆员；（三）要能和公民和衷共济。尤其要紧的，是和市政所以内的公民接近。他在公民里边，就是一个中心人物，能协和公民的；（四）不得有政党臭味。

第 十 六 章

图书馆委员会

美国因为公共图书馆发达迅速，各省多设图书馆委员会专管一切。这种委员会的职务，是在增进本省图书馆的利益。为达这种目的起见，就帮助设立或改良公立图书馆，监督公立图书馆，发展公立图书馆的财源等事项，又设法建设巡回图书馆，学校图书馆，或其他会社图书馆。

小市镇里边，图书馆的经费，为数有限，事务办理不善。但是这种小市镇的数目在全国里边，计算起来，比大城多得多。图书馆事务的范围，当然很大。并且有许多小城，各种教育机关，财力不足，机关数目很少，应当极力设法，多设良好的图书馆，补偿所有的缺陷。

这种同一的办法，更可适用在大多数乡村里边。在各图书馆里，人民享用图书的数目，虽然日渐增加。但是仍然有很多住在城市以外的人民，没有接近图书馆的机会。美国共有 2964 郡（County），只有 794 郡，设有藏书 5000 册以上的图书馆。合全国计算，不过 27%。其余 73%，尚有 2170 郡，并无图书馆可以享用。美国 48 省，只有 30 省能够使它一少半的人民享图书馆的利益，有 6 省不过 1/10，有两省不到 2%。从以上数目表观察起来，可见美国图书馆数目虽然不少，仍有更形发展的必要。这正是各省图书馆委员会和相类的图书馆机关，应当积极进行的事。

有一部分图书馆是公共教育的机关，是大家都知道的。因此各省务必设法促进公立图书馆的发达，和他对于学校一样。图书馆委员会现在多半就是做这种事情。

此外图书馆委员会又可做全省图书馆事务的中心，帮助介绍需人的图书馆和谋事的馆员接洽。加利福尼亚和威斯康星两省的图书馆委员，曾设立图书馆学校。印第安纳（Indiana）、密执安（Michigan）、明尼苏达（Minnesota）、纽折尔西（New Gersey）、宾夕法尼亚（Pennsylvania）五省的图书馆委员会，曾设立图书馆夏令学校。马萨诸塞省图书馆委员会常替无训练的馆员人辛曼斯（Simmons College）夏令学校的缴纳费。图书馆委员会对于图书馆所供给的报告比别的机关较为适宜。这种报告不单是关于本省图书馆的状况和机会，并且这些报告，都是经过专家的手，能够使图书馆的事务赖以发达进步。

从以上的情形看起来，图书馆委员会的事务，纯属于建设的，并且多半是创造的，要有图书馆学的知识，要知道社会需要和经济状况，要有宽宏度量同情的心理，任重致远的能力。前任马萨诸塞公立图书馆委员会（Free Library Commission）主任，曾得有游行僧正（Traveling Bishop）的头衔，这种头衔的意思，无非标示他所受的荣誉和他所产生的影响。图书馆委员会的事务，是联合科学家、执政家和社会服务家的精神。他不但要能做事，并且要会做和愿做一切专为他人决无自私自利的心思。

美国现在有图书馆委员会的共有 37 省。加利福尼亚、纽约、犹他三省，虽无这种委员会，都有省立图书馆或本省教育局代办委员会所应做的事务。

下表是美国各省图书馆委员会或执行这种职务的机关和位置并主持人的姓名台衔。

State	Name of Commission	Location	Person to Address
Alabama	Division of Education Extension of the Department of Archives and History	State Capitol, Montgomery	Mrs. Marie B. Owen, Director.
Arkansas	Arkansas Library Commission	Little Rock	George B. Rose, Chairman.
California	State Library	Sacramento	Milton J. Ferguson, State Librarian.
Colorado	State Library Commission	Fort Collins	Charlotte A. Baker, Secretary.

续表

State	Name of Commission	Location	Person to Address
Connecticut	Public Library, Committee	State Capitol, Hartford	Mrs. Belle H. Johnson, Library Visitor.
Delaware	State Library Commission	State Library, Dover	Earl D. Willey, Secretary.
Georgia	Library Commission	State House, Atlanta	Charlotte Templeton, Organizer.
Idaho	State Library Commission	State House, Boise	Ethel E. Redfield, Secretary.
Illinois	Library Extension Commission	Springfield	Anna M. Price, Secretary.
Indiana	Public Library Commission	The Capitol, Indianapolis	William J. Hamilton, Secretary.
Iowa	Library Commission	State Historical Building, Des Moines	Julia A. Robinson Secretary.
Kansas	Traveling Library Commission	State Library, Topeka	Mrs. Adrian L. Greene, Secretary
Kentucky	Library Commission	The Capitol, Frankfort	Fannie C. Rawson, Secretary
Maine	Library Commission	State Library Augusta	Henry E. Dunnack, Secretary.
Maryland	Public Library Commission	Enoch Pratt Free Library, Baltimore	Mrs. Charlotte New well, Secretary.
Massachusetts	Free Public Library Commission	State House, Boston	E. Louise Jones, General Secretary.

State	Name of Commission	Location	Person to Address
Michigan	State Board of Library Commissioners	State Library, Lansing	Mrs. Mary C. Spencer, Secretary.
Minnesota	Public Library Commission	The Capitol, St. Paul	Clara F. Baldwin, Secretary.
Missouri	Library Commission	Capitol Annex, Jefferson City	Elizabeth B. Wales, Secretary.
Nebraska	Public Library Commission	The Capitol, Lincoln	Nellie Williams, Secretary.
New Hampshire	Public Library Commission	State Library, Concord	Grace E. Kingsland, Secretary.
New Jersey	Public Library Commission	State Library, Trenton	Sarah B. Askew, Organizer.
New York	Educational Extension Division of the State Education Department	State Library, Albany	William R Watson, Chief.
North Carolina	Library Commission	State House, Raleigh	Mrs. Mary B. Palmer, Secretary.
North Dakota	Public Library Commission	The Capitol Bismarck	Anne E. Peterson, Deputy Librarian.
Ohio	Board of Library Commissioners	State Library, Columbus	John H. Newman, Secretary.
Oklahoma	Library Commission	Oklahoma City	Mrs. J. L. Dale, Secretary.
Oregon	State Library	State House, Salem	Cornelia Marvin, Librarian.

续表

State	Name of Commission	Location	Person to Address
Pennsylvania	Library Extension Division, State Library and Museum	State Library, Harrisburg	Robert P. Bliss, Chief.
Rhode Island	State Committee of Libraries	State House, Providence	Walter E. Ranger, Secretary.
South Dakota	Free Library Commission	Pierre	Leora J. Lewis, Field Librarian.
Tennessee	Director of Library Extension	State Library, Nashville	Mrs. Pearl W. Kelley, Director.
Texas	Library and Historical Commission	State Library, Austin	Elizabeth H. West, Librarian.
Utah	Department of Public Instruction	Salt Lake City	Mary E. Downey, Library Secretary.
Vermont	Free Library Commission	State Office Bldg, Montpelier	Ruth L. Brown, Secretary.
Virginia	State Library	Richmond	H. R. McIlwaine, Librarian.
Washington	State Library Commission	State House, Olympia	J. M. Hitt, Librarian.
Wisconsin	Free Library Commission	The Capitol, Madison	Clarence B. Lester, Secretary.

　　各省图书馆委员会，又互相结合组织一全国协会，叫作图书馆委员会同盟会（The League of Library Commissions），这种同盟会常和美国图书馆协会（American Library Association）互相联络，每年冬季，在芝加哥（Chicago）当图书馆协会开会的时候，开年会同盟会，出版物很多。最著

名的是图书馆委员会同盟会便览（League of Library Commission Hand-book），内容除记载各委员会的会务，职员出版物，和其他的适当报告以外，又为一般愿意知道委员会的行动的人，供给相当的参考。

　　因为图书馆委员会办事，都是要有专门家的能力，所以他用人，也都限于素有训练和有特别能力的人，一般人要知道关于训练或雇用机会，最好是问他，若有人想入图书馆界，他很愿意指导预备的方法，他又愿意帮助个人或团体，或其他会社，觅得关于图书馆，或图书馆发展的报告，或者替图书馆代谋助手训练的机会。

第 十 七 章

图书馆学校和别种图书馆研究机关

美国有许多学校，专为训练图书馆员设的，叫作图书馆学校。这种学校，通常和图书馆发生关系，作为实习的地方。在校的学生，借此可得充分的训练，并各种图书馆的经验。今把各图书馆学校的名称和位置，列举如左：

华盛顿（Washington）省

西特里（Seattle），华盛顿大学图书馆学校（University of Washington Library School）。

加利福尼亚（California）省

劳斯安极立司①（Los Angeles），劳斯安极立司公共图书馆学校（Library School of the Los Angeles Public Library）。

勒味赛德（Riverside），勒味赛德图书馆服务学校（Riverside Library Service School）。

柏克立（Berkeley），加利福尼亚大学（University of California）。

威斯康星（Wisconsin）省

马的孙（Madison），威斯康星大学图书馆学校（University of Wisconsin Library School）。

伊利诺斯（Illinois）省

乌尔班纳（Urbana），伊利诺斯大学图书馆学校（University of Illinois Library School）。

密苏里（Missouri）省

圣路易（St. Louis），圣路易图书馆学校（St. Louis Library School）。

---

① 今译洛杉矶。

俄亥俄（Ohio）省

克利夫兰（Cleveland），西方预备大学图书馆学校（Western Reserve University Library School）。

得克萨斯（Texas）省

奥斯丁（Austin），得克萨斯大学（University of Texas）。

宾夕法尼亚（Pennsylvania）省

匹兹堡（Pittsburgh）卡内基图书馆学校（Carnegie Library School）。

纽约（New York）省

纽约（New York），纽约公共图书馆图书馆学校（Library School of the New York Public Library）。

奥尔巴尼（Albany），纽约省图书馆学校（New York State Library School）。

布鲁克林（Brooklyn），普斯特研究院图书馆学校（Pratt Institute School of Library Science）。

徐拉古（Syracuse）省

徐拉古大学图书馆学校（Syracuse University Library School）。

布法罗（Buffalo），布法罗大学（University of Buffalo）。

马萨诸塞（Massachusetts）省

波士顿（Boston），辛曼斯大学图书馆学校（Simmons College School of Library Science）。

佐治亚（Georgia）省

亚特兰大（Atlanta），亚特兰大卡内基图书馆图书馆学校（Library School of the Carnegie Library of Atlanta）。

此外还有华盛顿哥伦比亚区书记员学校（The Washington D. C. School for Secretaries），最近也设商业图书馆馆员科（Course for Business Librarians），由和兹（Adelaide R. Hosse）女士主持。

凡是想入图书馆学校的，必须先索得该校章程一份。各校课程都不尽相同。虽然都授关于图书馆的普通知识，但是也有许多学校的目的，是在训练专门馆员。有的是养成小图书馆专家的，有的是养成大图书馆助手，又有一种学校，专为养成本州特殊图书馆馆员设的。譬如，以前的加利福尼亚省图书馆学校（California State Library School），就是这样。但是这个学校已经于 1920 年 5 月停办。据本省省立图书馆馆长佛格森（Milton J. Ferguson）氏的记载所说，省立图书馆评议会 1920 年 5 月开会，议决停办该校。加利福尼亚省大学校（University of California），设有图书馆学部，课程很好，经费和事务方面，省立图书馆可以协助，并同时尽力图谋本州图书馆事务的发展。有的所授的功课是为训练儿童图书馆馆员，学校图书馆馆员，或者商业图书馆馆员的。伊利诺斯大学，徐拉古大学及华盛顿大学（University of Illinois, Syracuse and University of Washington）等图书馆学校和本大学里边别科联络，由别科或本大学给学生学位，由图书馆学校给图书馆科毕业凭照。有几个图书馆学校收中学毕业生，但是至少曾在专门修业两年以上，或者程度相当的。其余大多数都只收专门以上的学校毕业生。

各校学费不一样。有的全不收费，其余收费的，从 50—100 元不等。生活费因地方不同也大异。房租、伙食，每月从 40—50 元。大概各学校在快到毕业的时候，照例要到各处参观图书馆，每人费用，约 25—60 元。关于以上的情形，都可以索阅学校章程，或向学校校长询问。又有些学校对于优秀学生可以借给费用，或借与津贴。又有些学校学生，得校长的证明，可得有报酬的实习。

学校年限，大概从一年到两年不等。但是也有四年的。课程名目，虽然许多是一样，但是内容不尽相同。主要的课目，如图书馆管理，分类，编目，图书的选择，图书馆和印刷史，公文书，图书馆建筑，图书馆立法等类，大概各校都是有的。图书馆实习也都有的。野外的勤务，如参观附近或别处图书馆，更是不可少的。今把普刺特研究院图书馆学学校（Pratt Institute School of Library Science）的课目，列举如左：

行政科（Administration Course）

行政问题（Administration Problems）

图书购买（Book Buying）

各部和分馆的行政（Branch and Department Administration）

商业方法（Business Methods）

社会（Civic Institute）

图书馆史（History of Libraries）

图书馆建筑（Library Building）

图书馆立法 （Library Legislation）

图书馆印刷 （Library Printing）

图书馆视察 （Servey of Library Field）

对于儿童的事务 （Work with Children）

技术科 （Technical Course）

图书分类十进法 （Classification, Decimal）

图书分类史 （Classification, History of）

图书编目法 （Cataloging, Principles of）

地图目录 （Cataloging of Maps）

件名目录 （Cataloging Subjects Headings）

政府公文 （Government Documents）

图书馆经济 （Library Economy）

索引 （Indexing）

专门法语 （Technical French）

专门德语 （Technical German）

初级意语 （Elementary Italian）

书史科 （Book Course）

图书的选择法 （Book Selection, Principles）

编纂 （Edition）

出版 （Publishers）

小说评价 （Appraisal of Fiction）

定期刊行物评价 （Appraisal of Periodicals）

儿童图书 （Children Books）

参考图书 （Reference Books）

参考书目，普通与主题 （Bibliography, General and Subject）

题解营业 （Bibliography, Trade）

时事问题 （Questions of the Day）

讲演故事 （Story Telling）

野外勤务 （Field Work）

春季旅行 （Spring Trip one week）

实习（Practical Work）

编目部（Cataloging Department）

流通部（Circulating Department）

儿童部（Children Department）

阅览部（Reading Room）

参考部（Reference Department）

有许多学校有入学考试。这种考试，不是关于技术，是要考学生普通的功课，如文学、历史、时事等问题，又德语或法语。有许多学校把上次考试题目印出，使人照样预备，今把某校考试题目列后。

Specimen Entrance Examination Paper：

（Library School St. Louis，St. Louis Public Library）

History and Current Events

1. What European Countries took part in the discovery and settlement of the western Hemisphere；What portion was covered by each?

2. Describe the growth of the cities of Italy, French, and Germany, and show the relation between growth and crusades.

3. Show how the monastic orders benefited the people of Western Europe in the Middle Ages in order than religious matters.

4. For what were the following men famous and when and where did they live?

Nelson	Peter the Great
Maryrin	Confucious
Garibaldi	Alfred Nobel
Wolsey	Anthony Vane
Cervera	Farragut

5. Write fully on the public services of any two of the following persons：

Benjamin Franklin

John Jay

Robert Marris

Herbert Hoover

6. Describe briefly the different forms of government which French has had since 1815, and explain the causes of the several changes.

7. What is meant by five of the following terms?

Conservation and Reclamation

Employers' liability

Industrial workers of the world

Income tax

Great white plague

8. Discuss briefly:

(a) How does the immigrant affect our national life?

(b) How does our national life affect the immigrant?

9. What position are held by the following men?

Harry A. Garfield

Joseph P. Tumulty

Philander P. Claxton

Arthur T. Hadly

David T. Franklin Houston

10. Write a paper on the topic:

Rome is historically the most interesting city in the world.

English Literature and General Informations

1. Write a paper on the scope of the novel as compared with the drama.

2. Contrast any two poets who appeal to you strongly, but for different reasons.

3. Characterize in a sentence each of the following persons, giving nationality and approximate dates:

Galileo	Caxton
Verdi	Doctor Johnson
Michael　Angels	Turgenieff
Pastalazzi	Edgar Lee Masters
Linnaeus	Lord Dunsany

4. Give an appreciation (in 100 words) of two of the following authors: Ibsen, Kipling, Brrie, Chambers, Tarkington.

5. What is meant by the

(a) Little Theater Movement.

(b) Drama League of America.

6. Who wrote the following? Answer 10.

Sartor Resartus	Faust
Age of Reason	Peer Gynt
Utopia	War and Peace
Life of the Bee	Oregon Trail
Divine Comedy	Jean Christophe
The Blue Bird	To a Shylark

Alice in Wonderland

7. Describe in half a page the Anglo – Saxon Period in English Literature.

8. Identify the following characters by telling in what work each occurs, and characterize each in a few words:

Polonius	Mulvaney
Wiah Heep	Ariel
Doctor Jekyll	Nydia
Mrs. Melaprop	Mr. Squeers
John Alden	James Fitz – James

9. Name ten books which you would choose for your own private library.

10. Write a page on Shakespeare and the theater of his day.

(a passage for sight translation from a modern language accompanies the group of questions.)

　　有许多图书馆学校的入学考试，兼考打字，如普剌特研究院图书馆学学校（Pratt Institute School of Library Science）就是这一个例子。还有许多不考试的。但是打字的能力也是必须具备的。入学考试日期，都有一定。离学校较远不愿到场考试的，就近的图书馆倘若愿意代某学校举行考试，就可在就近的图书馆应试。

　　图书馆学校入学，限于学年之始。当年考试及格未能入学的，无论是因为什么原因，倘若是第二学年，再想入学，必须另行经过考试。新生入学之先，必须谒学校办事人。有些学校在入学以先，必须令学生到组织完善的图书馆学习两星期，关于图书馆大概情形。凡是想住某学校，必先写信该校主管人（director），索取空白愿书（application blanks），照式填注，交还学校，听候回音，有时还要医生诊断书，证明身体健康情状。今把关于各校学科、资格、费用和其他各要件，分举如后。

纽约省图书馆学校（New York State Library School）

　　位置　　纽约（New York）省奥尔巴尼（Albany）。

　　职员　　馆长（director）崴耳（James I. Wyer）氏。

　　学科　　普通科。

　　入学资格　　专门大学毕业。

　　年龄　　20—35岁，过此不收。

　　入学考试　　无

　　年限　　两年毕业，可得图书馆学士。

　　学费　　每年本省人100元，外人150元。

　　生活费用　　每星期8—10元。

　　附记　　这个学校是美国第一个训练图书馆馆员的学校，1887年开始设在哥伦比亚大学（Columbia University）里边，因为历史和地位的关系，特别注重图书馆行政，教授各科目和大纲。

亚特兰大卡内基图书馆图书馆学校（Library School Carnegie Library of Atlanta）

　　位置　　佐治亚（Georgia）省亚特兰大（Atlanta）。

　　职员　　馆长（director）巴克（Tommic Dora Barker）氏。

　　学科　　普通科，专为预备小图书馆馆员和大图书馆助手的。

　　入学资格　　中学毕业或程度相当的。

年龄 20—35 岁。

入学考试 6 月。

年限 一年。

学费 无。

生活费用 每月 60 元以上。

附记 在校的学生，可以在亚特兰大卡内基图书馆（Carnegie Library of Atlanta）实习，这个图书馆是近世最好的公立图书馆，能够在这里得到一切经验。

得克萨斯大学图书馆学学校（University of Texas, School of Library Science）

位置 得克萨斯（Texas）省奥斯汀（Austin）。

职员 监督（director）谷德文（John C. Goodwin）氏。

学科 普通科。

入学资格 专门大学三年级学生得选修各科。

年龄 入本专门大学年龄，至少在 16 岁以上。

入学考试 无。

年限 文艺科四年毕业，图书科毕业生都可以入学。

学费 无。

生活费用 每星期 10—15 元。

附记 本大学各部公开，对于男女学生，在相同的学期，都不收学费。修业四年的，能得科学或文学学士。

加利福尼亚大学图书馆学科（University of California, Course in Library Science）

位置 加利福尼亚省（California）伯克利（Berkeley）。

职员 图书馆员（librarian）勒普（Leupp）氏。

学科 普通科。

入学资格 中学毕业。

年龄 不详。

入学考试 8 月。

年限 文艺科四年毕业，可得文学士。

学费 本州人免费，外人年收 20 元。（按该校学费近年已加但数目

不详）

生活费用　每月 35—50 元。

附记　大学本校在伯克利城，居民约 67000 人，在旧金山（San Fran-sisco）海湾东边，和金门（Golden Gate）相对。从旧金山坐电车并划船约 35 分钟可到，从商业中心点奥克兰（Oakland）坐电车 25 分钟可到。

辛曼斯大学图书馆学学校（School of Library Science, Simmons College）

位置　马萨诸塞（Massachusetts）省波士顿（Boston）。

职员　监督（director）顿力（John R. Donnelly）氏。

学科　普通科和技术科。

入学　资格入普通科中学毕业，技术科专门毕业或三年级修业生。

年龄　30 岁以下。

入学考试　不能呈验认可的中学毕业证书的要经考试。

年限　四年毕业可得文学士。

学费　每年 150 元。

生活费用　每星期约 10 元以上，如在宿舍寄宿，每年只须 275—375 元。

附记　校内各科专为预备妇女在公私立中学校或专门学校图书馆，或公立图书馆编目部、儿童部，当馆员和助手，毕业生多在特殊和商业图书馆，或中央政府各部服务的。

普剌特研究院图书馆学学校（Pratt Institute, School of Library Science）

位置　纽约（New York）省布鲁克林（Brooklyn）。

职员　监督（director）帕司逢（Josephine A. Rathbone）。

学科　普通科。

入学资格　中学毕业或程度相当的。

年龄　20—40 岁，40 岁以上的不收。

入学考试　除非从认可的专门学校毕业的，都要考试。

年限　一年。

生活费用　每星期 8—14 元。

附记　布鲁克林城和纽约各图书馆都欢迎在校学生去实习，因此可以遂各学生意志，得各种特别经验。

布法罗大学图书馆学科（University of Buffalo, Course in Library Science）

位置　纽约（New York）省布法罗（Buffalo）。

职员　布法罗（Buffalo）格洛斯汾涅图书馆（Grosvenor Library）犀亚耳博士（Dr. A. H. Shearer）。

学科　普通科。

入学资格　本大学限定在中学有 15 学分的。

年龄　不限定。

入学考试　无。

年限　一年，在大学修业四年的，可得文学士。

学费　每年 130 元。

生活费用　每星期 10 元以上。

附记　这个科目是布法罗和格洛斯汾涅两个公共图书馆合办的，目的在使学生有实地经验和普通知识。凡在本大学的学生，都可选修书史学和其他各科目。练习生每月报酬 50 元，对于专门毕业生或曾经办过图书馆的，数目更可以增加。此外还可以得津贴。

西方预备大学图书馆学校（Library School of Western Reserve University）

位置　俄亥俄（Ohio）省克利夫兰（Cleveland）。

职员　监督（director）台勒耳（Alice S. Tyler）氏。

学科　普通科，又和本大学女子部联合授课。

入学资格　中学毕业。

年龄　20—35 岁。

入学考试　专门毕业的，可以免考，其余的要经试验。

年限　普通一年毕业，和女子部联合的四年毕业，都可得文学士。

学费　100 元。

生活费用　每星期 15 元以上。

附记　学校对于学生毕业后地位，不负责任。但成绩优良的，学校也愿意荐引，就已过去的经验说，良好的馆员的需要实过于供给。毕业既经学校荐引，倘若他能够或愿意做事，没有不能得好地位的。

劳斯安极立司公共图书馆图书馆学校（Library School of the Los Angeles Public Library）[①]

位置 加利福尼亚（California）省劳斯安极立司（Los Angeles）。

职员 校长（principal）和尔顿（Marrion L. Horton）氏。

学科 普通科。

入学资格 专门两年以上修业或程度相当的。

年龄 20—35 岁。

入学考试 对于非专门毕业的一律要考试。

年限 一年。

学费 本郡学生每年 50 元，外郡人 75 元。

生活费用 每星期 15 元以上。

附记 学校不允许代毕业生谋地位，但近来图书馆员的需要，过于供给，学生毕业后，并不难在最短的期间，谋相当的地位。

威斯康星大学图书馆学校（University of Wisconsin Library School）

位置 威斯康星（Wisconsin）省马的孙（Madison）。

职员 校长（preceptor）哈则尔泰因（Marry E. Hazeltine）。

学科 普通科。

入学资格 中学毕业。

年龄 20—35 岁。

入学考试 6 月。

学费 本人每年 50 元，外人 100 元。

生活费用 每年约 500 元。

附记 曾证明图书馆有特别预备。这种预备，可以使他得好地位，又说，图书馆职务可以训练，既然为人所公认，各处又非常需要有训练的图书馆员，因此能使馆员薪津日渐增高。需要既然有加无已，学校毕业生又经学校荐引，当然可以觅得相当的地位和丰厚的薪津。

纽约公共图书馆图书馆学校（Library School of the New York Public Library）

位置 纽约（New York）省纽约（New York）。

---

① 这个学校即为李燕亭先生与杨照悊共同就读的图书馆学校。

职员　校长（principal）里斯氏（Ernest J. Reece）。

学科　普通科，但是也有高深科目，以便愿习特别课程的选修。

入学资格　中学毕业，或程度相当的。

年龄　20—35 岁。

入学考试　有。但是在认可的专门大学毕业的，可以免考。

年限　一年。

学费　纽约附近的居民每年 45 元，外人 75 元。

生活费用　每星期 15 元以上。

附记　这个学校与纽约城和纽约公共图书馆有关系，有很大的便利。此外，凡是纽约城公私图书馆，都可以考察研究。

匹兹堡卡内基图书馆学校（Carnegie Library School of Pittsburgh）

位置　宾夕法尼亚（pennsylvania）省丕特斯波格（pittsburgh）。

职员　校长（principal）布洛忒吞氏（Nina C. Brotherton）。

学科　普通科，儿童图书馆，学校图书馆。

入学资格　定章中学毕业，但实际要在专门修业或程度相当，方能应考。

年龄　20—35 岁。

入学考试　6 月举行考试，专门毕业的免考。

年限　一年。

学费　每科每年 100 元。

生活费用　每星期 10—14 元，但在宿舍膳宿者，每月 43 元已足。

附记　这个学校因为位置的关系，得很多的便利。丕特斯波格是实业中心点，人口 1/3 是外国人，社会情形特异，常发生许多问题，可为研究参考极有趣味的材料。卡内基图书馆（Carnegie Library）除本馆以外，有八个分馆，都可以作为实验室。

勒味赛德图书馆服务学校（Riverside Library Service School）

位置　加利福尼亚（California）省勒味赛德（Riverside）。

职员　图书馆员（librarian）丹涅尔斯氏（Joseph E. Danels）。

学科　长期的普通科，冬季学校速成科。

入学资格　长期的中学毕业，又曾在专门修业两年的，冬季学校不拘资格。

年龄　不限定。

入学考试　有。

年限　长期的 11 个月，冬季学校 8 星期至 14 星期不等。

学费　长期 60 元，冬季学校 40 元。

生活费用　每月约 50 元。

附记　设立这个学校的图书馆，在一郡里边有 80 个分馆，所用的职员，都是学校毕业生。但是学校对于学生并不预先允许谋事或津贴。唯对于功课特别注意，使学生有充分的训练，所以毕业的都能办事。

圣路易图书馆学校（St. Louis Library School）

位置　密苏里（Missouri）省圣路易（St. Louis）。

职员　校长（Principal）索叶女士（Mrs. Harriet P. Sawyer）。

学科　普通科。

入学资格　中学毕业。

年龄　35 岁以上的不收。

入学考试　6 月举行考试，专门毕业的免考。

年限　一年。

学费　本省人免费。密苏里省人每年 45 元。外人 75 元。

生活费用　每月 30—40 元。

附记　这个学校的长处，就是公共图书馆的经验。学生读书实习，都在公共图书馆里边，从入学到毕业，每日总和公共图书馆接触。

华盛顿大学图书馆学校（University of Washington Library School）

位置　华盛顿（Washington）省栖阿特尔（Seattle）。

职员　主管人（director）亨利氏（William E. Henry）。

学科　普通科。

入学资格　专门大学毕业。

年龄　30 岁以下。但不是绝对的限制，也有例外。

入学考试　无。

年限　一年，如兼在文科修业，四年可得文学士。

学费　每年 40 元。

生活费用　每月约 50 元。

附记　这个学校是高等职业学校，专为预备青年男女图书馆员设立的，可做小图书馆长，或大图书馆各部助手，在校实习的时间平分，本大学图书馆和本地方公共图书馆各半。

叙拉古大学图书馆学校（Syracuse University Library School）

位置　纽约（New York）省叙拉古（Syracuse）。

职员　监督（director）斯拍立氏（Earl E. Sperry）。

学科　习技术科的，只给毕业证书。兼习普通科的，可得图书馆经济学士。

入学资格　中学毕业。

年龄　17 岁以上。

入学考试　有。

年限　技术科两年，兼习普通科四年。

学费　每年 120 元。

生活费用　每星期 15 元以上。

附记　本大学设有文艺、美术、师范等科。习图书馆科的，可以兼习他科，非常便利。

伊里诺斯大学图书馆学校（University of Illinois Library School）

位置　伊里诺斯（Illinois）省乌尔班纳（Urbana）。

职员　监督（director）温座尔（Phineas L. Windsor）。

学科　普通科，间或有特别课目。

入学资格　专门毕业。

年龄　不限定。

入学考试　无。

年限　两年毕业可得图书馆学士。

学费　每半年 50 元。

生活费用　连学费，每年 550 元，到 800 元。

附记　为取得图书馆经验起见，学生将毕业以前，必须到图书馆实习一月。实习的时候，做的事情，和图书馆员一样，但无报酬，愿意得专门图书馆知识的，可以派专门图书馆里边实习。

华盛顿书记员及训练商业图书馆员学校（Washington School for Secretaries, Training School for Business Librarian）

位置　华盛顿哥伦比亚区（Washington，D. C.）。

职员　监督（director）哈瑟氏（Adelaide B. Hasse）。

学科　商业图书馆科。

入学资格　中学毕业。

年龄　不限定。

入学考试　无，但要谒见办事人。

年限　9个月。

学费　每年180元。

生活费用　每月50元以上。

附记　这个学校专为预备在大商店或实业机关图书馆员唯一的学校，华盛顿图书馆部并供给学生材料参考，尤非别处图书馆学校所能比拟。

除图书馆学校以外，有许多公共图书馆，如纽约省布鲁克林，俄亥俄省克利夫兰，密执安格兰剌匹咨，密执安省底特律，马萨诸塞省斯勃林菲尔德，宾夕法尼亚省匹兹堡，设立见习科或特别班，专为预备本馆需用的人员。这种机关，在很短的期间，要把学生训练，能出来做事。时期大概从3个月到9个月不等。照例不收学费。谋得这种机会的消息，可从本州图书馆委员会，或当地图书馆馆员探问。

有好几省如伊里诺斯，印第安纳，马萨诸塞，密执安，明尼苏达，纽折尔西，北卡罗来纳，宾夕法尼亚，夏季设立短期学校，大概是为已经就职图书馆，并已经有些经验的馆员补习的地方。各州图书馆委员会或图书馆学校是传达这种消息的唯一机关。

第 十 八 章

图书馆协会

美国全国关于图书馆的会，总有一百多个。有些属于全国的，有些属于一省的，更有些属于地方的。它的会员，仅限于城市或邻近的馆员。无论哪一种会，目的都是相同，无非谋事业的进步和馆员的利益。

属于全国的图书馆会，要算美国图书馆协会（American Library Association）最大又最重要。是 1876 年组织成立的，会员一共有 4000 多人，差不多全国的重要图书馆都有代表在里边。又有许多职业的领袖人物和曾经或正在研究图书馆员职务的人员。会长和职员都是有名的人，会中所有的事，常占很大的势力。在欧战期间，这个协会对于战地图书馆效力很多，因此，名誉远扬海外，凡是在交战区域以内，差不多各处都知道，无人不交口称赞的。这个会名的简称是 A. L. A。现在还同别的国家的图书馆协会联合，做一种远大的事业，使图书馆事务日见进步。

美国图书馆协会，每年在晚春或早夏开全体大会一次，又在仲冬圣诞节开常会一次。全体大会每年轮流在各地举行。常会照例在芝加哥。各种会议都有很好的成绩。协会里边又发行季刊 Bulletin，记载本会会务和年会的议事录。会中又组织裁判会，专为决议馆员利益问题。此外会中又发行研究关于图书馆事务的书籍和小册子。它的行政机要处（Executive secretary office）是报告关于图书馆问题和事务的总机关，会员会费每年 2 元。

图书馆协会以外，又有专门图书馆协会（Special Libraries Association）。这个协会所以成立的，因为所有的会员和会务，都有特殊性质，会名简称 S. L. A。自从 1909 年成立以来，很有进步，到现在会员已经有 500 个人员和机关。这个协会的目的，按照它的章程所载是，"增进商业、工业、市民、市政和立法参考图书馆，又公共图书馆特别部分，大学校，和平协会，商业机关各种利益"。它的主要的任务，是在谋商业图书馆的发展。近来又和美国图书馆协会联合，实地劝助商业机关组织图书馆。

专门图书馆协会，内中组织分两部：（一）行政部（Executive Board），（二）参议部（Advisory Council）。参议会会员是从商业、财政、保险、立法、参考、工业、实业、和平会等图书馆选来的代表。专门图书馆协会，每年开会一次；地址时间，大概和美国图书馆协会相同。开会时有商界名人到会讲演。这个协会在尽力图谋实用有益的报告，促进商业图书馆的利益，扩张人类生活所需要的各专门图书馆的范围，因此博得很好的名誉。协会中发行一种杂志叫作《专门图书馆》（*Special Libraries*），内容是关于专门图书馆的法则、事务和发展状况，以及专门图书馆馆员利益攸关的事情和重要的文学。此外应时出版重要图书的一览表和题解，也时常记入。常年会费，无论是个人，是机关，一律 4 元，并包括杂志在内。

全国省立图书馆协会（National Association of State Libraries）是 1898 年组织成立的，宗旨在联合省立图书馆馆员和省立图书馆有关系的人员，共同讨论大家的公共问题，又辅助各省立图书馆的发展，并且增加他们的实力。当初的组织，只限于省立图书馆，以后范围扩充，更包括立法和参考图书馆。这个协会常年会和美国图书馆协会同一地方，同一时期。全国各省立著名的省立图书馆，都有馆员到会。会员分为两种：正式的会员，仅限于和省立图书馆，省立历史学会，省立法律图书馆有关系的，或者代行省立图书馆职务的。图书馆的费用，从 5 元到 25 元不等。协会里边，出有年报（Year Book）和年会议事报告，是一种关于省立图书馆事务的切实报告。

美国法律图书馆协会（American Association of Law Library）是 1906 年成立的。它对于法律图书馆的任务，和美国图书馆协会对于公立图书馆、专门图书馆对于商业图书馆都是一样。他的会员，现在约有 150 个，多半是图书馆馆员，也有律师或者法律图书馆有关系的人。会费每人每年 2 元，协会里边按期发行法律杂志、索引和法律图书馆杂志。它的内容，分载会务的切实报告，法律杂志的索引，以及关于法律图书馆馆员利益的重要记录。

医学图书馆协会（Medical Library Association）每年 5 月或 6 月，和美国医学协会（American Medical Association）在同地同时开年会。协会

会员有的是医学图书馆员，有的是和医学有关系的人。会里边的职员，系医学图书馆馆员和会从行医的人。会员数目有 160，连个人和机关在内。会里发行《医学图书馆协会会报》（*Bulletin of the Medical Library Association*），每季一次，记载每年年会讲演，和医学图书馆各种新闻。协会里边重要的任务，是交换各会员所有的医学出版物。因此，有益并且重要的出版物可以轮流使用，应各人的需要。这种任务，对于会员非常有益，或者别的协会，也可以采用。

美国图书馆研究会（American Library Institute），是促进关于图书馆学的高等教育书物和研究，里边约有 100 个著名的图书馆馆员。美国目录学会（Bibliographic Society of America）是在联络对于目录和善本图书有兴味的人员。图书馆委员会同盟会（League of Library Commissions）是各省图书馆委员会的中枢。

各省的图书馆协会，差不多各省都有。它们同一的宗旨，是在联络本省内对于图书馆事务问题，有兴趣和能改善图书馆状况的人员，以及各图书馆馆员从讨论或协同的行为，澄清图书馆事务的思想，稳固图书馆善良的基础。《美国图书馆年报》（*American Library Annual*）登载所有各协会的名称、会议日期、职员的姓名和讲演。

这些协会，都愿劝告大家把图书馆员职务，当作毕生的事业，注意它所在范围以内的各种机会。协会和馆员接近，知道雇用的机会，开会议的时候，很欢迎对于图书馆有兴味的人到会。

第 十 九 章

序别的事业

和图书馆事务有密切关系，并且是图书馆事务一部分的，就是序别。普通说起来，可以说图书馆主要的事务，是保存印刷品，序别部主要的事务，是保存非印刷品，大多数就是通信。但是这种界限，不能十分清楚。有许多时候图书馆就是序别部的一部分，所有关于各种性质的物件，凡是属同一题名的都序别在一起。又有许多时候，序别部却是图书馆的一部分。顶好的排列又最便于商店，或商业机关参考的，是要有报告部或研究部和图书馆序别一事，在这里两种功用合并，一物并两用。报告部的部长，近来常是很有经验的馆员，不但熟悉图书馆和序别的技术，并且要熟悉研究和实习方法。

商业科学精神的发展，能够使有规律有效力的方法，渐次采用序别事业，因此，得占有确实的地位。有训练和有经验的序别人员的需要，日渐增大。这可以证明序别的重要，渐为人所承认。又正确的序别，是一种艺术。唯有经验才能做好，也是大家认为实在的。以前的旧法子，将序别重要文件的事务，委任一种很小的书记或速记办理。这种办法，到现在各小机关仍然是这样。其所以仍旧不改的，最大的原故，就是因为他所要保存的通信和文书，数量不大，并无须用特别序别人员，或序别部的必要。较大的实业或商业机关，商业记录又多，又复杂，所有的序别制度就很紧要。又因为办事的时候，需用各种记录，要快富，要正确，所以序别的人员最要有训练。序别部在商业上，都认为很重要的部分。它的好坏，对于事业的影响，也和别部的情形相同。

一切的设备，无论机械，器用，建筑，一切的人员，无论如何重要，总可添置。唯有公司的记录，倘若损失，绝不能完全恢复。记录若无次序，参考不易，等于无用，也就等于失落。因此当善为保存，无时或懈，这种精神，和防止损失一样要紧。

重要商业文件，有种种的序别方法。大约不外科学的顺序排列和良好实验。序别的技术，可从头等的序别部里边得来。但关于序别普通原理，时行制度，和商业上适用法，最好仍然要由现时的序别学校训练得来。完全熟悉学校所授的功课和实习的事务，能够使所有各事有意义、易了解，又使所做的事务格外有趣味，非从学校得来不可。除学校以外，没有更好的机关。这一类的学校，美国各处都有。

序别也和图书馆员职务一样。女子比较占优势。但是事务的成绩和薪金的多数，男子和女子也相同。不过男子从事序别的，都是已任别部的事务兼办此事，并且人数少，寥寥可数，所以序别毕竟是女子的一种职业。

这种职业的报酬，大概每星期生手从 15 元至 20 元，熟手每星期从 75 元到 100 元，寻常工作的情形，适用于商业事务员的，也适用于序别人员。

表面上这种事业似乎枯燥无味，实际上比哪一种公事房的事务，都有趣味。商店人员完全依赖序别人员供给应用的文件，紧要的记录。因此，使这种事务，格外清楚、敏捷、精确。又能有服务的热心，协同的动作，不敢疏忽。身体健康，心思敏锐，做事有条理，性情温良，交际擅长，都是这种事业不可少的条件。要有很好的教育，最少要在中学毕业。除此以外，更要如前边所说，曾经在著名的序别学校受过良好的训练。受雇或晋升的机会非常的多，对于有训练的人员，需要往往过于供给。

第二十章

结　　论

大学教授詹姆士（William James）氏在他的论文，题目叫作：《人类的盲目》（*On a Certain Blindness in Human Beings*）里边说过：一个人必须实际上分担并且表同情别人的经验，才能了解那些经验。离群索居，袖手旁观的人，一定不能明白自己生活和一切事务的重要。世人互相观察所执行的事务，最好是能表同情于别人所有的经验。第一件要紧的事，就是做别人做的事。换句话说，就是人生要生活在能了解的生活。

一个人要是从事所选择的事业，又使它格外有效果，必须真正知道这种事业的详细，并且能够热心传授给别人，但是要想这样做，又非对于那种事业先有经验不可。所以凡是要做馆长和馆员，必须在图书馆学校，学编目、分类、装订等科目。这并不是要他将来做编目、分类，或装订的人，意思是要他对于图书馆事务重要的部分，都应当有相当的知识。他必须研究字典，百科全书，以及索引的用法，是要知道那些事务的性质和里边的要件。要使以上各种知识充足，必须对于所有的业务有一种具体的研究。学校为稳固良善教育基础起见，对于学生虽然只教授各种大概情形，但是重要的地方，却都不遗漏。

见习生和图书馆办事人，想从实地练习，预备他的图书馆馆员职务，大半都限于所从事的那个图书馆的需要，不能得完全的训练，对于图书馆事务要紧的地方，更不能有充分的了解。就他方面说，图书馆学校，常常注意理论，偏重法则，比较缺乏实习，少有经验。事务既然是这样，所以凡是想要从事图书馆职务的，最好先受图书馆学校的训练，或个人的预备，然后加上图书馆的练习，得有实地经验。

图书馆学适用到图书馆，现在还在试验时期。因此，倘若有创造的能力的人，就可以在这种职业里面做领袖。机会很多，并非难事。在局外的人看起来，图书馆界也和别种职业一样，似乎人浮于事，很少发展的机会。其实不然。少预备和没有训练的人，以及仅具劣等才力的人，天然的难得进升。这种情形各界都是一样，并不单是图书馆界。书记的报酬，永远不及经理。普通工人的工资，也远不如熟练工人。世上无一种技能，无教育、无训练的人，非常的多。因此，生存竞争，格外剧烈。并且因为人数较多，供过于求，结果所得当然较少。这是经济原则。图书馆界也和别的实业相同。

专门图书馆馆员的薪津，现在都比公立图书馆优厚。一来因为他受有特别的训练，二来事主都很愿意给有能力的人特别报酬。但是近来给新标准增高。就是公立图书馆也都是觉得有增加薪津之必要，已大改从前的故态。

公立图书馆馆长年俸，从 1000 元到 10000 元。商业图书馆馆长 1500 元到 10000 元。概括地说，教育根底个人训练越好的，所得的薪津越多。纽约省图书馆学校（New York Library School）统计所载，该校毕业生每人平均所得的薪津，在 1918 年 1220 元，在 1919 年 1341 元，在 1920 年 1733 元。以上所举的学生，都是在该校修过两年课程的。有些学生，只住一年就退了学。他们所得的薪津，每人平均，在 1918 年 962 元，在 1919 年 1080 元，在 1920 年 1440 元。换句话说，修业期满的学生的薪津，总比中途退学的学生高就是了。这个学校的职员（Acting Vice Director of the School）并加有按语说："这个调查的情形，近三十年经验，都是相同。修习过两年课程的学生，所得的薪津，比一年的学生总多。"

多年以来图书馆员的需要，总是超过供给。因此，有许多训练欠好和性质庸常的人，也都从事图书馆员职务。这种情形，足以使标准降低。一般进款有限，支出不多的机关，便感困难。不得已，只得雇佣平庸的人员。但是近来有一种限制，正在实行。将来一定使无良好训练的人，不能保持原来的地位。图书馆员的检定，就是这种趋势的表示。除认可的图书馆学校毕业生，或者足以证明有充分经验的，都要受国家检定局（National Board of Certification）的考试。考试及格证书，要有美国图书馆协会推广委员会（Committee on Enlarged Program of American Library Association）证明。又图书馆委员部商业执事人，以及其他对于图书馆负管理责任的人，现在都承良好的教育，充分的训练，宏富的经验，确是有利益。

并且愿意对于他的图书馆，谋得有顶好资格的人充当馆员。至于馆员选择助手，也都是具这个同样的心理。

图书馆职务也和别的职业一样，劣等的教育，不充足的训练，以及才智欠缺的人，只能得低级的薪金，难得晋升的机会。最不智的事情，是不肯多受教育。岂知浅陋的教育，决不能取得贵重的荣誉。所以想做图书馆馆员的人，在未入图书馆学校见习班以前，就要尽力使自己有教育的根底。将来入学以后，有无穷的利益。一方面能使所学的功课，易于了解；他方面能使所学的功课，可资思索。教育完全，知识充足，能够使事务的效率增进，同时可使享受从勤劳或成功得来的欢乐。关于做馆员的应有的资格，很难说尽；所需的训练应当到什么程度，也不易限定。但是训练越好的，成功的机会越多，是显而易见的事情。若图书馆员把图书馆员职务，只当作日常生活，等闲看过，他将来一定只能就此谋生活。除生活以外，就无所得了。精炼的技术家，成功的机会很多。图书馆员职务，也和别的事情一样。有一种公例，就是做事多的，报酬也多。低的津贴，通常是量低能力的标准。有能力的人，不但可以希望得优厚的薪津，并且通常总是得优厚的薪津。

图书馆员职务中间，没有充分训练的人，决不能希望成功。图书馆学校，见习班，夏令学校，或者个人的预备，都是预备从事图书馆很好的机关。要在各人自己择定。选择可以随人意的。并且各机关所发行的章程一览等项，都能帮助人决定的。当地的图书馆员或者省立的图书馆委员会，能够时常随人请求，给人忠告，并且都是愿意负责任的。所以凡是想做图书馆员的，最先要决定自己是不是与图书馆相宜，以后再决定里边的哪一种的特别练务，是自己所愿意做的，最后再选择那一种的训练方法，是适合自己的需要。有一种受过高等教育的人，受相当的指导，加以自己潜心研究，也能够得到图书馆员职务的技能。但是无论用哪一种方法去学习，最要紧的，要记得训练越好，成功机会越多那一句话。有机会的门户，是常常对着有好训练的人开放着。

有的训练图书馆员的机会，是把图书馆学校和别的专门合办，有的是研究科的性质，限于认可的大学毕业生，才有入学的资格。良好教育，当然是事业成功的基础。

图书馆员有了相当的知识，又能适用到图书馆的事务里边，当然可以做出很满人意的服务，并且也能够使他自己声价十倍，远非根基浅薄的人所能比拟。有知识的人，总是困不住的。他不必等机会，他可以造机会。常常准备，确是成功的基础。

凡是从事预备图书馆员职务的，必定要拿图书馆里边的实地经验，来调剂学理的知识或训练。这种办法，可以给他的毕生事业一个很大的智慧，打开经验的窗户，使他能够看见图书馆和图书馆所伺候的人的关系。学理和经验，是事业的要素。图书馆和其他的事务，都是这样。学理和经验是强固的根基，所有良好的事业，都建筑在上面。倘若只有学理，没有实验，或者只有实验，没有学理，都是不能成功的。没有学理的知识，所有的实验，不过是一种机械的动作，不免受人指示，屈于权力，牵于不测，或者蹈于故常，决不能走到正路，更不能从个人良心上的判断，有抉择的机会。更就他一方面说，没有实验，所有的学理是一种没有经过试验的知识，缺乏从经验得来的又真实又丰富的旨趣，所以最好是联合学理实验为一团。

最好能够多受一点预备教育。中学毕业是最低的限度。至少要在专门或大学修业二年。能够多一点更好。专门毕业生入图书馆学校，能任事务的资格，当然比程度较低的学生好。就是他自己能得的训练，也比他们多。

若想把事情做好，要能明白并且精通外国语言。图书馆事业也和商业一样。有一句格言说过："一个人知道四种方言，就等于四个人。"

普通人常说，图书馆员在图书馆读书，就是失职。其实不然。图书馆员想自己事业成功，非读书不可。只要守培根（Bacon）氏的教训，有许多书只可涉猎一下，有些要熟读，更有少数的要能融会贯通，了然于心。个人的聪明和谨慎，可以决定读书的数量和种类。若是所读太多，妨碍他所应做的别种事务，也是很不相宜的事情。图书馆员总应当知道他所经手的一切事情。

图书馆员职务技术的知识，是良好事业的根基。章程制度，还在其次。这是因图书馆员要表示他的技能，非用技术的方法不可，倘若他实在是一个图书馆员，别人必定以为他能够知道怎样使用他的工具。但是照前边所说的情形，图书馆职务仍在试验时期。从此，可知凡是有创造和组织的能力，及有考究的精神的人，只要他肯尽力做去，成功非常的快。又可知倘若一个人要有进步，必须有过去事务的经验。所以图书馆员要养成常读图书馆杂志的习惯。这种杂志，虽然不多，但是很值得一读。并且能使人知道事务进行状况。外来事务无穷，一人知识有限。一个人固然不能样样都知道，但是要能虚心领教。

图书馆员务必牢记爱默生氏（Emerson）所说的，心地要海阔天空。图书馆事务多属例行的事务，使人性质固执，使人生活干燥，最忌的是心地褊狭。赴图书馆俱乐部，图书馆协会，全国图书馆会议，借此和别人交际，是一个防止的法子。参观别的图书馆，考察所执行的方法，又是一个防止的法子。

无论哪一个图书馆员的成功，都是由于下列三件事。第一良好的教育；第二职业的训练；第三个人性格，所有体力，脑力，热心，机警，办事的能力和兴趣，都属这一类。凡人成功，先要有自信力。图书馆员职务的训练，是图书馆员成功的快捷方式。

第 二 十 一 章

关于图书馆员训练的参考书

倘若以为图书馆职务，是一种终身事业，愿意知道这种事务的性质和应有的训练，不可不熟悉各图书馆员会议的报告。譬如美国图书馆协会，特殊图书馆协会，全国省立图书馆协会，美国法律图书馆协会，医学图书馆协会等各种报告都是。美国全国教育协会的记事（Proceedings of the National Education Association ）里边有图书馆部编辑的讲演和报告。这种报告对于学校图书馆方面，格外详细。美国图书馆协会杂志（Bulletin of the American Library Association ）载有各种的报告。除农业图书馆类、编目类、儿童图书馆类、职业训练类、专门学校和参考类、委员类，此外宗教研究班神学图书馆、医学图书馆、贷书部、公文书和训练班的教员等类，也都记载在一起。

仅参考下列三种杂志如《图书馆杂志》（Library Journal）、《公共图书馆》（Public Libraries）、《专门图书馆》（Special Libraries ）也就得很好的帮助。这三种杂志记载的是关于各图书馆的经过的事实和发展状况。图书馆员或在受训练的学生，都可继续读它。各省图书馆委员会发行杂志，记载本省图书馆界各种报告，如印第安纳，衣阿华，明尼苏达，内布拉斯加（Nefiraska），新罕木什尔（New Hampshire），威尔满（Vermont），及威斯康星等省都发行这种杂志。参考各大图书馆的报告能够知道它们进行的意义，事务的范围。有些特殊图书馆，如拉塞尔舍治基金图书馆（Russell Sage Foundation Library）、工程协会图书馆（Engineering Societies Library）也发行年报。

下列各处发行关于图书馆图书都很有价值，伊里诺斯省芝加哥美国图书馆协会出版部（A. L. A. Publishing Board），纽约省尉尔孙公司（H. W. Willson Co.），马萨诸塞省波士顿波士顿图书公司（Boston Book

Co.)，又以下各书，也可作为研究参考，这不过是举其重要的，此外尚多。

Bostwick，Athur E，*The American Public Library*，D. Appleton & Co. ，New York，1917，p. 396.

Cannons，Harry G. T. *Bibliography of Library Economy*，Russell & Co. ，London，1910，p. 448.

Brown，James D. *Manual of Library Economy*，Library Supply Co. ，London，1907，p. 422.

Dana，John Cotton，*Addresses and Essays*，H. W. Wilson Co. ，New York，1916，p. 299.

第 三 编

文稿辑录

自传（1956 年）

河南师范学院化学系　李燕亭[*]

我原名李长春，字燕亭，现以字行，生于 1893 年 4 月 21 日。现年 63 周岁，原籍是河北省定兴县姚村南街。家世累代贫寒，务农为生，至我先祖由商店学徒而升为店员，最后升为经理，家中生活才比较富裕。在乡村可称为小康之家了。我生年三岁时，祖父去世，家道中落。八口之家，只靠薄田 20 余亩度日。我父为了维持生活，乃新操手工业，由于信用昭著，营业发达，家境又逐渐好转，到 1902 年春季，我已年满 9 岁，便被送到一所私塾读书。

从私塾读书时候起至美国留学时代止，是我学生生活的黄金时代，也是我所经历的人世间最为艰苦漫长的道路。1902 年春季到 1907 年冬季，五年的私塾教育，使我读遍了力所能找到的书籍（中间曾因故辍学一年），虽因此输入了许多封建道德和迷信观念，但也培养了对古圣先贤的景仰和对文学美术的兴趣。至于我的家庭教育对我的思想形成过程，也起着不少的作用。我父亲虽然是一个手艺人，但平日读书很多，笃信老庄哲学，经常教导子女们："和为贵、忍为高"，"不犯上、不作乱"，"知足常乐"、"明哲保身"、"孝悌为人之本"等语。这些教训，在旧社会里，还可作为处世规范，在新社会里，就成为我进步的绊脚石了。所有我的缺点，如缺乏斗争性，展不开批评，个人主义浓厚，集体精神较差等，都和我幼年受的教育，有着密切的关系。

1908 年，我考入县城内高等小学，这是我接受新教育的开始。当时我对语文、史地各科，都很爱好，对格致特感兴趣（格致即理科）。课外读物主要是《天津大公报》《新民丛报》等。因此培养了看报的习惯和积

---

* 此自传为先生之子在开封市档案馆民革委员会取得。

极进取的决心。

1910 年夏，我已 18 岁，排除了种种困难，才得考入天津北洋法政学校附中读书。天津为中外通商大埠，北方重镇，除上海外，实为我国交通、文化和工商业的重心。这是我接入西洋物质文明的开始。

1911 年 10 月 10 日武昌起义（辛亥革命），全国响应，不数月，清帝被迫退位，中华民国建立。旧民主主义革命短期遂告成功。

1912 年春，孙中山北上企图和袁世凯坦诚布公地协商国是，路过天津时，地方党部开会欢迎，同乡某给我国民党党证一枚，令我参加。因有机会亲聆中山先生的讲演，对此一代伟人，倍极景仰，这是我和国民党发生关系的第一次。但当学生时代，也只有这一次。1913 年，癸丑革命失败后，袁世凯黑暗统治越发猖狂。我由关心政治一变为厌恶政治，遂形成了超政治观念，在中学的四年期间，总起来说，奠定了我的语文和普通科学的基础，坚定了科学救国的志愿，并且形成了不问政治的倾向。

1914 年秋，我考入北京大学理预科，在课程上，巩固和加深了自然科学的基础和兴趣；在生活上，由于参加了校内各种文娱活动感到紧张而愉快，这是我在学生生活最有意义的一个阶段。

1917 年夏，我在北京大学预科毕业，即升入本科化学系，以期实现平日"科学救国"的夙愿。

在本科三年期间，有几件事对我发生了不小的影响，第一，为十月革命成功，全世界人民大为震动，北京的进步刊物，出版之多，如雨后春笋。当时适有天津同学李大钊和郭须静都在北大图书馆工作，也各自著书立说，宣传革命。李为马克思主义者，郭则主张无政府主义，我由于性格关系，偏重无政府主义，在私人往来上，表现了近郭而远李。第二，是五四运动，其影响之大，意义之深，众所周知，自不待言。第三，是新中学会的创立，这学会发起人为中学同学童冠贤等在日本东京成立。宣传它是纯学术团体，不分党派、熔为一炉，并成立共济组，救济生活困难的成员。我由中学同学关系参加了这一学会。

1920 年春，美国华侨夜校校长黄剑农函托其友人黄凌霜代聘一位能说普通话的语文教员，并谓每月收入，足够留学费用。黄凌霜是北大学生，且系进步青年，通过李大钊、郭须静二人就介绍我前往，经过双方往返函商，俟确定后，我已考完毕业试验，遂于是年秋赴美。所以我在美国留学三年期间，系半工半读的生活。开始在加省理工大学研究院，选习分析化学及物理化学，一年后转入南加利福尼亚大学生物系当研究生。第三年开始时，因所习学分已足额，只须完成论文即可取得学位。因利用余暇，选修图书馆学。1923 年夏，我的论文被通过，取得了硕士学位，同时完成了图书馆学校的学习任务，领得了毕业证书。这时候我原想继续求学，以化学和生物作基础专攻农业化学。适接国内友人来信，约我在北京农业大学担任化学教授，我遂漫游了美国东部各大城市，如华盛顿、纽约、芝加哥等处，并参观其文化机关，特别注重图书馆和博物馆，然后经旧金山回国。

总结我在美三年，除完成原定学习计划外，同时担任华侨夜校语文教员和南加利福尼亚大学中国语文讲师，并以业余时间，做公开讲演，宣扬祖国文化的优秀，阐明爱国主义的重要性。1921 年，在太平洋会议期间，我和校长黄剑农创办"罗华"月刊，分送美国太平洋沿岸各地侨胞，鼓吹爱国抗日，力争取消二十一条不平等条约。不幸为人力、物力所限，仅出三期，即行中止。这是一方面。其次由于我只从表面看问题，便认为美国的繁荣富强，资本主义起着主导的进步作用，因而认为中国也应走美国的路线，即先走资本主义道路，然后逐步地走向社会主义社会。这种思想也是使我落后的原因之一。经过政治学习，首先使我认识了这种思想的错误。

1923 年秋，我在北京农业大学，开始了教授生活。我对自己的课程、学校的设备和环境的优美，都感到相当的满意，但由于内部斗争和欠薪不发，精神上尤感痛苦，生活上又没保证。经冯友兰介绍遂于 1924 年 2 月就河南中州大学之聘，担任化学课教授兼图书馆主任。到校以来，一切都感满意，不幸内战频仍，河南地当要衢，因之影响了学校的安定。从奉直战争起到大革命时代止，中原几乎没有宁静过哪怕是一个很短的时期。1927 年春大学里同事吴信予等面称北伐军已到武汉成立国民政府，派代表来开封，发展国民党组织，策划地下工作，配合军事进攻，劝我参加。我参加了小组成立座谈会，当时出席的有吴信予、魏春园、李静禅（均已去世）、李达生、祝兼生等（不知何往）和我共五六人，并没有填表宣誓和领取党证等手续，不久我就送家眷回河北原籍，因交通梗塞，联系中断，仅听说上述诸同事曾到武汉参加工作。到 1927 年冬，我重返开封，革命军已收复汴郑，当时冯玉祥部下已改成国民革命军第二集团军，由冯任总司令并主持河南军民两政，中州大学与河南原有法专农专合并，改组为河南中山大学。国民党党部为郭春涛、韩振声、王冬珍等所主持，我以身份不明，并没有向党部报到，或重新登记，实际上当时大学里参加地下国民党组织的同事，没有任何人向新党部报到，有人说这一国民党和那一国民党所走的路线不同而代表的派别也不一样，故不能合作。真相如何我无法下一确切判断，根据实际情况估计，1927年春，在开封成立的我们那一小组，代表着进步力量，因为小组成员终其身没有和新党部发生过来往，两成员祝兼生且有因共党嫌疑在山东遇害说，说它代表进步力量，距离事实当不甚远。

在此期间，尚有一事值得述说的。就是我在1927年夏，参加大革命活动的一段历史。如前所述，当我参加开封国民党小组（所谓小组是我按人数多少而给它的名称，依据现在认识，应为支部或总支才合适）成立座谈会后，不久我因省城各学校已停课半年，且欠薪不发，生活难以维持，我便决计将家眷送回河北原籍。之后，我就单身赴北京活动。经友人介绍，我在北京农业大学兼任化学教授。7月初，北京各学校放假，我又静极思动，经童贯贤介绍，我赴山西大同担任察热招讨使额外秘书职务。招讨使张励生，曾任众议院议员，和童贯贤私交很厚，和我也相当熟识，因此对我不以属僚而是以客卿相待，故对我言听计从优遇有加。但张之招讨使，虽系受南京政府委任，因地势接近山西，军事供应，需仰赖阎锡山接济，因此军事上归阎节制。部下军官概有阎派遣。我到使署不久，就担任秘书长职务，随着军事发展，我和部队一起奔走于察绥晋北之间，为时三个月，行程七八千里，深知各省军阀不论大小、不论新旧，都是阳假国民革命的美名，实行争权夺利的罪恶。跟这般人厮混，无论事情成败，都不值得。同时开封各校已有开学消息，我便坚决辞职，转道回校，恢复从前教书生活，这是我在大革命时代从军三月的经过。

自1928年至1937年七七事变，旧河南大学内部情况，表面上十分稳定，但其中派别斗争，新旧矛盾也日益尖锐化。1935年冬，开封复兴社向河大发展组织，理农医三学院师生绝大多数在威迫利诱之下，成批地参加了这一反动组织。文学院情况复杂，有个别的参加。当时理学院院长郝象吾曾以私交关系劝我参加，我当面推绝，并以生平不愿参加党派为理由，其后郝又派助教张景试百般劝说，我为维持地位打算才勉强应允。从此一生清白历史遂沾染了这一个洗不清的污点。我作为一个高级知识分子，没有为祖国为人民做出任何贡献，本已可耻。何况更参加反动特务组织，且担任小组长职务，听任反动头子的指使，阴谋夺取旧河大的领导权，壮大了敌人的声势，打击了革命力量，其罪行重大自不待言，辜负党和政府。宽大为怀，不咎既往，仍给予立功赎过的机会。自此以后，我时常振奋，想为社会主义建设，献出自己的一切，借以弥补前嫌。时至今日，还没有表现任何成绩，想到这里真感到万分惭愧，对不起党和政府培养的恩情了。

七七事变后，我随校迁往镇平（文理两学院迁往鸡公山，一年后仍迁镇平）仍担任化学教授兼图书馆主任，1939 年夏，我随校迁往豫西嵩县潭头（因新塘事变）。1944 年春，因日军侵犯中原，我随旧河大迁往荆紫关，一年后，又因宛西各县，相继沦陷，随校迁往陕西宝鸡石羊庙，同时在武功西北农学院兼任化学教授。1945 年 9 月日本投降后，全国欢腾，我于是年底随校重返开封。1946 年至 1948 年上半年国内形势，对于解放战争，欲趋有利，同年 6 月，开封第一次解放，旧河大校长姚从吾决定迁校苏州。并派专员前往筹备。9 月初，我携眷抵达苏州报到。1949 年春，苏州解放，姚从吾等逃往台湾，河南省人民政府派人赴苏，将河大师生一千余人接回开封，分别安置。讲师以上的教师，则设研究班收容，作为政治学习和思想改造的场合，于 1950 年 2 月结业。立即派往新河大参加工作，一般同事对生活状况、学习效果和工作的安排，处处满意。可以说皆大欢喜。凡从前认识模糊或执迷不悟的人，到此时都有如拨乌云而见青天的感想。当然，我也是其中的一个了。

从 1950 年到现在，我参加工作已有六七年之久。中间参加过三大运动视察团，镇反、"三反"思想改造，"五反"、土改复查参观团等一系列的社会运动和现实教育，使我思想认识都有所提高。但因当前形势发展和社会主义的高潮到来，自己的理论水平和业务水平，远远地落在形势之后，更谈不上适应需要了。最近学习了周总理关于知识分子的报告，异常振奋。体会到党对知识分子的关怀、爱护、鼓励、重视，真是无微不至。我应该怎样报答党和政府的关怀和期望呢？首先必须彻底改造自己，提高理论水平，应用正确的观点和方法，向科学进军，以便发挥潜力，对社会主义建设能有更多更好的贡献。为了达到上述目标，就有必要去争取组织教育和集体帮助。这就是我目前的思想情况和迫切愿望了。

1956 年 7 月 28 日

诗稿 (1911—1964 年)

闻武昌起义登孤山有感

李燕亭

孤峙太行前，何如大别山；
登临无限意，慷慨望中原。

1911 年

孤山在姚村西南约五华里；武昌起义即 1911 年辛亥革命。

送李君惠南东渡①

李燕亭

冀县文风甲燕省，李氏昆仲尤铮铮，藐余何幸获过从，
凤伯其长次惠生。余知凤伯原最深，更由凤伯知此君，

---

① 这首诗是先生早年诗作，大约作于北大读书时期。红钟牌酱油（原名宏钟酱油）的创始人叫李惠南，1919 年，他东渡日本留学，就读于东京高等工业学校化学系，他认为日本利用现代化学方法制作酱油颇为可取，遂致力于此项研究。李惠南学成归国后，1927 年在天津北营门西大街创办"红钟酱油厂"，产品瓶装，别名"宏钟酱油"，商标为一红色古钟，驰名华北。他在天津创办了原料限用东北金元大豆和高白秋麦，采用日本菌种，结合我国传统酿制工艺，质地清澈，香味醇厚，久存不变质，一时成为国内外闻名的产品。也是天津特产狗不理包子的特制调味品之一。

平素纵然寡酬酢，相交以道不以文。一自中学毕业日，
国内诸校无可居，壮志讵甘终牖下，东渡扶桑万里余。
波光千里鳞耀金，意气直可凌风云，洋经太平抵四国，
相逢俱是蓬莱人。蓬莱三岛景尽奇，复多美人如西施，
流连每误青春客，天职所在竟弗思。山川信美非吾土，
红颜幻像白髅骷，唯君达者意自殊，誓将实学归中土；
明晨绕道趋天津，慷慨长揖去国门，记取临别赠言意，
爱假翰墨饯行尘。

赴美前自题半身肖像

李燕亭

久处囊中椎，终能脱颖出。
况君有夙根，一触即觉悟。
即如出笼鸟，又似脱网兔。
万里去求师，归为苍生福。

1920 年

留美感赋[1]

李燕亭

（一）

崖下松风入耳幽，海天无际一孤舟。

---

[1] 编者按：该组诗写于 1920—1922 年留美期间，原诗稿无题，题目为编者所加。

待消国耻思勾践，未敢偷闲学白鸥。

（二）

新韭纵横数十畦，野花环绕不需离。
春明诸子来相访，樽酒谈诗乐可知。

（三）

秀嶂高峰落彩霞，园林十里富人家。
山川信美非吾土，回首宗邦感物华。

题南加大学同学会照片

李燕亭

亚东古国，其命维新，负笈西土，学子莘莘；
嗟我同仁，幸聚南加，一心一德，光我中华。

1922 年

抵维多利亚城[①]

李燕亭

久行砂碛不毛地，身抵维城便若仙。
积雨初晴山色好，斜阳维照野花鲜。
篱前摄影添清兴，林下听泉悟自然。

---

　① 编者按：此诗是先生 1922 年为北京大学图书馆在南美募捐时所作。"维多利亚城"、"维城" 即墨西哥东北部城市，塔毛利帕斯州首府。

屈指去家三万里，风光犹道似江南。

1922 年

（留美期间，寄姚村家信中曾附有半身照片，背面写有小诗一首。）
爸爸、妈：你们猜他是谁？他是你们的楞儿，虽然人不在跟前，却可以看到
他的影儿；虽然不会说话，却对着他的笑容儿，也可以给我的双亲解个闷儿。

家书附诗[①]

李燕亭

晨兴授课泰山庙，午后执鞭安国城。
好鸟枝头鸣唧唧，清溪石上响淙淙。
碧草如茵无限远，杂花遍野不知名。
漫谈此地风光好，千里家山似梦中。

1938 年春

题　照[②]

李燕亭

李家玉树六七株，远别田园聚首都。
共计合为四百二，平均各达七十余。

---

① 编者按：该诗写于 1938 年，因抗战随校迁于南阳镇平，教书的繁忙与睹物思乡之情溢
于言表。
② 先生赴北京看病与儿女们团聚于首都。

新逢盛世全民乐，幸福难忘先烈功。

信是人民公社好，找来人寿与年丰。

1959 年夏

和秉忱儿诗一首

李燕亭

五代绵延世泽长，一门兰桂竟芬芳。

他年报国扬亲日，留待人间姓字香。

1963 年

原注：

1. 自吾高祖由易县大巨村迁来姚村，迄今已历五世，故云。

2. 世泽之说，似涉迷信，但生物学上有遗传育种之说，教育学上有熏陶渐染之论，是吾之说亦有科学根据也。

3. 后半部分似乎灌输名利思想，但既有功于国家，亦必大有造福于人民，荣誉为人民所给予，有何不可。

附李秉忱诗：

爸爸七秩大庆缅怀祖德附诗仰颂

李秉忱

五祖老好士，高韬弃浮名，大隐还小隐，设肆复躬耕。

草堂面场圃，余柳散和风，诗书敦凤好，佳兴与人同。

吾父有美志，留学作启明，归来任教授，智慧济苍生。

谆谆四十载，悠悠七秩登，桃李满天下，事业重汴京。

儿孙齐努力，花木尽芳荣，颐养闲园里，含笑看春浓。

1963 年春

附：

遗嘱绝命诗二首①

（一）

今年春睡梦多奇，恰似康成岁已时。
郊外长眠蝴蝶梦，深宵时伴子规啼。

（二）

苦守田园数十年，一生辛苦有谁怜，
儿孙切记临终嘱，莫令先人痛九泉。

李钟英诗一首②

北去南来三十秋，如今依旧一沙鸥。
故人同道多凋谢，感逝伤亡暗自愁。

---

① 编者按：据 2012 年先生大女儿李梦莲来信，这两首诗是爷爷的临终遗嘱，作者待考。

② 编者按：李钟英系李燕亭四妹，北京女子师范学校毕业（先生资助），杨昭悊之嫂夫人。她在河北定兴教书多年，创建一女子完全小学，任校长，40 余岁与杨家结亲，杨昭悊与其哥哥杨昭恕于 20 世纪 30 年代初在湖北谷城创办"杨太夫人纪念图书馆"，李先生作媒李即负责经营这所为纪念母亲杨太夫人创办的私立图书馆。

北京大学理科化学演讲会宣言

本会组织之大纲略说如下：

（一）集会友12人（至少）或20人（至多）。每星期会集一次，时间以两小时为度。会友于每次开会时间轮流演讲。每次三人乃至五人，周而复始。演讲题目任讲演者自选。要以关于化学者为是，或为新知或为旧有或复述讲堂之所闻，或演绎参考之所得。深浅不拘，详明为度。若有深思独得更为欢迎。

（二）本会不举职员不收会费。每次开会友三人轮管其事。惟入会者须弗好高不厌，故具诚意有耐性，方不至蹈有始无终之诮。

凡治科学者有二要节：一曰明透其理，一曰熟记其要。今兹本会之设，主旨在于辅助此二要节之进程。夫吾人之治化学也，朝而听讲，夕而自修，更加以实习，宜无隔膜之处矣，宜能记其要矣，而事实殊不然。盖徒恃领受，不加反复思维之功，故有知而不明、记而不熟之弊。若能时常演讲，既可收会通之益，又能收温习之效，则一弊自除。此同人等所以视本会为校课外之要务也。

吾人自小学而中学而大学，其中教师殊鲜善者，此原于学问之不足者小，源于言辞之不良者实大。言不尽意，语无次序。讲着口倦，听着欲睡。此实不良教育之一现象也。吾人苟欲将来置身于教育界，可不趋此时练习言词呼？于斯会也，得有练习言词之机焉。且听他会友之讲说，善者吾从之，不善者吾改之，观摩之效亦非浅鲜。本会组织及其旨趣大致如斯，同学中治化学诸君如有不以为鄙末，而表同意者，希速至西斋示知李君长春（丙字5号）为荷。一俟会友足数，当即开始进行。又同人等以为此等会社不厌其多，同学中若有于本会成立以后继续组织此等会社者，亦同人等所甚希望也。

发起人：邵福郿　谭声传　俞九恒　潘元耿　龚开平　李长春　张国尧　陈登淮　李冰

（载1917年12月5日《北京大学日刊》）

李长春君由加利福尼亚致校长函

孑民校长先生：

母校图书馆募捐事，自先生回国后，迄未进行。一由此间国民党注全力于筹款北伐；二由于华盛顿会议期间，诸同学皆努力为外交奔走，也未遑及此。故众议展至今夏着手进行。生与黄君剑农当然为诸同人执鞭前驱，唯其中尚有种种困难之处，敬为先生一群陈之。

明德学校（旧名尚志）经费奇绌，早在洞鉴之中，月入只有百元。现在教员三人每人不过三十余元。加以购书及交友等费，又比平常工读学生为多。其何能支？况唐人街附近教堂三处，都设有汉文学校，他们因为有教会补助，故收费廉（每月一元）而设备好。本校则收费重（每月四元）而课程较严。在此黑暗的社会，其何能与之竞争？故今春以来，学务不但没有扩充，反日行减缩。若不速筹底款，断难维持。故拟今夏和剑农向南美各国一行。因美国各城镇华侨虽都热心公益，但以向之捐款者太多（月必数起），实有疲于供应之势。去冬为留美学生后援会事，生与剑农皆全力仅募得千余元。而金山、芝加高、纽约各大城，或仅得一二百元，或竟一钱不名，其故可以想见。反之，南美洲各国侨胞，如墨西哥、古巴、巴拿马等国，侨胞为数甚众，殷实纯朴，切以越境困难，向彼募捐者甚少。故春等决计向彼处进行。但以责任所关，生与剑农，又势须为母校图书馆努力，而时间上、名义上，难以同时并举。春等之意，明德学校筹款事，不若母校图书馆之名义正大，乐捐者多，故宁愿专为图书馆募捐。拟想先生将我二人在南美各国经受募捐项下，捐以 20% 补助明德学校。此不但春等之希望，实亦罗省侨胞教育兴废之所关。

先生自掌北大教务，即以新文化运动相号召。不但北大同学，服膺实践，海内之士，莫不影从，剑农其一也。罗省明德学校，其精神及成绩之佳，凡远近来参观者，皆为称赞。其有谓为加省唯一的主张新文化的学校。生固不敏，若剑农者其牺牲奋斗之精神，实为同人中所罕见。彼曾遇许多较好的机会，卒不忍中道舍去，困顿居此。春为个人求学计，亦当早往东美。而为同情心所感化，不能不暂留。盖我更甚愿以先生之心为心，以先入地狱为□者也。况剑农非与北大有若何关系，有怜悯心为北大服务，有同情心为北大宣传，较诸同学，迨有过之。今者，彼以受着社会及经济之压迫，其三年来苦心经营之学校，及在美洲文化运动之大本营，竟将倒闭，吾人何忍不加援手乎？生前者为华府会员，曾与黄君往南加各城镇向各侨胞演讲国事，于彼等之心理，及劝募之方法，所得甚多。大抵事之成功，总以鼓吹舆论入手。自去冬以来，纠合同志，除每星期在唐人街为露天演讲外，更刊行杂志一种，命名《罗华》。在已先从事鼓吹图书馆之重要。下月尚出《图书馆号》，专收各图书馆之状况，及各有名的富豪捐助图书馆之实录。俾人民得以观感也。（中略）若蒙先生慨然允诺，敬乞专函委我二人为南美各国募捐员，以昭信用。再者关于领护照、请介绍书，皆需时日，倘先生同意，乞早日示知、为荷。

此敬禀

钧安

门：李长春鞠躬
五月十五日

（载 1922 年 6 月 20 日《北京大学日刊》第二版）

中州大学图书馆述要

　　图书馆之设，在罗列群书，以供学者之探讨。七年以来，吾国研究教育者，莫不注意于斯。本校成立伊始，对于此项设备，积极进行，惟措资不易，搜求维艰，乃从事募集，以期美备。兹将图书馆概略，分述于左：

　　沿革　本校，系由河南留学欧美预备学校改组而成。旧有书籍，寥寥无几。自筹办大学以后，乃设法购置，计共置中文书籍5006册，西文书籍1591册，中文杂志83种，西文杂志32种。陈列不过十余架，价值不过数千金，以视欧美各大学，汗牛充栋之典藏，则本校所有，渺沧海一粟耳。本年5月，承豫省长官及海内同人之赞助，乃发起募捐，藉资补助。10月陕西督军刘雪亚先生，函允捐助5000元；山西督军闫伯川先生，捐书351册；江苏督军齐抚万先生，捐书1531册；督理江西军务蔡虎臣先生，捐书564册。风声所播，继起者已不乏人。本校图书馆之成立，此其滥觞也。

　　组织　先是留学欧美预备学校时代，所有图书仪器，共藏于一室。迨大学成立后，始另辟藏书室一所。凡关于藏书之购置及保存，由事务处负责。本年9月，本校评议会决议组织图书馆委员会，并议定简章9条，本校图书馆，始划然独立为一部。委员会简章如下：

　　第一条　本校设图书馆委员会主持及管理关于图书馆事宜

　　第二条　本会以校务主任及各科主任中学部教务主任及所公推之教员组织之（上述之教员每科一人，中学一人，任期一年，连举连任）

　　第三条　本会由委员会互选委员长、副委员长各一人，委员长不能执行职务时由副委员长代理

　　第四条　本会会议由委员长随时召集

　　第五条　本会非有遇半数之委员出席不得开议

　　第六条　本校图书费另款存储非经本会议决不得动用

　　第七条　凡购置图书须经本会审定

　　第八条　本会议决案由委员长执行

第九条　本简章自公布日施行

管理　图书馆之管理，至今已成为专门之学。管理之得法与否，与阅览人数之多寡有密切之关系。例如书籍之藏储失当，出纳不便，适足以启阅览者之厌烦，而灭其兴味。本校图书馆现在所有中文书籍，依四部分类；西文书籍，以杜威十进分类法编目；凡关于一定期间之课程应用及参考书，均依各科性质之区别，专架陈列，以便查阅。

建筑计划　本校图书馆管理方法，即如上述；然图书日有所增，储藏阅览之室，非亟谋扩充，不堪适用。兹将图书馆之建筑计划，略述于次：馆高三层，每层高一丈三尺。内设普通图书馆一，面积约两千方尺，可容坐 200；特别图书室三，面积各六百方尺，为专科学者读书之所；阅报室一，面积亦六百方尺，内置各种杂志及日报；藏书室一，高六层，每层高六尺半，面积两千方尺，共计一万二千方尺。于适中之处，设一大厅，以置目录各柜，并为领取图书之所。其余馆长、馆员办公各室，及男女厕所，亦均备置。

本馆外观为中国式；除用飞檐挑角外，并于中间冠以类似北京天坛之圆顶。圆顶之下，为普通读书室，取圆顶之天光，以其不直射，不闪烁，且无大变化也。梁头、飞椽、明柱、雕栏，均依旧式，饰以鲜明彩色，以与西式建筑别。

本馆除用屋顶门窗外，俱用避火建筑。梁柱地板，统以铁筋、三合土筑之；墙用青色之砖；房顶用玻璃瓦。

（摘自《中州大学一览》，1925 年）

鲍士伟博士在中州大学幻灯演讲记

（河南第一图书馆投寄）

鲍士伟演讲的大意，谓图书馆事业对于一国的文化关系极为重大，所以美国图书馆不但是供人阅书，同时还可当作公民的俱乐部。诸君如有疑吾言者，请看幻灯照片，即可了然。遂拿出照片数十张，一一映射于挡子上。照片多系圣路易公立图书馆各种情形。该城有总图书馆一所，各处分设支馆。各部内容之设施，有成人阅览室，有儿童阅览室，对于儿童尤极注重。并特开一音乐室供人演奏。有时馆员邀请儿童团坐树下，演讲故事。凡关于科学亦有参考室。又为一般阅书人便利起见，特设写字室，备有信封、信纸、笔、墨等件，任人取用，其设备如此周到，犹恐有向隅者。乃用输送书籍之汽车，车内备置各种书籍，到处游行，任人取阅。总馆内另划一室，预备借给地方人民，作为临时会所或事务室，观其种种照片，无非为引起人民阅书之兴趣，无怪其国人识字之多也。中有一片上站立许多兵丁，谓系某年新招兵丁数百人，来城听候训练，适值大雪，无处可避，图书馆馆员之招之来馆，饷以茶点，竭力招待。由此可知图书馆员的职务，是要使人人对于图书馆发生极好的感情，而博士说明摄制此片之微旨，谓不愿此后再有如许兵丁发现云。

（原刊 1925 年 6 月 2 日《晨报副刊》"中华图书馆协会成立纪念号"）

美国公共图书馆的情形与中国

（河南第一图书馆投寄）

鲍士伟在河南省教育会演说词（5月20日）

今日诸君济济一堂，非常快乐，可知对于鄙人演讲，表示赞同，我所讲的题目即是美国公共图书馆的情形。美国办图书馆的宗旨，是要使全人民皆能识字读书，皆有享受图书馆利益的机会。现在虽未能人人读书，然较之中国略胜一筹，故极希望中国与美国一样。教育是造就思想的，书籍是发表思想的。思想分自己的与他人的。除却自己的以外，要想得到他人的思想，非书籍不为功。常人每多误会，以为各种学校，为造就人才之地，其实不然。学校教育不过是一个欲得思想方法的指导者，吾人欲得思想，当以入校为第一步。有一位大科学家说过："人生一年后，无处不可以受教育。"我们所得的教育，不仅在学校以内，就是学校以外，所得的还要更多。我们活几何年，即受几何年的教育，直至身死为止，简直是我们的生活程序。或谓照这样说，吾人可以不入学校了么？殊不知学校教育，确是指导思想的。因为思想有时错误，故思想之正确与否，指导是为紧要。思想之输入，则赖乎书籍，然在未有书籍以前，则全赖乎言语，似此以言语为交换思想的方法，势必人与人相对而谈，极受限制。自有书籍以后，思想界乃有桥梁，无论纵横千万里，上下若干年，毫无隔阂。譬如伦敦某知名之士，著书行世，而吾人虽远在开封，读其书即如亲聆教言。又如古圣先贤之嘉言懿行，后世之人，仍可从书中受其熏陶。由此可知，思想界因有桥梁——书籍——遂不受时间及地点之限制，而永远汇通；换言之，即世界上的人，无分畛域，渐趋于大同者，实书籍是赖，此即图书与教育之关系也。

教育为终身事业，适间已略言之。在校学生，出校后仍要继续求学。诚以教育如抛球然，自手中抛出之际，当与以任何方向的力。学生在校时，好似球将出手；离校后，好似球已被抛。明乎此，则图书馆馆员的职务不是要保管图书馆的，实是要适用图书而使之流通的。学生中途失学，最为危险。美国对于此项问题，50 年前亦有解决办法。国内虽传布甚速，但尚未普遍。美国公共图书馆，不但供人阅，并且是人民的俱乐部。说其与寻常图书馆不同之点，有三：一，阅书取资，任人入览；二，图书公开，可入藏书室任意选择；三，馆内图书可借回家中阅览。盖吾人读书，大半以在家庭比在图书馆舒适；例如吃饭，最好是家常便饭，酒楼菜馆，虽别具风味，只可偶一为之，万不能日以为常。美国公共图书馆，尽力流通书籍，即是为此。

鄙人此次来华，有许多人问图书馆借书的困难，如何解决？以吾所闻，美国从前亦曾发生此等问题，但现在已不成问题了。因书籍流通的效果极大，所得的利益，较胜于损失。再进一步说，美国公共图书馆又极普遍，到处皆有。圣路易一地，就有分馆数十所。更将各分馆之书，散布于各商店、工厂、住户，以及穷乡僻壤，以平均其利益。美国国民也有一部分人不爱读书，各图书馆对于彼等，亦不便强迫，就是用利导的方法，使其读书的兴味，油然而生；即如跳舞、电影、游戏等的聚会，均在馆内举行，以便招徕顾客，彼等的足迹，能时常到图书馆，日久自然有阅书的兴趣了，再久即能养成读书的习惯了。美国图书馆事业，较为发达者，即由于此。

美国有图书馆专门学校，造就图书馆人才，近年英法各国，均派遣学生赴美学习此科，国内图书馆亦极力仿效美国，日渐改善。俄国已将原有之图书馆，从事改办。吾想中国不久亦有此等觉悟，可知此等事业，将普及全世界无疑。鄙人来华已两星期，参观所及，尚未见有完全美国式的图书馆，即有仿照美国办法者，亦不过局部的，非全部的。然在 50 年前，美国图书馆的状况，实不及今日之中国，那么，不要 50 年的工夫，就可以大发达而特发达了。鄙人承中华教育改进社之邀请，及美国协会之委托，来华考察，以考察所得，建议中国图书馆协会。美国协会，已有六千余，中国才从事组织。协会组成之后，即想如何改良原有者，如何创设新式者。殊不知先决问题，乃在经费之充裕与否。美国圣路易有居民 10 万，图书馆经费为 40 万美金。骤闻之，仿佛数目很大，其实每月所负不过五角钱。况地方事业，取决于人民之投票，他们以为五角钱，为数无几，到戏园看戏一次，所费不止五角，故亦乐于赞成也。

适才所说公共图书馆流通书籍一层，乃指各种普通的一切书籍而言，至若中国旧藏善本书籍，动逾千百年者，固有保存的价值，自不可使之流通。美国因庚子赔款之额，超过真实损失，将余款全数退还中国，办理文化事业，已无问题。惟所谓文化事业者，尚无规定。鄙意以庚款之一部分办图书馆，是最适宜的。因为可以使人民受无限的幸福。下月中美庚款委员会，在天津开会，对于该款如何支配，鄙人无权过问。但鄙人相信划拨一部分办图书馆事业的计划，一定能成为事实；迟早总有实现之一日。因韦棣华女士去年返国，极力运动议员，通过国会，绝不致再有变化。将来设置地点，鄙人亦不敢赞一词。惟希望中国人士，借此款以为试验，固无需以地点问题为意也。

此次观光河南，觉得有许多惬意处，即如何君日章所办的学生图书馆，精神上颇有与美国相同之处，将来河南省能占一席否，鄙人固不敢预言，但是很希望贵省能有一所新式的图书馆，即使款分不到，也要自己兴办一个。天下无难事，就怕有心人。史蒂芬发明火车时，都说他是做梦，中国革命时，吾们美国人说办不到，可是早已办到了。中国若想将图书馆事业，办的与美国一样的发达，吾想一定是不难的。我到中国各处参观，并不以为此身游异国，极望大家一齐努力前进吧！

（原刊 1925 年 6 月 2 日《晨报副刊》"中华图书馆协会成立纪念号"）

1930年河南大学图书馆概况

（一）沿革及组织

本馆系由前中州大学图书馆改组而成。馆址占6号楼第一层全部。旧有中文图书30819册，西文图书3209册。中文杂志92种，西文杂志32种。当时只有藏书室二所，阅览二所。嗣以阅览人数逐渐增加，各种图书陆续添购，势难容纳。18年春乃于楼之下层辟阅览室、藏书室各一所。是年秋，图书总数达45708册，借阅人数每日平均达270余人，原有各室仍不敷用，更将二层楼之第五、六教室改为藏书室及参考室。一方勉为现状，一方仍力图扩充。

关于组织方面有主任一人，秉承校长或校务主任主持馆务。编目主任一人，事务员二人，分任购书、编目、流通、参考、会计等各项工作。书记三人，分任誊写、打字、登录并助理图书流通、书架整理各项工作。

（二）概况

本校6号楼全部，除讲演厅外大部分皆划归本馆。目前共有藏书室四所，阅览室四所，办公室两所，储藏室一所，兹分别说明于下：

在一层楼有第一藏书室，所藏为中文新籍及西文图书之一部。第二藏书室为中文旧籍丛书类及经史各书。第一阅览室为普通阅览室，可容座96人，四围靠墙，隙地遍置玻璃书架以容西文图书，其前面接近出纳台之处，置目录柜二，分装中西文目录。出纳台介于藏书室与阅览室之间。为便利计也，第二阅览室为杂志阅览室，备有中西文杂志各种，重要刊物200余种，可容座40人。办公室位于楼之前面部分，分为二部。一为主任室与编目室，一为馆员室与登录室。其在楼下者有第三藏书室，所藏为历年杂志及报章。第三阅览室为日报阅览室，可容座44人，壁遍悬各种图标及各种画报。储藏室收各科未装订讲义及残破书籍。其在二层楼上者，有第四藏书室亦为中文旧籍。第四阅览室为参考室，将各科参考书籍集中于此，采公开书架制以便研究，可容座40人以上。计藏书室四所，可藏书8万余册，阅览室四所，可容座200余人。但本校师生总额已逾千人。图书经费年达三万元，非亟谋扩充，不但图书无法容纳，亦将使阅者有向隅之叹！是以有图书馆新建筑之计划。

（三）藏书

1. 中文图书共 42359 册

2. 西文图书共 4249 册

3. 中文杂志 238 种

4. 西文杂志 96 种

5. 中文日报 28 种

6. 西文日报 12 种

本馆图书两年来增加数目：

中文图书增加 11540 册，西文图书增加 1040 册，中文杂志增加 142 种，西文杂志增加 64 种，中文日报增加 9 种，西文日报增加 7 种。

（四）编目方法

本馆图书分类系采取杜威十进分类法，所编目录皆用卡片制成。每种书籍须用五种目录，兹分述于次。

1. 著者目录　以著者之姓名作成索引。

2. 书名目录　以书名之笔画作成索引。

3. 类名目录　以该书所属种类之类名作成索引。

以上三种目录混合姓名书名类名之笔画依次排列于目录柜内，名为字典式目录，读者若知该书之书名或著者之姓名，均可依书名或著者之笔画一索既得。设使不知书名与著者而依类名之笔画检查，亦可查出。

除上述三种目录外，又有分类目录及书架目录二种，为用颇少。规模较小之图书馆不必全备，仅有著者、书名、类名三种已足用矣。

（摘自《河南大学一览》1930 年版）

河南大学图书馆规程

第一条　本规程根据本大学组织大纲第十三条之规定制定之

第二条　本馆暂设左列三课：

（一）讲书课，（二）编目课，（三）典藏课

第三条　本馆设主任一人，课主任三人，事务员及书记若干人

第四条　主任之职责如左：

一、商承校长综理本馆事务

二、支配及监导本馆职员办理各项事务

三、计划本馆各项进行事宜

四、执行校务会议议决关于本馆事项

五、接受各学院及各部分交办事项

六、处理本馆交往文件

七、报告及建议关于本馆事项于校务会议

八、召集馆务会议

第五条　购书课专司订购登记本馆图书及核对发票等事

第六条　编目课专司本馆图书编目等事

第七条　典藏课专司本馆图书出纳及保管等事

第八条　本馆办事细则另订之

第九条　本规程如有未尽事宜得由主任提交校务会议修正之

第十条　本规程经校长核定校务会议通过后公布施行

（摘自《河南大学一览》1930年版）

民众教育与图书馆^①

李燕亭先生演讲　王禹孖、刘培芝笔记

今天承李院长约，来这里讲关于图书馆学理。图书馆是一种最新的教育事业。尤其在今日中国尚没有可供大家参看的画片，现在只能讲些空洞的理论。

今天讲的题目是《民众教育与图书馆》。诸位都是研究民众教育的人，当然知道民众教育与图书馆的关系之重大。中国新教育办了40多年，成绩在什么地方？虽不能说一点成绩也没有，可是就他原来的目的和用去的经费与时间来和实际收得的效果比较一番，觉得实在没有效果可言。天天喊着强国，国却强不了，天天希望裕民，民却（富）裕不了，这是什么缘故？不是因科学不发达，生产不进步，政治不改良之所致吗？但是中国为什么科学不能进步，生产不发达，政治不能改良？一方面由于官厅不惟不提倡推进，而且要反对破坏；一方面由于大多数民众得不到受教育的机会，遂使一般人对于新的事业、新的文化、新的政治，一点也不能了解，一点也不愿接受，一点也不敢实施。民众教育就在把这些新事业，新文化，新政治推行起来。要知道，一国的事业，全靠民众协力建设。如果民众没有知识，建设事业，寸步难行。试看几十年前，中国初次建筑铁路，民众屡屡阻挠，便是一个明证。由此看来，民众若不受教育，一切文明教化，都无法推行。我们要想救中国，须从下层的民众教育着手。据最近报载，中国大学生每人每年平均耗费公家两千余元，再加上他们自己的费用，为数不为不多，所收的效果在哪里？为什么大学教育办不好？因为中学教育太差，中学教育不良，是因为小学教育不好；小学教育糟糕，是因为社会环境之恶劣。归根结底，社会之不良，是因为组成社会的分

① 编者按：1930 年 5 月 15 日，先生演讲《民众教育与图书馆》，刊登于《河南民众师范院半月刊》1930 年第 2 卷第 5 期，后被《图书馆学季刊》1930 年第 4 卷第 2 期"时论撮要"栏目摘要转载。

子——民众——无知识，不健全。所以民众教育是一切教育的基础。图书馆是扩充民众知识的利器，他和民众教育有绝大的关系。

图书馆在古代是藏书处，中西国家皆有之。其目的在保存国粹。中西国家都是这样：最初只有国立图书馆，后来才有省立图书馆；最近才有所谓城市图书馆，县立图书馆；至于乡村图书馆，就更是目前新而又新的事。在我国，变法以后，才渐渐有省立图书馆，近年来才有县立图书馆，乡村图书馆刻下尚谈不到。几处县立图书馆，还是设置的非常简单。在外国，经费须在一定数目以上，书籍也须在一定数目以上，始可称为县立图书馆；中国虽没有此种规定，也应当极力使图书馆名副其实才行。中国现在因种种关系，最好先设法推广县立图书馆，所以我们今天只讲县立图书馆。

县立圕（"圕"即是"图书馆"三字之意。"囗"是馆，"囗"内有书，是为图书馆）是为全县人民而设，对于民众教育的关系是很重大的。我现在就它——县立圕的发达史，功用，服务，办法等加以叙述说明。

（一）发达史

美国县立圕（County Library），只有 30 余年的历史。在 32 年以前，创于加利福尼亚（California）。加州近年来非常发达，人口约 300 万，全州汽车有 150 万辆，平均两人一辆，电话号码平均每人一个，无线电收音机平均每窗一架，足见其富庶发达的程度。该州有一百数十县，其中 75 县已设县立图书馆。其余县分之圕则为省立（因美之省立图书馆，功用在使全省人民咸得其益，故多设于各县，非如我国之仅设一所于省会也）。又据纽折尔塞州（Newjersey）之统计，在设有省立圕以前，有 70 万人受不到圕的利益，自有省立圕设立于各县之后，减至 20 万人，其收益进步的迅速可知。至于县立圕，因服务范围小，人民阅书的机会自多。有的县分，所有县民几乎都在县立圕借过书籍。这是县立圕在美国发达的概况。

（二）功用

（1）普及教育——学校教育是有种种限制的，第一是年龄的限制，第二是经济的限制，第三是地点的限制。有这种种的限制，想要学校教育普及，是很困难的。圕是以全社会全体人民为对象的，一切限制一概没有，对于普及教育有莫大的功用。

（2）提高文化——一个民族的文化，靠大多数民众维护的。但是大多数民众，因为经济上的限制，没有受高深教育的机会，古今来不知埋没了多少天才！如有圕，则家境贫困而天资英敏的人，得到了研究学问的机会，成就定不可限量。像美国的富兰克林（Benjamin Franklin）、爱迪生（Thomas Edison）等科学发明家，都没有受过大学教育，他们所以有伟大的成就，就是圕的功用啊。我常说，小学毕业，如不继续求学，好像给人以刀叉，而不给他饭，绝对不能充饥的。所以我们要想提高文化，便不可不提倡圕。

（3）高尚娱乐——民众整天劳苦工作，生活非常枯燥。时常想消除烦闷，而没有消除烦闷的正当方法，所以时常有吸烟、嫖、赌的事发生。我们要想改除这种不良习惯，必须代之以高尚的娱乐，去圕读书是很好的一种。不过要先以浅近有味的故事小说引导他们阅读，等到他们养成读书习惯后，再供以须悉心研究的书籍，民众得益就很大了。

（4）促进产业发达——要产业发达，必须民众有科学的头脑。但是实际上从事生产的人，不一定而且大多没有充足的科学知识。如农人对于改良种子，防止天灾，便多不知道用什么方法，无形中使生产受到很大的损失。如有圕，供给农人、工人、商人等以相当的书籍，使他们有适当的知识以改良生产方法，那么，生产力便自然而然地发达起来啦。美国有一个女子，因阅报纸，看见了"地毯制作法改良"这个题目，如法制作，果有惊人成绩，生产异常发达，到现在，资本竟有 30 万元之多。欧美农、矿、工、商产业的发达，莫不受圕发达的影响。图书馆的功用，于此可以想见了。

（三）服务

县立圕在使全县人民都有阅书的机会，没有职业阶级的界限。在今日中国经济困难，只能以县立圕为单位。

（1）方法，办一种事业，常免不了各种限制，尤其在边疆辽阔的中国，困难尤多。想使图书馆教育普及，须向乡村着眼。美国和苏俄已有很多乡村图书馆。我国现在虽尚谈不到，但可以用以下种种办法：

a. 书车（book wagon）——用车装载图书，在乡村轮回运转，供人阅览。在美国多用汽车载书运转各地，书车一到，儿童就跑上前来包围起来，收效非常迅速。

b. 代理所——将书籍委托乡村学校、商店或其他乡村公共机关办理。隔若干时日，将书收回，令换他书。

c. 邮包——在交通不发达的地方，以上方法便不能用，最好是用邮包。

d. 转运公司——在交通较便利的地方，就可托转运公司运送。

（2）服务范围

a. 儿童——儿童天性活泼，好奇心盛，求知欲非常发达。图书馆用艺术手腕供以美丽的图书，活动电影，留声机……等以增进他们的兴趣。美国有许多儿童，简直成了"图书馆谜"。如果他们的父母不让他们到图书馆，便无疑给予严重的惩罚。

b. 学校——县立圕应和乡村学校联络，供给他们各种书籍。一则可以扩大图书馆的效用，一则也可以不至于因乡村学校经费支绌不能多购书籍之故，使他们的读书机会断绝。

c. 盲人——残废的人是非常可怜的，从前科学不发达，只好听任自然。现在可用凸字使之以手代目，圕应特别注意设置供这种人阅读的书籍。

d. 医院——病人在病院养病，必然寂寞得很，图书馆可以供给他们一些修身养性的书，以解除他们的烦闷。但须注意，不要让他们读刺激性过甚的书。

e. 监狱——犯罪的人，多因知识欠缺，图书馆员可以使他们也有读书的机会。诚恳教导，促其觉悟。

f. 矿山——这种工人，生活最苦，一年到底，不见天日。图书馆当乘机供给他们适当的书读，以开展其情思。

g. 工厂——供给以增进工人知识技能的书籍。

h. 田野——田野空气新鲜，怡人心神，工余读书，最为适宜。

i. 山中——山中因（交）通阻滞，文化闭（塞）。欲使之沾染点外界新空气，最好方法是有供他们读书研究的圕。

j. 海滨——海滨居民，大多英慧，在教育不能普及以前，唯有圕可以使他们有发展智能的机会。

k. 商店——商店学徒，多因知识不充，做事效率为之减退，如能有圕供给他们业务技能上所必须的知识技能的书籍，他们定欣然乐读。

1. 俱乐部——凡文化发达的国家，社会团体一定也发达，团体事业愈发展，社会效率愈增进。各种俱乐部，如妇女会、童子军等，圕可以助进其发展。

在美国办理圕事业，都是拿着营业的精神，向四面八方进攻，故不数年，能使圕在教育呈现极大的价值，占据很重要的位置。圕事业，一方在帮助社会，一面在指导社会。办理成绩的好坏，关系社会是异常的重大，不可不注意。我们中国人做事，缺进微取的精神，只知墨守旧章，不知扩大责任，这便是中国不进步的最大原因。我们要设法免除才好。

（四）办法

我们知道，一种事业的发达，是不容易的。有许多事业，其计划远在数十年前。在计划之初，当然免不了许多人反对，但我们不要因有人反对而停顿，反而因反对而更加努力，机会一到，圕事业就兴盛起来了。我们要办县立（圕），困难阻碍，也自在意中。只要我们不畏难，按着计划，努力做去，定有达到目的的一天。办县立圕，尤须注意：

（1）组织——要在某县办圕，第一步须纠合地方上热心教育人士，组织图书委员会，管理财政及用人事宜。这样可以不受政治的影响，但要注意，内部组织不要过于复杂。

（2）经费——圕经费，有的归教育经费（划一部分），有的独立，划出专款。按照中国现在情况，前一种办法比较适宜。照教育部近来颁布的章程，规定经费要占全教育经费的 5%—10%，办圕要以这个规定为标准。

（3）圕员——县立圕本应聘用专家，可是中国人才缺乏，只好就中学人才加以训练，以备任用。圕员必须热心、精诚、善交际、多读书，始能胜任愉快。

（4）圕址——在经济困难的现在，设立圕，以利用各地庙宇，加以合理修筑为宜。

（5）管理——圕内设备及图书购买，必须合于科学，并须时用广告标语，以引动社会心理。如美国某圕的标语，"Learn more earn more！"（读得多，赚得多）这是一个很有力量的标语！

（五）结论

教育事业，是最清苦的事业，物质上的报酬非常低微。也没有升迁的希望。不比军人、政客，一旦得势，马上便可升官发财。圖是教育事业的一种，当然也不出例外。不过我们要知道，从事教育事业，物质的报酬虽少，精神的报酬却非常大。因为文化的盛衰，民族的存亡，国家的强弱，社会的隆浅，全以教育办的良否为转移。我们办理民众教育的人，要认明我们责任的重大，发扬蹈厉，努力宣传，以期民众教育之普及，使我们民族文化日益发达，国家社会日益隆盛。大家皆做个无名的英雄，是所望于诸君者。

民族复兴与青年修养

李燕亭

在上次本院纪念周上，听了郝院长的讲演，得悉民族复兴必由之途径，不在政治方面和经济方面，而在科学方面。试看欧洲各国之远跨过我国的地方，就是在科学的长足进步，所以中国民族将来是否能复兴，就以其能否走向科学这条路以为断。换言之，即欲求中国跻于列强之林，非努力研究科学不可。但"研究科学"一语，和企图一种事业一样，必须有相当的修养，才能成功。兹择其最切要几项提出供大家参考。

（1）勤勉。勤之一字，是中国的古训，无论做什么事，欲求其成功，就不能离开它。在历史上以勤勉而成功的，也大有人在，如大禹治水，三过其门而不入，结果达到目的。周公一饭三吐哺，一沐三握发，卒使周室降盛，这不是很显著的例子么？这种事情，不但在中国是如此，就是在外国，也是如此。例如：美之煤油大王洛克弗洛尔现在积资20万万。然当其在幼年的时候，却是极穷的，有人问他致富的方法，他的答复是：工作，努力地工作，很努力地工作而已。至于钢铁大王卡耐基，在幼小的时候，曾做过学徒，当过炉夫，每天工作时间，都在12小时以上。其后以勤勉从事钢铁事业，遂拥巨资。上述诸人之所以能成功，全在其能勤勉。可见勤勉，真是获得成功的钥匙！

（2）坚忍。这也是一种美德，但是现在的人，多存投机侥幸之心，怀五日京兆的念头，这都是不坚忍的表现，所以能成功的很少。试看达尔文身体素弱，然每天集中精神，读书一小时，后卒成生物学家。法之左拉，精神不健，每日只有三小时任其支配，彼即在此三小时中，充分作文，竟成文豪。又如化学家达尔顿，每日上山记录气象，集50年之久，毫不间断。这些例子，诚足供我们模仿。所以我希望大家，将来离校以后，每日只要读你所研究的书一小时，将来也能获相当的成功。

（3）忠实。这种道德，不但对于国家，对于人民，对于社会用得着，就是对于科学也用得着。假若你不拿正直忠诚的态度去研究科学，那么你一定得不到正确的知识。听说某研究机关中有一位先生，急于见功，就马马虎虎发表了"酒精可养细菌"的理论，这个理论发表以后，科学家莫不引以为奇，但经科学详细研究的结果，才知道酒精中的细菌，纯是死的，这就是不忠实的结果。除此以外，还有一个故事，也足以证明忠实的好处。上海叶澄衷，幼以驶船为业，曾渡一西人，西人遗钱袋于船，澄衷检得而返之，西人感之，遂助伊成功，后遂成富翁，这都是正直忠诚的好处。这种例子还多得很，这里不举了。

（4）创造。无论学什么东西，不要处处模仿人家，要自己开辟新途径，才有更可贵的成绩。如钢铁大王幼时，路过木桥，见桥坏了，心里就想，假若这桥是铁的，恐怕坏得就慢了吧！当时就想到在将来铁业一定是很发达的。于是就改业钢铁，后果如所期。关于学问，也是如此，无论多少，要选其特别的去学，才能获得特别的成绩。例如：天厨味精的主人吴蕴初，本是学海军的，对于化学并未有多大的研究，但是见了日本的味之素后，就研究它的成分，结果发明味精。现在每年营业，蒸蒸日上，完全夺了味之素的地位。由上所述看来，凡欲获得成功者，就必须有独见先见的能力，再继以勤勉和坚忍的功夫是不难成功的。

（5）快活。这里所说的快活，不是一般人所说的快活，心里得意了，就快活起来，反之，就恼恨烦闷起来，乃是和旧道德上所说的"富贵不淫贫贱乐"的意思相仿佛。换言之，即无论做什么事，胜固可喜，败也不悲。如做实验，成功固然使我获得正确的知识，即令失败，也给我以经验，所以也要喜欢。若能养成这种快活的习惯，就是到任何地方，到任何时候，都可以安心地研究学问。同时可养成愉快的情怀和健全的体魄。

上述五个条件，都是我们先民固有的美德，到了晚近，渐渐失掉的。我们青年必须加意修养这些美德，一扫近年怠惰、因循、欺诈、抄袭及颓废等风气，然后才能走向研究科学的康庄和复兴民族的大路。

编者按： 附前序：

本校理学院于本月 5 日假七号楼 202 举行第 2 次纪念周。计到院长郝象吾先生，及该院各系主任、教授、助教，并全体学生，共 100 余人。由郝院长主席，如仪开会后，即请李燕亭先生讲演，题为"民族复兴与青年修养"，词毕，散会。

（载《河南大学校刊》第 57 期，1934 年 11 月 12 日）

河南省立河南大学图书馆委员会简章

1935 年 8 月 24 日第一次临时校务会议通过

第一条　本委员会（以下简称本会）简章，依据本大学组织大纲第 27 条订定之。

第二条　本会由图书馆主任、教务长及各学院院长、组织之。

第三条　本会开会，以图书馆主任为主席，由主任就馆中职员指定一人为书记。

第四条　本会之职权如左：

一、拟定本大学图书馆计划大纲；

二、拟定本大学图书馆预算；

三、拟定各院系购置图书费标准；

四、审定各科参考用书及应行预定书目；

五、其他关于辅助本大学图书馆改进事项。

第五条　本会开会时，以有 2/3 委员出席为足法定人数。其决议，以出席人数过半数之为准。

第六条　本会每月开常会一次。遇必要时，得开临时会。常会临时会，均有主席召集之。

第七条　本会议决事项，由校长核定行之。

第八条　本简章由校务会议通过施行。

第九条　本简章如有未尽事宜，得由校务会议修正之。

河大图书馆随校迁嵩之经过及现状

河南大学图书馆，于民国26年寒假期间，随校由开封迁至信阳鸡公山，农、医两学院图书，则随院迁至镇平县。当时因时间从容，交通便利，迁出图书达三百五十余箱，计七万余册；所遗弃者仅百余册，皆为零本杂志及残破无用之书。在敌军炮火敌机轰炸威胁之下，能将全部图书安然运出，诚可谓不幸中之大幸。

民国27年暑假，信阳吃紧，该馆复随校由鸡公山辗转迁至镇平，因时局关系，多数书箱，皆散置于乡间，以防空袭。迄廿八年五月中旬，新野唐河突然告警，又复随校迁至嵩县潭头镇，此地环山抱水，风景清幽，无警报之烦扰，有静观之乐趣，诚为读书佳地。图书运至潭头后，馆址即设于寨北上神庙内，占用房舍十二大间，以六间庋藏中文图书，三间庋藏西文图书，又三间作阅览室。另设分馆三处：一在党村理学院，一在大王庙农学院，一在嵩城医学院，分置专门图籍，以便参考。现因交通多阻，购书困难，各院学生到图书馆阅览者，较在开封时尤形踊跃；借出图书统计亦甚多云。

该馆各类图书，因迭经辗转迁移，不免稍有污损，现将所有书箱，一律开箱，积极清查整理，书号模糊者，重行补写；书面破损者，重行修理；书页脱落者，重行装订。此项工作，至为繁巨。最近筹划订购中西文图书杂志报章多种，值四五万元。现有职员共八人，除在理农医三分馆服务者三人外，总馆仅有五人。该省政府卫兼主席对于该校，极为重视，主张增加经费，充实设备，而期发展，则今后该馆馆务更当蒸蒸日上云。

（载1940年《中华图书馆协会会报》第14卷第5期"本会调查全国图书馆战后工作概况"栏）

原子核的破裂和原子能的利用

李燕亭

今日科学上最大的问题，即为解决"能"的供给问题。"能"是一切文化的推动力。没有"能"以致交通停滞，工厂关门，飞机大炮都成废物，现代文明都化为乌有。据专家统计，地下埋藏的石油和石炭顶多供用一千年。风力水力，各有时间和空间的限制。日光能仅有一部分为生物利用，大规模的人工利用尚未成功。究竟人类怎样取得那迫切需要的能，实在是最大的问题。

自鲁得福氏（Rutherford）发现较重的元素，经天然的放射作用，即转变为较轻的元素，如铀变为铅与氦；较轻的元素，□[1]经 α 质点射击，可变为较重的元素，如氮变为氧，铅变为磷等。世代炼金术家的梦想，已渐为实现。但当物质放射，或原子蜕变时，有大量的原子能同时放出。一杯水所含的（氢）原子变为□原子时，所解放的能，足供巨大的轮船横渡大西洋往返□有余。不过原子能的大部分是锁在核心的，而原子核却异常坚固，很难破裂。1932 年以后，人工对击原子的枪弹，除□质外，又添了高速度的□原子、中子和□三□。所用电压，由□万、20 万增高至100 万伏特。射□发出的速度，在一秒钟以内，即可横过大西洋。

最有兴趣的，就是乔利欧教授（Joliot）的新发现。利用原子弹射击普通元素便生成放射性元素，其生命短者不及一秒钟，长着或延至数年之久。现在□十二种元素，利用上法，均能变成放射性物质。这种变化虽不足人类供给需要的能，但在其他方面，已有种种新用途，引起各界的注意。如令人服用放射□少许，可用盖格尔计数器，测知□在甲状腺分布的情形。放射硫与维他命 B 综合，服用以后，可测知维他命 B 在人体内，经 24 小时的时候，已毁灭 10%。植物根吸收放射磷后，利用自动放射照

---

① 编者注：该文印刷纸质较差，字体小，模糊不清，方框内实找不到原文。

像（法），可测知放射磷在茎叶的位置，历历如绘。放射钇的穿透力远□X 射线，能照透十寸后的钢板，因此成了检验国防□砲或战舰装甲所需的纯钢新工具。其他用途，不胜枚举。

从前化学家所用的原子击破机，规模小，电力弱，只能将电子或□质点击离核心，但不能将核心毁灭。故原子能不□大量□出。并且所耗之能，远超过所放之能。最近因欧美科学家□□研究，这问题的解决，始露出一线曙光。十一年前美国加省大学劳伦斯教授（Lawrence）所用原子击破机□一直径四寸长颈小玻瓶，近来所用则为 2□2□5 吨重的机器。最近又设计造一原子击破机（CycIotron）重 4900 吨能放射 140 尺远的原子电流，弹能在一万万伏特以上。速度每秒六万里，仅次于宇宙射线的速度。需费美金 140 万元，预计 1943 年秋，可以完成。人类多年寻找的哲人石，不久或可实现。

1929 年丹麦化学家波耳（Bobr）发现铍被击后，放出中子，令在铀中缓行，竟劈分铀□子，使成（Lctinou/？nium）性。其原子量为二三五，故名铀为 235 不稳。一原子分裂为二，解放的能，可达□万万伏特。其入能与出能□，比□为千□对一。每千克铀 235 所发生的热能，等于五百万千克煤的热量和 350 万加伦汽油的热量。设一支潜水艇，载□二或三千克的铀 235，可以不添燃料，永久航行。但是铀的数量有限，因而它的利用，也难普及。

科学家以为原子核内有一坚固堡垒，名叫中子 Meiotion 具有 1□万万伏特的能，估计有 7500 万伏特的中子，即可将原子核击破。明年劳伦斯伟大的原子击破机 CycIotron 完成后，能发一万万伏特的电压，击破一般原子核，已非难事。大量的原子能，也必顺着解放，所解放的中子，又可以利用击破其他原子核，往复不已，每次破裂，必有大量的原子能放出，足供推动机器之用。

由于科学家的努力和工具的改良，在最近的将来，原子能可以大量的解放，供人利用，是毫无疑问的。不过鉴于科学一向被野心家利用着残害人类，一旦有空前的巨量的能，可以供用，将来为祸为福，实在不可知之数唯。

（载《国立河南大学学术丛刊》1943 年第 1 期）

河南大学图书馆沿革志略 *

李燕亭

本校图书馆轫立于 1923 年 3 月 3 日，就是本校前身中州大学成立的那一天。当时只有图书 15000 余册；一小部分系由前留学欧美预备学校移交过来的，大部分系由各方捐赠及专款购置的。所有图书，均采用新法编目分类；馆中事务，亦采取科学管理，故本馆规模虽小，实为全国现代图书馆之一。至 1929 年中西文图书已有 36000 余册，规模粗具，是为创办时期。

1930 年至 1937 年，每年图书经费，有 3 万元至 5 万元，逐渐添购大批参考图书，迄抗战初期已有图书八万多册，卡片目录亦增至 20 多万张，是为扩充时期。

1938 年至 1946 年，本馆图书随校播迁，由开封至鸡公山、而镇平、而嵩县潭头、而荆紫关、而宝鸡、由宝鸡返开封。所有交通工具，由原始的到现代化的，如汽车、火车、民船、架子车、牲口、挑夫、胶轮大车都被利用过；所有雨淋、水浸、风吹、日晒、敌人焚毁、窃盗、遗失、种种灾难都曾遭受过。最可惋惜的，是那二十多万张的卡片目录，未能迁出开封，全部遗失。关于图书，因为 7 年添购和损失相较，差可相抵，是为流亡时期。

1947（年）至现在，图书总数已超过十二万册。刻，正开始编制中西文卡片目录，定期完成，是为整顿时期；今后又进入发展时期。

这是本馆沿革的大略。

---

* 编者按：这篇"志略"写于 1950 年春间，李燕亭时任图书馆主任。

日寇对河南大学的浩劫

杀害学校员生，疯狂破坏图书仪器

李燕亭

1944 年 5 月 16 日，日寇侵犯我豫西嵩县潭头，河南大学（抗战时期由开封迁至该地）首当其冲，员工眷属和同学约两千多人，仓促间，向内乡、淅川一带撤退。公私财物都没有来得及运走，损失浩大，无法估计。

日寇到潭头后，本其一贯的作风，烧杀掳掠，无所不为。遇见了我河大员生不是杀害，就是百般凌辱。计遭杀害的有农学院的助教吴鹏、理学院助教商绍汤，同学中有辛万龄、刘祖望、李先识、李先觉，眷属中有医学院院长张静吾的爱人。其中最惨的为商绍汤，他被敌人用刺刀扎破腹部，呻吟一昼夜才断了气。化学院高才生刘祖望和医学院两位女同学李先识、李先觉因不甘受辱，一同跳井，被日寇看见，连续用枪射死。日寇的灭绝人性，真令人发指。农学院院长王直青，因年近六十，且有眷属为累不变随大伙撤退，因逃往距潭头寨北三里的大王庙村山上，不幸迎面遇见日寇骑兵搜索，除随身珍贵用品及证件被劫外，并被迫给他们背三支步枪，跟着他们前进，行动稍慢，日寇便以枪柄重击他的头部，时天色已晚，王院长愤不欲生，因乘敌人不妨，滚下山坡，复被日寇打伤头部，昏倒在地，天明时候，才被一当地老乡救醒。其他尚有医学院教授张铭斋、化学系同学李学海、图书馆职员石如灿等三四十人被俘，日寇迫令他们挑运抢劫的物资，一路鞭打斥骂，且不供给饮食，受尽了非人的待遇。其他同事和同学，虽然侥幸免遭毒手，但也历尽了艰险，九死一生，才到达了安全地带。

除了上述的罪行以外，日寇对河大的图书仪器，更施行了疯狂的破坏。理学院设在距潭头寨北二里的党村，当时储备的图书仪器，在国内约占第三位，日寇经过时将整个院落纵火焚烧，不但全部原版科学和工程参考的图书、杂志付之一炬，所有物理系、生物系全部仪器、标本以及化学系的精细天秤十二架和其他贵重仪器也化为灰烬。二十多年来惨淡经营的理学院的设备，竟被日寇破坏无余！我现在想起来，还是愤恨填胸。化学系幸赖李俊甫主任于事先将最贵的白金锅五支随身带走，反将他个人的图书、衣物一概丢弃，并于事后偕同学卢锦梭等不顾危险和辛苦，亲赴潭头，抢运劫余的玻璃仪器和药品。这种负责忘我的精神是值得效法的。化学系到现在还能勉强开实验，不能说不是李主任的功劳。

医学院图书仪器和药品也全部损失，农学院地址偏僻，幸免于难。图书馆舍因设在潭头寨外上神庙，未遭受火灾，但所有贵重的图画碑帖和地图均被抢掠一空，总之，这次日寇所给河大的创伤，就物质而论，其价值总额是无法估计的；就精神而论，当时全校的员生眷属二千多人，是永远忘不了这样深仇大恨的。现在美帝竟想武装日本，帮他侵略我国，我再说一遍，这事我们决不能容忍，我们要加强爱国主义和国际主义教育，与全世界爱好和平的人民团结起来，以一致行动来粉碎美帝这一阴谋！

（载 1951 年 3 月 7 日《河南日报》）

我们在公开教学中是怎样进行集体备课的

核心组　李燕亭

我系自从扈康庭同志决定在理科组公开教学后，两周以来核心小组及普通化学教研室同志们，一直是紧张而愉快地工作着。并决定在公开教学以前，试教三次，评议三次，以便尽量吸收各方面的意见。

集体备课的经过，是这样的。主讲人扈康庭同志预计到公开教学时候，应该讲授"放射性元素"，就把这个课题的教材，先拟就一个大纲，主要的教材，系采自格林卡著的《普通化学》，然后提交核心小组，经小组同志酝酿讨论，交换意见后，再征求教研室同志们的意见，最后经过系主任审查，关于教学目的的提出，教材内容怎样安排和分配，直观教材怎样应用等问题，作了初步的决定。在第一次试教的评议会上，有的同志指出原子不可分与原子可分，应强调为原子不可变与原子可变，并且这种变化是自发的。居里夫人把他发现的第一个放射性元素命名为钋 po，系纪念她的祖国波兰，这样一提就自然的贯彻了爱国主义思想教育。有的同志说，应将居里夫人在波兰参加革命工作，并受到她父亲的老朋友俄国大化学家门德里也夫的常识，以及门瑁约里奥居礼是法国的原子物理学家，现任世界和平理事会主席各节，结合着谈一下，随机贯彻了国际主义教育。这一点虽经大家同意，但因为时间关系，略去了一部分。领导上提出，讲完镭的蜕变后，应顺便指出，这就是量变到质变。这样贯彻思想教育，好像画龙点睛，人们听着很自然，没有牵强附会，生硬说教的毛病。有的同志提出，讲到镭原子放射时，有大量的热能释放出来，应结合原子能的利用，在两大阵营中有什么不同，对比一下，无形之中又贯彻了思想教育。通过这次评议会，教学目的是确定了。

其次是教材内容分配问题。"放射性元素"这一课题内容较多。两节讲完是够紧张的。但因为这个课题是一个整题，不便分割，勉强用两节讲完。在第一节本应讲完三种射线的性质，才算一个自然段落。经过一次试教后，同志们认为第一节时间不够用；若把三种射线都放在第二节讲授，第二节又显出内容较多。因而采取了折中的办法。把 α 和 β 射线放在第一节，γ 射线放在第二节讲。结果在公开教学时证明了第一节是有足够的时间把 γ 射线讲完的。而第二节有些重点，如同位素、位移定律等，反因而没有讲透。评议会上同志们提出教材分配不平衡。这是教研室同志们对教材分配上没有认真细致地加以考虑的缺点。

在教材和教法上，同志们也提出了不少的改进意见。三种射线中，α 和 β 射线都能在电场及磁场中偏转，这显示着这两种射线都带有电荷。经同志指出，单讲两种射线能在电场中偏转，同学们容易接受，至于在磁场中的偏转，就不是一般同学所能了解的。主讲人在公开教学时只着重地讲授了二种射线在电场中的偏转，并备有挂图，说明现象。根据反映的意见，这样改进，对于教学效果是好的。关于原子为什么放射？为什么连续放射？为什么在周期表下边的元素才有放射性？等问题，有的同志主张逐一交代；有的同志认为在原子核结构没有讲授以前，谈这些问题，恐怕同学们不容易接受，时间上也不许可。主讲人在第一次试教时，先讲位移定律，次讲同位素，然后说同位素的化学性质都相同。经同志指出，讲授顺序应该是由具体到抽象，最初是把化学性质相同元素放在周期表上同一个方格内，随即介绍同位素，再介绍位移定律。这不但符合事物发现的自然过程，而且也使同学们易于了解。

主讲人经过了第一次试教和评议，得到了很大的改进，其后又经过了两次试教，两次评议，作了些补充和修正，如关于威尔逊雾迹怎样介绍，氢的存在检验图应事先绘好等，因为不是主要的，不再赘述。

总的来说，这次公开教学，对于主讲人固然是大大地提高了一步；对于参加集体备课的同志们也有不少的收获：第一，我们认识了化学课不但能结合思想教育，在化学教学中是很容易很适当地就结合上思想教育；第二，认识了集体教学是改进教学工作最有力最有效的方法；第三，认识了课时计划的重要性，订计划时须力求严密，要认真细心地研究各方面的问题。订好课时计划以后，就要严格执行，才能收到预期的教学效果。

存在的缺点：（一）备课不够成熟，如三种射线的性质，讲得比较清楚，收到的效果就比较好；因为这是经过了三次试教及充分的讨论的。但对位移定律、同位素等，主讲人在试教时就有些生疏，同志们帮助也不够，因而效果不大。（二）直观教材运用上没有能够充分发挥，也影响了教学效果。这是我们今后应当改进的地方。

（摘自河南大学 1953 年 6 月版《公开课教学汇集》）

父亲的身影

李丙寅

我四五岁时，一次淘气打破了一个茶碗，母亲二话不说，拿起门后的一根藤子棍狠狠地打了我一顿，而后罚跪。在她看到钟表上是我父亲快要到家的时候，才叫我起来。我刚一起来，父亲推门而入。我扑到父亲跟前，抱着他的腿痛哭。父亲马上就说，又打孩子了不是？叫你不要打孩子，你就是不听。母亲说，他把茶碗打破了。父亲说，打了孩子，能叫碗囫囵？母亲无以对答。

稍长，听父亲对母亲说，吃饭的时候，不要吵孩子，不然会叫孩子吃进一肚子气。孩子正在玩时，不要吵孩子，这样会打断孩子玩的兴头。睡觉的时候不要吵孩子，不然，孩子会做噩梦。母亲回答，这样没有吵孩子的时候了。父亲说，就是不叫你吵孩子。母亲说，那样，孩子就不会怕你。父亲说，叫他们怕啥怕。叫他们觉得你可亲，喜欢这个家。

那个时候，我最惬意的事是躺在蒲绳编制的小床上，望着天边的彩霞，听着父亲在我身边讲着《天方夜谭》的故事。那是个英文版，父亲还让我看上面的插图。有一个插图，是魔鬼很大站在那里，叉开双腿，渔夫跪在那里。我看了害怕。以后，父亲就注意不再让我看那令人害怕的插图。

我上小学后，父亲就开始培养我的阅读爱好。给我订阅了《儿童画报》《儿童世界》，还先后买了商务印书馆出版的《小学生文库》一套五百册，《小学生补充读物》一套六百册。有一天晚上，我已睡到被窝里，（单独睡）。父亲进家叫着我："丙寅，你看我给你买的啥？"他把一捆书放在我头枕。我打开一看，是很多薄薄的故事书，名叫《故事一百种》。我就一本一本地看起来。瞌睡了，我往被窝里一拱就睡了。

父亲给我们大孩子选抄唐诗讲解，附带讲了其中的故事。

小学四、五年级时有一堂书法，让学生临帖。父亲给我买了一薄本白居易的《长恨歌》，小楷。我临摹多遍，自然而然地记住了。晚年，我同老伴儿比背诵。她惊讶我能把这么长的诗记住。我说了缘故。她称赞我父亲的这一举措。

那时写毛笔字用的是白铜墨盒，里面放块丝绵吸墨。合起来并不严密。每逢书法课，母亲给我墨盒里添墨的量总是恰好。既能使笔头蘸墨饱满，又不叫墨汁流出墨盒，沾污书包。

我上五年级时，父亲就给我讲《史记》，是当故事讲。但其中的个别词句和典故则重点提出。如，秦始皇出巡。项羽见了说，彼可取而代之。父亲评语，是大丈夫的豪气。而刘邦则是羡慕的口气：大丈夫当如是也。启发我读书要有思考。

抗战初期，我家随河大迁镇平。父亲根据他在图书馆专业的社会活动经验得知各县的民众教育馆均附设图书馆，随即去到县民众教育馆给我借了书看。父亲作为河大迁万县的先遣队带我家前往，沿途遇有名胜古迹就给我们孩子讲解。尤其是在三峡，如云阳的张桓侯（张飞）庙，孟良梯等。过滟滪堆时，他随口说了"滟滪大如象，瞿塘不可上；滟滪大如牛，瞿塘不可游"。

到万县后，得知河大仍留河南。父亲把我家留下，在他等下水船的三天中，忙于安家。但他带我到万县民众教育馆为我办了阅览抵押手续，还特意领我去看那里的厕所，是一所独立的小楼，大粪坑在楼下，楼板是油漆过的，上面仅有两个大小便开口，楼上三面半截栏杆，敞亮、干净。因住家的厕所黑暗，是个大粪坑，不安全。临走前，他发现有一条小巷，从住家到民众教育馆更近，就领我走了一遍。

我家在潭头住的是一个独院，但上房已被焚烧，仅存一片瓦砾。时值暑假，父亲带领我们几个孩子，清理了瓦砾，翻挖地基，挑了几条沟，把本院角落的厕所里的大粪挖到沟里，用土埋上。过了些时，又把整个土地翻整一边，打成菜畦，播种蔬菜，计有大葱、黄瓜、番茄、萝卜。他还顺口说出农谚：头伏萝卜二伏芥，三伏种的好白菜。多种菜籽来自河大园艺场，葱籽、萝卜籽是他向当地一位菜农要的。那位菜农姓张。群众称他老张。父亲则称他张老黄瓜，番茄长起来后，父亲带领我们给它搭架。还沿着去厕所的小路的墙搭起高高的架子，让扁豆往上爬。还有，父亲有意在这块菜地上留下几条沟。每天晚上睡觉前，叫我同他一起在沟上大便。一是积肥。一是养成一个习惯。他说，每天睡前大便，把肚里的大便排空，睡得安稳。由此，我就养成每晚大便的习惯，到老也不便秘。

在潭头时缺医少药，我们孩子们有点头疼、发烧、拉稀时，父亲也依他的经验给我们治疗。如我头疼发烧，他就用万金油（清凉油）给我额头、太阳穴涂抹而后按摩，立即生效。如果受凉拉肚子，父亲就用烧开水的铁壶，加热半壶水，隔层旧布先放在肚子上热敷。在潭头的五年，是我青少年时期，我像海绵一样渴望着吸收着各种营养。父亲则像春雨来滋润。

我想学绘画。起初，父亲托人在洛阳给我买了绘画颜料。以后，经济困难，父亲叫我用染衣服的颜料加上桃树上的桃胶熬成颜色快。后来，则叫我学画中国画、水墨画。给我借了《芥子园画谱》，给我讲了"烘云托月"。但他，从不手掰着手教，而是让我自己去揣摩。

他给我讲《古文观止》，说前面的文言太重，从唐宋以后的开始，过了一段时间。他说，可以自己看了。这就培养我阅读古文的能力。

我上初中学了英文后，父亲经常从图书馆借回英文版的国外中小学生的课本，让我看里面的插画图，他还模仿着画图中卖水果的叫卖："ba-nanas, apples."使我对生活中的日常用语、词汇产生兴趣，也随时增添了词汇量。

初三的暑假，父亲拿回一本英文小说。他问我你能学完吗？随即，他打开那本书让我看里面的插图。他说你看这插图多好，学着会很有意思。我就说能学完。当下口头约定，每天学一个钟头。这本小说是美国作家杰克·伦敦写的《野性的呼唤》。父亲随口讲解，从不查字典。一次有个土话名词：Square head，父亲说就像中国人说谁是傻瓜一样，叫寿头。（近查英汉词典，有傻瓜之意。查网果有寿头。由此可见他的英文水平和知识的渊博。）

有时，父亲正在给我讲书，有同事来叫他打牌。父亲站起来要走时，我拉着他的衣服说，没有讲完，不能走。他也就不走。

父亲还教我英文版的易卜生的《傀儡家庭》。其中有，"No borrow, no debt."他随即告诫地说，生活要量入为出。

他给我讲授一本英文版的美国高中化学。绪论中说道，孩子们把玩具拆开不是破坏而是想看看里面是咋回事。这就是"curtiousity"（好奇心），他随即引导我：化学就是让人产生好奇心。

以后，我报考大学的志愿时，原想学工。家里没有让我去外地考工科的路费，父亲就建议我考河大化学系，我也就能够接受。后来，我在河南医学院任教化学课。曾和同事好友李开密谈论从事化学的事。他说："我学化学不后悔。"我就说："我学化学也不后悔。"这就是父亲对我一直是潜移默化的结果。

我报考河大时，父亲还说了："河大图书馆是一座宝库。"之后，在我的教学科研过程中，不论是医学院的图书馆或河大的图书馆，都对我有很大的帮助。我在离休之后，也就成为河大图书馆的常客。先写出《中国古代环境保护》一文，曾被在英国剑桥召开的中国科技史国际学术会讨论会及纪念李约瑟博士90寿辰会议所录用。而后编写出并出版《中国古代环境保护》一书，该书为英国剑桥李约瑟研究所收藏，更令我记起父亲这句话。

幸福啊，到哪儿能找到这样的父亲。

忆父亲生前二三事

李爱兰

　　我的父亲李燕亭和蔼可亲，对子女教育秉持"顺其自然"的原则，从不严格管束，不督促我们学习，也不过问我们的考试成绩，甚至我们做错了事也从来没有受到过呵斥。但他注意创造良好的环境，让我们在他的言传身教下，从大量的图书中学习知识，寻求做人的道理，从而健康成长。

　　父亲的生活态度深深影响了我的成长。父亲喜爱养花，家中大花坛、小花池都种着花花草草。河大迁到豫西山区后，父亲领我们到河大实验农场去辨认那些菜蔬花草。篱笆上爬得比牵牛花还大的叫朝艳（音），还有一人多高的大丽菊，周边种着金盏、金鱼草、石竹、三色堇等。父亲经常光着背，只穿一条白色大裤衩儿，在大太阳底下，蹲在菜畦里，东瞅瞅西看看，观赏他亲手栽种的花草蔬菜。他最早从河大实验农场把番茄引植到家中时，除了他自己，家人都不吃番茄，嫌有那么一种怪味。于是父亲在北窗下放张八仙桌，搭上凉棚。每到番茄成熟的季节，他便把番茄摘下来，放在桌子上，直到堆积如山。由于他的示范，并不断讲述番茄的营养价值，家人渐渐喜欢吃番茄了。抗战胜利后有年春节，他花很多钱买了许多鲜花，客厅俨然成了花的世界，大大小小的盆栽鲜花让客厅充满了盎然生机。所以我们姊妹都爱养花。

　　记忆中，我是在父亲的故事中成长的。晚上我躺在床上，父亲坐在灯下一边看书一边给我讲童话故事。印象最深的是书桌上两本精装的德文版《一千零一夜》（上、下册，有插图），还有英文版《悲惨世界》（全套，也有插图）。玻璃书柜里有成套的《小学生课外补充读本》（600 册）及《小学生文库》（500 册）。抗日战争时期，河大迁到豫西山区，父亲兼任河大图书馆馆长，给我们借阅过许多古今中外名著。夏夜在院里乘凉，周围燃着艾叶以驱蚊虫，父亲就摇着芭蕉扇，给我们讲远征军的故事，滇缅公路的故事，等等。到了寒暑假，父亲时时给我们讲些古诗文。逃难途中他还给我们讲沿途的名胜古迹及各地风土人情以及一些典故，使我们受益匪浅。课堂之外，是父亲丰富了我的知识，培养了我的情趣，使我萌发了游览祖国大好河山的愿望，以致晚年锲而不舍，骑着自行车行遍全国。

小时候我的身体并不强健，还经常驼着背。父亲见状对我说："东司门开封初中门前大墙上有十二个大字，'挺起胸膛，竖起脊梁，抬起头来'。"我于是牢牢记住了这十二个大字，时常挺胸抬头。当时正值身体成长时期，坚持久了背就不驼了。后来，我渐渐领会了其中的深刻含义，做人要正直，是真理就要坚持。

对于孩子的教育，父亲奉行"无为而治"的法则，充分尊重我们的兴趣和爱好，我们得以在无比宽松的家庭氛围中自由成长。父亲总夸孩子聪明，从没说过"笨"、"没出息"之类的话。他总能找到我们的优点，看到我们的进步，因此我们和他很亲近且无所畏惧。父亲的同事来家造访，进二门就喊："燕公——"父亲则匆忙从屋里出来迎接。有一天，我们在院子里模仿客人的声音："燕公——"父亲如常匆忙从屋里出来，我们一群孩子见状哈哈大笑。父亲不温不火回屋里去了。母亲说："你那样，孩子都不怕你！"父亲却说："我让他们亲我！叫他们怕我干啥？我希望孩子们都想家。"

当时家里有台留声机，我们姊妹都喜欢音乐，爱唱爱跳。父亲也喜欢唱歌。我在学校学的歌，他听会了，就能经常听他唱："功课完毕太阳西，收拾书包回家去，见了父母行个礼，父母对我笑嘻嘻。"他下班回家，好用长袍前襟兜着我的小弟弟，边走边晃边唱："蚂蚁蚂蚁能报忠，挺战个个勇……"一天，他听到我的小弟弟唱了句"蚂蚁包包中"，就特别高兴："哎呀，他也会唱了！"抗战时期，家中经济困难，有时薪水都不能按时发放。偶然的机会，我看到一个歌本，里面都是当时流行的名曲，十分喜爱，却不敢向家里要钱。后来我跟父亲说了，没想到他很痛快："买！"当时就给钱，我跑着去把歌本买了回来。

开封第一次解放，河大迁到苏州。苏州解放，大批学生参军，我也要报名参军。当时母亲在水井边，一边淘米，一边哭。父亲说："叫她去吧！"母亲气愤地反诘父亲："你怎么不去？"父亲笑了，说："我如果年轻二十岁我也去。"在父亲的支持下，1949 年 6 月，我报名参军，从此走上革命道路。

或许大家儿时都对未来的人生道路编织过许多梦。我曾想当演员，做记者，父亲都很支持；后来想学医，父亲说"医不求人"；想当教师，父亲说"教学相长"。后来做了教师，工作之故需要经常去图书馆，收获了不少知识；而且因为经常与青年学生为伴，大有青春常在之感。

父亲较早接受了西方民主思想，处理问题、应对人生有一套独特的方法。小时候，院里住着一个唐河的外来户，说他们唐河生下女孩就给溺死了。父亲抱着襁褓中的我，一边走着晃着亲着，一边说着："我就是喜欢女孩！我就是喜欢女孩！"

少不谙事的我曾问父亲，死是怎么一回事。他说，死就像睡觉一样，什么都不知道了，并告诉我鬼神是迷信。春节时母亲烧香拜佛，忌讳多多，父亲就笑话母亲，但从不干涉。我上高中时，读到江淹的《别赋》中"悲莫悲兮生别离"之句。生离死别，我认为"死别"最悲，可江淹为什么说"生离"最悲？父亲说"死别"，只一方痛苦，死者已感觉不到痛苦了；"生离"双方都很痛苦。经父亲的点拨，我明白其中的含义了。七七事变后，父亲把全家送到镇平。我那一岁的小弟弟因病重死去，父亲回来时，母亲站在门口痛哭不已。父亲拥着母亲安慰道："别哭了，他已经没有痛苦了。"

父爱如山，我无法用几个词语来概括我父亲是怎样一个人。如今父亲已辞世多年，在怀念他的同时我也倍觉遗憾；他生前我与他相处的时间太短，而在他身边时又不懂得珍惜那些快乐时光，也没能主动自觉地从他那里多学点东西。世上最宝贵的，往往在失去时，才知道其价值。

（原文发表于《河南大学报》2012 年 3 月 20 日）

父爱的回忆

李爱蓉

一、以柔克刚的父亲

我出生在日本鬼子血洗中国的残酷年代，父母带着我们为躲避鬼子追杀，过着颠沛流离的逃难生活。在那苦难的年代，精明能干的母亲总是想方设法让我们大家吃饱穿暖，连野菜、粗粮都会变出可口的饭菜，难怪父亲常说："你妈是个'聚宝盆'，有你妈在，我们什么都不怕。"

父亲是留美归国的大学教授，母亲是个不识字的家庭妇女，他们却恩爱一辈子。父亲的脾气特好，母亲脾气倔强，可从来没见过他们吵架，只见父亲有空时教母亲读书识字，逢年过节时，他们俩一起访亲问友，或者是全家人去看电影，生活过得十分融洽，连母亲的名字也是父亲起的，母亲提到这事时特别高兴。

新中国成立后，父亲支持母亲上"扫盲班"，她以优异成绩取得了小学毕业证书，能读书看报，后来她又义务参加街道工作，她变得十分忙碌，父亲雇人帮干家务，以减轻母亲负担，母亲说是父亲给了她幸福。所以当父母遇到矛盾时，只要父亲轻声慢语说几句，母亲立马改变主意，矛盾立刻化解了。这不仅是爱的力量，也显示了父亲的以柔克刚的本领。

二、疼爱子女的慈父

我们兄弟姊妹都怕母亲，大多数都挨过打，我不记得挨过打，也很少挨吵，可我也怕母亲。有一次我的钢笔丢了，心里很害怕，躲在屋里不敢见母亲，直到父亲下班回到家，我才抹着眼泪从屋里跑出来，父亲问我："怎么啦？"我回答："钢笔丢了。"他说："丢了让你妈再给你买一支，别哭啦！"母亲说："你回来怎么不说啊？"父亲说："还不是怕你吗！"接着又对我说："以后有事对你妈说，她不会吵你的。"真的，从那以后我和母亲的关系变得融洽啦！

我小时候身体不好，经常肚子痛，有时痛得在床上打滚，父亲知道后，马上找"人力车"把我往医院送，可是有好几次都没到医院，我的肚子又不痛了，结果是坐车在街上转一圈就回来了，惹得姐姐嘲笑我，说我得的是坐车病。父亲没有一点厌烦，还解释说我就是有病，不让她们笑话我。后来知道我得的是肠道蛔虫病，治好后我再也没肚痛过。

新中国成立前的小学，体罚学生似乎是合法的。因提问不会，老师不仅把当事人的手掌打得红肿，其他的同学也陪着一人挨一教鞭，当时我只有恐惧，可是后来上体育课，我因心不在焉，老师就拿篮球砸到我的脸上，我当时就被砸蒙了，我捂着砸疼的脸哭着回家了。父亲问明情况，只说一句："下午你去上学吧。"谁知道当天下午父亲陪我一起到学校，他直接找到校长，提出对体罚学生的意见，希望学校以后不再发生类似事件。从此后，我们学校再没发生过体罚学生事件。

第一次解放开封的时候，国民党的部队到处放火，城里一片火海，老百姓纷纷向城外奔逃。父亲带着我和弟弟向着东城门走去，道路挤满了逃难的人群，路旁人畜尸体堆积，十分恐惧，城门口人满为患，父亲带我俩去翻城墙，我俩小根本翻不过，恰巧在豁口处有解放军把守，把我俩抱过城墙，并指出向南走的道路，叫我们不要怕，这两天不会打仗。我们也管不了那么多，只是跟着人群向南走。我们没带吃的，沿途也没有卖吃的，父亲提了一壶水，渴了有水喝，饿了就难啦，走几个村才讨到一个窝窝头，父亲把它掰开让我俩一人吃一半，而父亲却饿着肚子，什么都没吃，直到有一天碰到解放军，他们把我们和跟着父亲走的十几个学生叫到一起，请我们吃了白面馍和白菜、豆腐、肉等炖的大锅菜，真是香极啦，饭后又让我们带些馒头走。父亲带着我俩小的真是走不动了，我们又返回开封。逃难的滋味真苦，可最苦的人是父母，我们只是受点惊吓，而苦难都让父母担当了。

三、快乐的周末

父亲疼爱孩子不仅仅是生活上的关怀，而且尽可能地满足孩子们的需要。那时我们家的孩子差不多都有自己喜爱的乐器，例如：口琴、笛子、秦琴、箫、二胡等。弟弟喜欢天文，父亲特地给他买了天文望远镜，还订购了有关杂志，让大家的爱好充分发挥。至于你做得怎样，他并不过问，也许他太忙了，白天上课，晚上辅导学生，哪还有空呀？可是到了周末，父亲一定会和我们在一起。有时他会带我们去看中外著名电影，如：《天涯歌女》《十字街头》《白雪公主》《木偶奇遇记》等。有时他和我们在家聚会，或者让我们唱歌、演奏，或者教我们下象棋，其乐融融，这是我感到最快乐的时光了。

四、别具一格的教育

听说父亲只给我二哥讲过课，对其他的子女都没有辅导过。我想这可能和战乱有关系。当我和弟弟上小学时，已经解放了，大家过上了稳定的生活。父亲特别重视我们的健康，给我们买鲜奶喝，鼓励我们参加体育锻炼。但是不许我们参加影响长个子的劳动，例如肩扛或肩挑重物。却不过问我们的学习，倒是母亲爱管我们。有时抱怨我的字写得不好，父亲说："看清楚就行啦。"有时候母亲抱怨我的功课没考好时，父亲就说："还小，没开窍，开窍就好啦。"我喜欢的功课不费劲成绩好，不喜欢的就学不好。从来不知道什么是"学习压力"，到五、六年级我当了学生干部，学习就突然变好啦。

父亲每次周末都会借回许多图书让我们看，全是古今中外的名著，有连环画、诗歌、故事、散文等，要求我们一周看完后还书（看不完也要还）。那些书有强烈的吸引力，我和弟弟都是爱不释手。放学后我们都会抓紧时间去看书，这无形中训练了我们的快速阅读的能力。

我上中学后，父亲让我自己去借图书，不仅要我爱惜图书，要包书皮，保持图书的清洁完整；还教我快速阅读的方法，首先"粗读"，看头看尾了解故事的梗概，对有价值的书，就要"精读"，要看懂书中的精髓，并记下书中的经典词汇，广泛阅读书籍，无形中促进了我的学习，虽说我不是尖子生，我也以较好的学习成绩大学毕了业。我的成功和父亲的"借书"教育分不开的。

星期天上午，父亲经常给我讲唐诗、宋词，有时讲民间故事，或讲英语故事，并要求下一个星期天会背。所以我经常把这些知识讲给同学们，有时我没有新东西可讲，就瞎编一套故事，讲给大家，故事中难免会波及一些同学的事，结尾时我往往会在大家的笑骂中挨上几拳。我这样做不仅很快背会父亲留的作业，也锻炼了我的讲演能力。

五、君子之交淡如水

父亲是工薪阶层，养活我们一大家人很不容易，可在精明能干的母亲的调理下，我们也过着丰衣足食的生活。我花钱较大方，在公益捐款上我总是走在前面，可是过年时我想给同学买些小礼品，父母都不答应，父亲只说一句："君子之交淡如水，想送同学礼物，自己动脑筋想办法。"我和弟弟想办法把图画纸裁成大小相同的纸片，画上年画，水彩涂后，再用牙刷沾上所需的色彩，通过梳子蓖在固定的画面上喷洒颜色，一张漂亮的贺年卡就做出来了。我们的礼物特受欢迎，从此后我总是尽自己所能去帮助别人，不再让父母出钱了。我交了许多朋友，虽说平常来往不多，需要时都能给予真正的帮助，大概我们是"君子之交"吧。

六、劳动奖励的风波

刚解放的那几年，家家还没有自来水，需要到街头的水井里打水，我想自己去挑水，父亲不让，他动员弟弟和我抬水，当弟弟不愿意时，他就说："抬一桶水奖励你五分钱。"我听了很不高兴，说父亲是"雇用观点"，把弟弟都宠坏了。父亲也不高兴，他说："小孩子不要胡说，这是劳动奖励。"我也不好再说什么，从那以后，每次抬水，弟弟都会得到奖励，而我却是白干，心中虽然不满意，也不好再说什么。现在看来父亲是对的，而我那时却特别傻。

七、十八岁意味着什么

1957 年，考大学特别难，招生人数大大缩减，我有幸考上河南医学院，心想：这么大的喜事，父母一定会大大地奖励我。的确，作为奖励，父亲给我买了一个漂亮的红色皮箱。就在我十分高兴的时候，一盆凉水泼到我的头上，父亲把我叫到他身边，轻声问我："爱蓉，你多大了？"我很奇怪他怎么明知故问呢？可我还是如实回答："十八岁了。"他说："十八岁意味着什么？"不等我回答他就接着说："十八岁就是公民了，公民就要履行自己的权利和义务，从今后你自己要独立生活了，自己要管自己了，家里不再给你学费和生活费了。"我好像当头挨了一棒，晕得找不着北了，眼泪簌簌而下，我抽泣着说："这不是美国，我想勤工俭学都没门，我上哪儿找学费呀？"父亲像往常一样，不再回答我的问题。我猜不透他的意图，只觉得上学无希望了，我失眠了，母亲说她也没办法，我只好给在云南部队的华姐写信，说明情况，希望到她们部队上当卫生员。不久，姐姐回信让我放心，一定要上大学，她出资供我上学。姐姐每月按时给我寄 20 元人民币。此款来之不易，我对支出的每一分钱，都做了精打细算：学费、生活费、书籍费、交通费等，丝毫不敢乱花，同时把节余的钱存到银行，以备假期回家或去北京用。姐姐供我四年大学，第五年是我四哥供养我的，他们俩让我顺利大学毕业。我对哥哥姐姐的恩情终生难忘，我也学着他们去关心别人。毕业后，我才知道我们家的几个年长的孩子，都无私地资助过弟弟妹妹上学。我才明白父亲的用心良苦，至今我们兄弟姐妹能保持亲密和谐的关系，是父亲用这特殊的纽带把我们紧紧地拴在一起了。

八、父亲的钱哪儿去了？

小时候，父亲经常给我们讲《灰姑娘》的故事，或讲《阿拉丁和神灯》的故事，或讲《建筑师与公主》的故事等，讲完后他常常说："我将来没什么东西留给你们，我将留给你们一双勤劳的手和有知识的头脑，足够你们吃一辈子了。"当时我对这话很不在意，直到我上大学，才明白父亲是要培养我们自力更生。我们几个孩子也没辜负父亲的期望，都上了大学，都过上自给自足的小康生活。

父亲是大学教授，他又不供养我们上大学，也没给我们留下什么钱财，他的钱哪儿去了？都做善事了，听母亲说只要别人有求于他，他会立即慷慨解囊，如：看病、上学、生活困难等，他都帮忙。他替一个乳腺癌患者交了全部住院费，没要人家任何回报。街坊邻里以及一些农村来的不认识的人，都爱来求他。记得父亲去世的时候，家里来了许多不认识的人，有的人哭得死去活来，我们还得忍着悲痛去劝他们。母亲说那是父亲救过他们的命，他们因此而悲伤。父亲"不以小善而不为"的精神也深深地感化着我，使我养成了乐善好施、热情助人的好习惯。也学着父亲"只问耕耘，不问收获"的做人准则，作为自己的行为指南。钱不是万能，没钱是万万不能的，钱要花到有用的地方才有意义。父亲是我们的榜样，我们会永远怀念他，永远学习他！

缅怀李燕亭主任

胡养儒

1956 年，年迈花甲的李燕亭教授来我校接替图书馆主任一职。他是中国图书馆运动的先驱、中原图书馆的奠基人、资深的图书馆学家、我校图书馆的缔造者之一。

晚年的李燕亭先生，其图书馆学思想更符合中国的实际，办馆主张和方法更富有创造力，大有立竿见影之效。他开创的我馆发展的新时期，功绩卓著，惠及广大读者，对我校教学和科研做出了重大贡献。李燕亭先生是一位受人崇敬的老主任，他为人纯朴、心地善良、守拙淡泊，说话慢慢悠悠、不急不躁，从不发脾气。他知识渊博、学贯中西，是一位有大美而不言的学者。他委身于长期不被重视、地位低下的图书馆，默默耕耘，并为图书馆事业奋斗终生。他为人为学都是我们学习的典范。

（一）以读者为中心，大力倡导教学、科研对图书馆的依赖性，谋划图书馆的大发展

李燕亭的一生，是图书馆的一生，他对图书馆有着特殊的感情，须臾未离开过图书馆。李先生是作为化学系教授来我校从事教学科研并兼图书馆主任工作的。当时的图书馆"一穷二白"，专业图书各系自行购买，所以图书馆买书很少，更何况当时图书馆负责供应公共课教材，妨碍了图书馆全面收藏图书。图书馆人员也少，仅有五六人。尽管如此，李先生信心十足，别开生面地把他的办公桌放在外文书库一角。他面对现实，调查研究、高瞻远瞩，一个图书馆发展的宏伟计划就形成了。这就是"以读者为中心，大力发展藏书事业，扩大图书馆干部队伍"。

"以读者为中心，一切为了读者"是为人民服务的具体化，是发展图书馆事业的最强音，也是李先生奋力开创图书馆专业的初衷和几十年来创办图书馆的经验结晶。其内涵丰富，不同时期有不同的内容、方法和目的。为了营造图书馆发展环境，他身先士卒，在校务会议和一切有关的会议上，大力向广大读者宣传图书馆，特别是教师向广大读者的依赖性。学生的科学文化知识大部分来源于图书馆丰富的藏书，教师的备课和科研更离不开图书馆。他一时成为院长、教务长、总务长和各系主任办公室的常客，甚至是各级领导的家中座上客。他反复阐述图书馆对转变学生思想的重大意义，诚心诚意反映广大读者读书的呼声，为读者争取读书的权利。经过不懈努力，得到了院长、总务长、教务长的大力支持，图书馆可以放手购买图书资料，年终经费超支，财务处负责从其他单位调拨。所以在20世纪50年代，学校不仅加大预订书刊资料力度，还每年都组织人力赴北京、上海等地采购图书。到1958年底，馆藏图书猛增至15万余册。教务长不但特许图书馆使用外汇购买西文书刊，还同意为某些教授代购西文图书；同时还将自己珍藏的《四部丛刊》赠送给图书馆，以示关怀和支持图书馆藏书建设。

（二）为图书馆的壮大和发展，殚精竭虑，事必躬亲，做出榜样，多有创新

李燕亭是图书馆工作的实践家，他忙里忙外，事必躬亲。书刊采购是图书馆工作的第一关。他与各系领导充分协商，达成共识，最后以学校的名义停止图书资料分散采购，由图书馆统一管理图书资料的采购、分编、加工整理，分藏在图书馆和系资料室，供广大教职工和学生借阅。会同各系成立联合采购小组，以弥补书刊资料采购中的片面性。

在计划经济条件下，为了加大采购数量，他和新乡市新华书店建立起牢固的供需关系，凡是新华书店发行的书刊资料，均由该店供货，并允许主动配发图书资料。我馆外出采购，新华书店则派出有关人员陪同办理业务手续。笔者曾多次与书店经理、发行股长、店员一起到北京、上海等地采购图书。这对于我们来说，活动空间是很大的，在他们的陪同下，可以到出版发行所、新华书店、外文书店门市部、库房等处挑选图书资料，凡选中的图书资料均有书店陪同人员办理各种业务手续，我馆坐等验收付款。此种图书采购办法，彰显出他在特定条件下的领导艺术。

以读者为中心，全心全意为读者服务，是李燕亭办馆的重要思想之一。在图书馆阅览室设置上表现得最为突出。李先生来馆时，仅有一个报刊阅览室，在他的领导下，设立图书阅览室，接着又设立社科阅览室。到1958年将2号教学楼二层辟为图书馆的阅览室，计有社科、数、理、化、生、期刊、报纸等 7 个阅览室，在为读者服务中发挥了突出的作用。

书刊资料分类编目工作是图书馆的一项技术性很强的工作，当然也是李先生特别关心的工作。他给图书馆人讲授图书馆学知识，指导中文图书的分类编目工作。1956 年暑假后，外文图书大量积压，图书馆人员外文水平很差，无力承担外文分类编目工作，他亲自搞外文分类，并调我当他的助手。他精通英文、日文，对俄、德、法等外文也有很深的理解，尤其对图书分类更是轻车熟路。而我刚参加工作，对图书分类一窍不通，在他的带领下，打下手，即他分类图书，我查书的著者号及编目加工事宜。他给图书分类号速度特别快，有时不查《分类表》，直接给号。我惊讶地问他原因，他给我讲述了科学分类和图书分类的异同，只要了解分类法体系结构和数码配置原则，对于基本类目和常用的类目是可以记住的。作为一个图书馆员，重点记一记分类表对工作是大有好处的。但由于我知识浅薄，外文水平差，文种和著录事项都辨别不清、确定不了。除具体指导外，他反复给我讲了各国人名书写结构和排列习惯，以及各国使用拼音字母不同，形成不同文种的出版物。他教我识别德文、法文、匈牙利文以及俄文、乌克兰文、白俄罗斯文、塞尔维亚文、罗马文、马其顿文等。尤其难忘的是，当时图书馆人都不会打字，严重影响了外文分编进度，而他又视力很差，于是就把他儿子李丙寅请来，给我馆人员做"盲打"演示。李先生把毕生图书馆知识、技术和经验毫无保留地传授给我们。他的这种诲人不倦、忘我工作的精神，一直影响着我们，推动了图书馆工作快速发展。

（三）海纳百川、平等对待、来去自由、有教无类，用图书馆专业知识武装干部，巩固专业思想，加强图书馆队伍建设

李燕亭来馆时，新中国成立不久，战争创伤尚未得到医治，面临着百废待兴的局面，文化建设尚未得到应有地位，作为文化机构的图书馆成了安排社会闲散人员的地方。到 1958 年初，我馆人员多达几十人，半数是运动受害者。李先生不但不歧视他们，而且互相平等，从未拒绝、阻止任何人到图书馆来。曾发生这样一件事，图书馆某人，在校园内遇同事同学，问他在何单位工作，他羞于图书馆地位低下被人瞧不起，而称在教务处工作。李主任不但不批评他，反而同意他调出图书馆。用他的话说，人家不愿意在图书馆工作，想找个他乐意的工作，我们就不要勉强他了。

　　李燕亭认为干部是办好图书馆的根本保证，而他更注重的是专业干部，他鼓励大家学习图书馆知识，亲自讲授图书馆学、分类学知识，对此我体会尤深。他热爱图书馆事业，始终秉持"图书馆的一切工作都是为读者服务"的理念，锲而不舍，躬耕终生，以实际行动阐释了他的办馆思想。通过潜移默化、谆谆垂教、诱发鼓励，使我奠定了终生献身图书馆事业的决心。终于在他的帮助下，我到武汉大学图书馆学系学习深造。无独有偶，李燕亭在（河南大学）任图书馆主任时，他曾支持鼓励吴勋泽到武大学习图书馆学。我们二人都把毕生精力贡献给了图书馆事业，实践了他的图书馆学思想，彰显了他的人才观。

　　李燕亭是图书馆的卓越领导人、受人尊敬的图书馆学大师，他的图书馆理论和思想是我们图书馆人的精神财富，永远值得我们学习。

　　（原载《河南师范大学图书馆史稿》，中州古籍出版社 2011 年版）

第 四 编

李 燕 亭 研 究

翟桂荣

中国近代图书馆事业的开创者与奠基者李燕亭论略

　　随着首批全国古籍重点保护单位的公布及河南大学图书馆民国文献专题阅览室的建成，一位不该被遗忘的大学图书馆馆长和图书馆学家李燕亭先生更应引起我们的怀念。1923 年，李燕亭毕业于美国南加利福尼亚大学，获生物学硕士学位，同年又在洛杉矶市公立图书馆学校毕业；1924年 2 月，应邀任河南中州大学图书馆主任兼理学院化学教授。他民国时期执掌河南大学图书馆 20 余年，是河南高校首任图书馆馆长，中华图书馆协会的发起人和监察委员，中国图书馆事业的开创者和奠基人之一。

　　作为大学图书馆馆长，李燕亭对河南尤其是河南大学的图书馆事业做出了重要贡献；作为图书馆学人，他在图书馆学和图书馆教育领域有着很深的造诣和建树。对于前者，人们知之不多；对于后者，业界更是知之甚少。笔者多次走访李燕亭之子李丙寅教授，认真研读李先生的著述和手稿，广泛收集相关史料，对作为图书馆学家和河南图书馆事业奠基者的李燕亭先生作一简要评述。

1. 求学历程

　　李燕亭（1893—1964），名长春，字燕亭，河北省定兴人。少时入私塾，酷爱阅读，培养了对古圣先贤的景仰和对文学艺术的兴趣。1908 年考入县高等小学，接受新学，对格致特感兴趣。1910 年考入天津北洋法政学校附中。1914 年，怀抱科学救国夙愿考入北京大学理预科，1917 年升入本科化学系。1919 年，在李大钊的影响下，参加了伟大的"五四"爱国运动。1920 年于北京大学化学系毕业，获理科学士学位。[①]

---

　　①　李燕亭：《自传》手稿（未刊），1956 年 7 月 28 日。

1920 年秋，由李大钊、郭须静介绍，他以半工半读到洛杉矶华侨夜校做国语教员。抱定"万里去求师，归为苍生福"① 的信念，他先是在加州理工大学研究院，学习分析化学及物理化学，后转入南加利福尼亚大学生物系当研究生并兼该校中国语文讲师。1921 年，他与爱国华侨黄剑农先生共同创办了《罗华》月刊，次年被推举为留美中国学生会西部分会副会长，先后数十次在美中协会、各地学生会公开演讲，宣传祖国优秀文化。当年结识了被派往美国学习图书馆学的杨昭悊，二人相伴到洛杉矶市图书馆学校学习，共同翻译了美国专家 J. A. Friedel 的《图书馆员之训练》一书。②

1923 年，李先生获得了生物学硕士学位，并取得了图书馆学校毕业证书。应北京农业大学之聘，遂漫游美国东部各大城市如华盛顿、纽约、芝加哥等处，参观其文化机构，特别注重对图书馆和博物馆的考察，抱着科学救国之决心回国工作。③

2. 作为大学图书馆馆长和河南图书馆事业开拓者的李燕亭先生

2.1　河南最早的大学图书馆长

1924 年 2 月，李燕亭应河南中州大学文科主任冯友兰力邀，就任图书馆主任兼理学院教授。作为河南高校首任图书馆馆长，他积极传播西方先进的图书馆理念，并将其结合到实践中，使河南大学图书馆在 20 世纪30 年代得到了和谐的发展，"设文、理、农、医四个分馆，成为当时全国较为先进的大学图书馆之一"④。抗战时期，他用智慧保护图书并就地开展借阅服务，敬业精神令人钦佩。

2.1.1　先进的理念，科学的管理

李燕亭赴任之后，以先进的理念，科学地建设图书馆。他借普林斯顿大学校长吉尔曼的话——"大学图书馆就是大学的心脏，若心脏微弱，各部都要受累，若心脏强壮，各部都能兴奋"。⑤ ——积极宣传图书馆在大学的中心地位。他多方筹措资金购置图书仪器，接受各界捐赠图书，还

---

① 李燕亭：诗稿《赴美前自题半身肖像》（未刊），写于 1920 年。

② 王学春：《图书馆学家李燕亭先生年谱简编》，载李景文《文献信息工作研究新视野》，黄河水利出版社 1998 年版，第 423 页。

③ 李燕亭：《自传》手稿（未刊），1956 年 7 月 28 日。

④ 陈源蒸：《中国图书馆百年纪事》，北京图书馆出版社 2004 年版，第 19 页。

⑤ 李燕亭：《图书馆学讲义》，河南大学，约 1932 年，第 10 页。

经常在校务会议上争取各界的支持。1933 年，校刊设立《图书馆购书一览》
《图书馆受赠启示》栏目，以吸引有识之士关心图书馆的建设。在他的倡导
下，先后为图书馆赠书的有冯玉祥、阎锡山、白寿彝等。1935 年，成立了
以李燕亭为主席的校图书委员会，并拟定图书馆发展计划大纲和各院系购
书费用标准。① 在他的领导下，图书馆的各项工作步入正轨。

2.1.2　博采中西，兼顾文理

李燕亭精通英语，熟知日语、德语，深得西方图书馆学的精髓，又有
深厚的古典文化修养，且文理贯通，故而在大学图书馆资源建设中能博采
中西、兼顾文理。资深馆员冯卫平退休之前曾告诉笔者："咱们图书馆文
献资源很实用，不大不小，科研所需文献基本都能找到。"笔者初进馆
时，就到了一个很大的外文阅览室，图书期刊涵盖了英语、俄语、德语、
日语等语种。曾记得最长有一百多年历史的连续出版物，印象最深的有
《化学文摘》《生物学文摘》等。李燕亭认为，"近人参观图书馆，每以图
书馆和实验室的规模大小定学校的良窳"②，故他坚持图书、仪器兼治。
这不仅体现在图书、仪器建设上，也体现在编目等工作中。从校史叙述
看，中州大学、中山大学、河南大学时期的图书馆和实验室都有了质和量
的飞跃发展。在河南大学抗战期间的数次搬迁办学中，图书仪器总是关联
在一起处于重点保护之中。从下表可以看出，图书册数、种类以及中西文
杂志增长速度之快。

1924—1934 年河南大学图书期刊数目一览表

时间	中文图书	西文图书	中文杂志	西文杂志
1924 年	16500 册	2800 册	95 种	32 种
1928 年	30819 册	3209 册	96 种	73 种
1930 年	42359 册	4249 册	238 种	96 种
1934 年	54030 册	6881 册	400 余种	100 余种

---

① 王学春：《图书馆学家李燕亭先生年谱简编》，载李景文《文献信息工作研究新视野》，
黄河水利出版社 1998 年版，第 426 页。

② 李燕亭：《图书馆学讲义》，河南大学，约 1932 年，第 11 页。

2.1.3　躬身实践，默默奉献

李燕亭除重视藏书建设外，还把理论结合到实践中，建成一个高效有序的图书馆。原河南大学校长许心武、著名作家姚雪垠、旅美校友赵云章等，都对河南大学图书馆丰富的藏书和优良的环境给予了很高的评价。李先生对图书馆的各项工作不仅具体指导，且躬身实践。他亲自参加编目工作，设定："本馆图书分类系采杜威十进分类法，所编目录皆用卡片制成，每种书籍须用五种目录。"① 这种不惮其烦为读者着想的精神，是第一代图书馆人的难能可贵之处！不仅如此，他还多次到河南省图书馆指导中外图书资料的分类编目工作②，据李丙寅老师回忆，抗战胜利后，开封河南省图书馆留下了不少日文书籍，此时李燕亭先生不再担任河南大学图书馆主任，授课之余则到省图书馆专门一间工作室分编这些日文图书。故河南省图书馆馆长井俊起先生凡事聘他做导师，由他定夺。③ 从中州大学到抗战前夕的河南大学图书馆，李燕亭所代表的先驱者们完成了由草创到初具规模的历史性发展，为河南大学图书馆的持续发展奠定了坚实的物质基础，也留下了丰厚的精神文化遗产。

2.1.4　抢运保护功在千秋

抗战期间，李燕亭组织员工转运图书仪器，先后到河南信阳鸡公山、南阳镇平、嵩县潭头镇、淅川荆紫关等地。每次搬迁，他总想法把图书安置在相对安全的神庙里，最大限度地减少损失。1939 年，学校迁至嵩县潭头镇，他率领馆员用木箱叠架起来当书架，因陋就简开展借阅工作；"七七中学"创办，他不仅义务担任化学课并为其选借了部分图书，组建一个临时图书室——着实体现了图书馆人"智慧与服务"的大公精神！河南大学著名文学史家任访秋先生的那部具有开创意义的学术专著④《中国现代文学史》的完成，就诞生于潭头时期，离不开当时设在上神庙图

---

① 李燕亭：《图书馆概况》，载《河南大学一览》，河南大学，1930 年，第 16 页。

② 李和邦：《河南省图书馆志略》，中国致公出版社 2001 年版，第 168 页。

③ 井其中：《解放前的河南图书馆和馆长井伟生》，载河南省政协《河南文史资料》第 11 辑，河南人民出版社 1979 年版，第 95 页。

④ 黄修己：《中国新文学史编纂史》，北京大学出版社 1995 年版，第 100 页。

书馆提供的大量期刊资料。[①]

1944 年 5 月 16 日，日军突袭嵩县潭头镇，师生仓促出逃，公私财物损失惨重。学校在豫、鄂、陕三省交界西峡县西坪镇，设图书仪器转运站。李燕亭率领师生员工奋战月余，抢运回图书 71125 册。[②] 图书馆总馆因设在上神庙幸免于难，但理、医两学院的图书仪器俱遭兵燹，这给李先生精神上带来了沉痛的打击。"当时理学院储备的图书仪器在国内约占第三位，二十多年来惨淡经营的理学院图书设备竟被日寇破坏无余！我现在想起来，还是愤恨填胸！"[③] 时隔七年李先生还未弥补这一伤痛，可见他爱书爱馆、潜心经营图书馆事业之精神已融入了生命之中。河南大学从潭头镇西迁，小住荆紫关，再到西安、宝鸡，复原不久又到苏州，历尽离乱艰辛。"李燕亭教授两次谢绝朋友邀请他到四川重庆、陕西武功等后方学校任教的好意，将家属从四川万县接到潭头，与学校同甘共苦。"[④] 1945年 10 月在宝鸡东郊卧龙寺，时为中英科学合作馆馆长的李约瑟博士，访问河南大学图书馆，对馆藏全套《道藏》倍感兴奋，并称赞这个图书馆藏书之丰富。[⑤] 1948 年，河南大学迁苏州时李燕亭仍兼馆长，并请蒋复璁先生来校作学术报告。[⑥]

2.2 对河南图书馆事业发展的贡献

李燕亭作为民国时期河南图书馆界唯一在国外学过图书馆学专业的专家，对河南图书馆事业的发展也做出了突出贡献。

2.2.1 成立开封图书馆协会，联合促成中华图书馆协会成立

1924 年 5 月，河南省会开封图书馆协会宣告成立，举何日章为会长，李燕亭为书记。业务辅导工作也随之展开，每月在各图书馆轮流开会一次。[⑦] 这是继北京图书馆协会之后成立较早的地方图书馆协会。[⑧] 1925 年

① 任访秋：《五十年来在治学上走过的路》，载河南省政协《河南文史资料》第 32 辑，河南人民出版社 1989 年版，第 31 页。

② 河南大学校史组：《河南大学校史》，河南大学出版社 2002 年版，第 217 页。

③ 李燕亭：《日寇对河南大学的浩劫》，《河南日报》1951 年 3 月 1 日。

④ 河南大学校史组：《河南大学校史》，河南大学出版社 2002 年版，第 201 页。

⑤ ［英］李约瑟：《中国科学技术史》第一卷，科学出版社 1975 年版，第 23 页。

⑥ 河南大学校史组：《河南大学校史》，河南大学出版社 2002 年版，第 211 页。

⑦ 李和邦：《河南省图书馆志略》，中国致公出版社 2001 年版，第 62 页。

⑧ 来新夏：《中国近代图书事业史》，上海人民出版社 2000 年版，第 273 页。

4 月，"由开封图书馆协会发起，上海图书馆协会筹备，在上海南洋大学召开了中华图书馆协会成立大会"①。李燕亭先后被推举为协会干事、监察委员等职，至 1936 年先后任满。②

　　1926 年，在全国从事图书馆学研究的人员凤毛麟角。据杜定友先生统计："曾留学受过专门图书馆训练在一二年以上的，只有下列九人：沈祖荣（武昌文华大学）、杜定友（上海南洋大学）、李小缘（南京金陵大学）、李长春（开封中州大学）、袁同礼（北京大学）、洪有丰（南京东南大学）、胡庆生（武昌文华大学）、刘国钧（南京金陵大学）、戴志骞（清华大学）。他们回国以后，一方面尽力宣传图书馆事业，一方面尽己所知，教授他人，以求图书馆学术普及。"③ "李长春"即时任中州大学图书馆长的李燕亭。

　　2.2.2　著文宣讲图书馆学，推动河南图书馆事业蓬勃发展

　　1927 年，冯玉祥主政河南，重视社会教育，图书馆事业得到了迅速发展。1928 年，李燕亭在冯友兰等人创刊的《心声》杂志上发表了《美国图书馆的社会化》一文。这是李先生作为第一代留美图书馆学人对美国公共图书馆思想的宣传，是为推广普及新式图书馆所作的努力与探讨。1929 年，论文《河南中山大学图书馆之建筑及其计划》在《河南中大周刊》发表。

　　1928 年，河南图书馆事业如雨后春笋生长畅旺，图书馆教育亦提倡扩大化运动。④ 1930 年，河南大学开设课程有图书馆学，主讲教师李燕亭；⑤ 1932 年，河南举行暑期教育讲习会，有 96 县学员 418 人，历时一月，聘李燕亭讲授图书馆学，讲习会址借河南大学图书馆六号楼。⑥ 1934 年，河南省图书馆举办图书馆学培训班，请李燕亭讲授"养成图书馆人才"等内容，对职员进行业务辅导和培训。⑦ 正是在这样的培训和推广工

---

　　① 李和邦：《河南省图书馆志略》，中国致公出版社 2001 年版，第 110 页。

　　② 严文郁：《中国图书馆发展史》，台湾枫城出版社 1983 年版，第 254—259 页。

　　③ 杜定友：《图书馆学的内容与方法》，《教育杂志》1926 年第 18 卷第 9 期。

　　④ 何日章：《河南图书馆之现状及计划》，《河南教育》1928 年第 1 期。

　　⑤ 河南大学：《十九年度开设课程及选修人数统计表》，《河南省教育年鉴》，1930 年，第 352 页。

　　⑥ 《河南暑期教育讲习会报告专号》，《河南教育月刊》1932 年第 12 期。

　　⑦ 李和邦：《河南省图书馆志略》，中国致公出版社 2001 年版，第 62 页。

作中，河南省的图书馆事业得到了迅猛的发展。1929 年 12 月，中华图书馆协会第三次调查，全国图书馆总数为 1282 个，河南 187 个，仅开封市就设有 50 个，名列全国第一。① 第一次中国教育年鉴记载：1930 年教育部调查，河南图书馆总数为 305 个。李燕亭参与领导的河南省图书馆事业，曾一时"成为冯玉祥时期的传奇时代"②。1936 年，《申报年鉴》全国图书馆数统计显示，河南 442 个，仅次于广东，名列全国第二。③ 这些充分说明在新图书馆运动的高潮期④，河南的图书馆事业是走在全国先进行列的，这得益于先进的图书馆学思想与精神的传播，正是由于李先生这样一流的人才存在！

3. 对图书馆学的贡献

3.1 译介《图书馆员之训练》

李燕亭与杨昭悊合译的美国 J. A. Friedel《图书馆员之训练》一书，于 1929 年由商务印书馆出版。这是我国第一部论述图书馆专业人员培养的专著。⑤ 1935 年，平心主编的《生活全国总书目》用"★"标示，将其列为高级专门读物。杨氏在自序中言："李君兼通中西文，近又同校研究图书馆学，分译以后，又复互相校订，合为一书，译名措辞，幸少乖误。"⑥ 即见两人合作的认真与科学。范源濂先生对译者也予以高度评价："其劳既足多，其用心尤可感，吾国图书馆教育之发达，将于此是赖。"⑦ 该书对图书馆员职业的论述，对馆员整体素质的期许与要求，对图书馆的技术与管理都做了深刻论述，并重点剖析了各种专门图书馆的性质与功用。

3.2 《图书馆学讲义》的价值意义

3.2.1 成书时间推测

河南大学图书馆所藏李燕亭编著铅印的《图书馆学讲义》，如今已不

---

① 《中华图书馆协会第三次调查报告》，《中华图书馆协会会报》1930 年第 5 卷第 5 期。

② 陶善耕：《河南图书馆事业的冯玉祥时代》，《黄河科技大学学报》2006 年第 6 期。

③ 严文郁：《中国图书馆发展史》，台湾枫城出版社 1983 年版，第 111—114 页。

④ 吴稌年：《论新图书馆运动的高潮期》，《图书馆》2007 年第 2 期。

⑤ 吴仲强：《中国图书馆学史》，湖南出版社 1991 年版，第 32 页。

⑥ ［美］J. A. Friedel：《图书馆员之训练》，杨昭悊、李燕亭译，商务印书馆 1929 年版，第 1 页。

⑦ 同上书，第 2 页。

见版权页、前言和后序，全书 132 页，卡片著录 "河南大学出版"。书中第一页夹缝有铅印 "李燕亭" 字样和他的印章一枚。每页左边都印有 "图书馆学讲义"。据书中内容及书后附录四与附录五提供的资料，可推测此书约成于 1931 年。附录四推荐的 26 种图书馆学参考书，均是 1930 年之前出版的；附录五《一个中等图书馆所应备的定期刊物表》后面标注 "民二十年二月拟"；其所推荐的期刊，如《社会与教育周刊》（上海）等 1931 年就停刊了。

3.2.2 该书的价值意义

李燕亭编著《图书馆学讲义》一书，响应了梁启超 1925 年提倡的 "建设中国的图书馆学" "养成管理图书馆人才"[1] 的号召，也见证了李先生在图书馆学教育和管理上的才能与智慧，更见证了他为河南图书馆事业所做的培训工作。该著糅合了《图书馆员之训练》一书的精神，以杨昭悊《图书馆学》为基础，构建了自己的图书馆学体系，但更为简约科学；语言更典雅、精练。这也是杨昭悊在其自序中所期望于后人的。书凡 4 篇，共 18 章。第一篇总论 5 章，分述了图书馆的意义、历史、种类，图书馆学的分科及与教育的关系。余下三篇分别论述了建设现代图书馆的经营组织与管理、图书的分类编目等问题。

该著在行文上旁征博引，深入浅出，多采用实证对比、名人话语和事例印证自己的观点。如开篇讲图书馆的来历和意义，从古到今、从外到中详细陈述了 "图书馆" 一词的来历及其在当时的意义与责任。结语引用美国鲍士伟博士的话—— "图书馆的责任是要为它架上的每一册书都要找一位读者，为它境内的每一位读者，都要给他找一册书"[2] ——作结。书中叙述中国图书馆的历史用春秋笔法，将每一朝代藏书兴衰从官府到民间逐一介绍，又纵横比较中外图书馆的现状："美日合计，其人口尚不及我国的 1/2，而我国图书馆总数不及日本的 1/4，仅占美国的 1/25，相形之下，令人惭愧。"[3] 以此激起国人发展图书馆事业的强烈愿望。书中论

---

① 梁启超：《中华图书馆协会成立会演说词》，载中国图书馆学会《百年文萃——空谷余音》，中国城市出版社 2005 年版，第 44 页。
② 李燕亭：《图书馆学讲义》，河南大学，约 1932 年，第 1 页。
③ 同上书，第 8 页。

述图书馆与社会教育的关系更见深远，"今日世界进化，日新月异，今日所学，号称新奇，一到明日，或已废业，必常常和出版物接触才能与时俱进"；"它对所辖境内的人民，不论种族，不论男女，不论老幼，不论贫富，不论远近，都使他们有借阅图书的机会"。① 李先生认为："要推广社会教育，要作民众运动，要救济失学的青年，要扶助国家以促进实业的发达，非致力于图书馆事业不可，因为这是极可靠、极有效的一个法门！"② 李燕亭对于图书馆事业的期望很高，他用芝加哥大学校长哈琴森氏（Robert Maynard Hutchins）就职演说词——"有了第一流的人物，才能做第一流的事业"③ ——用以鞭策图书馆员在学识、人品上力争上游。他尤其注重对图书馆人才的选拔与培养，倡导有学者之风的图书馆员，并呼吁须提高馆员待遇，图书馆事业之发展才有希望。他的远见卓识至今仍熠熠生辉。

全书在体系上更显科学，纲举目张，精练简洁。较之刘国钧先生《图书馆学要旨》、杜定友先生《图书馆学概论》，该著在研究方法与思路上更具特色。著者的视野、文笔与精神均是当时图书馆学界不可多得之才！它凝聚了20世纪30年代初期一位高校图书馆学人和管理者的深刻思考，在中国图书馆学史和图书馆学教育上应有一席之地。然而，在20世纪30年代图书馆学研究高潮中，该著没有引起业界关注；1935年平心主编的《生活全国总书目》，近年出版的《民国时期总书目》，均未收录此书。这不能不说是学界的憾事。

李燕亭先生自1924年以后长期执掌河南大学图书馆，1956年又以63岁高龄赴任新乡师范学院图书馆馆长，为河南高校图书馆事业奉献了毕生的精力，在图书馆学和图书馆教育领域亦做出了不可抹杀的贡献。不仅如此，作为化学界知名教授，李先生曾任河南省化学学会副会长。他不但为图书馆事业付出了毕生的努力，也为我国的科学、文化、教育事业做出了重要贡献。

---

① 李燕亭：《图书馆学讲义》，河南大学，约1932年，第10页。
② 同上书，第12页。
③ 同上书，第32页。

李燕亭图书馆学思想及其现实意义

李燕亭是中国图书馆事业的开拓者与奠基者之一，是西方图书馆学思想的传播者和终生实践者。① 他与沈祖荣、杨昭悊、袁同礼、刘国钧、戴志骞、李小缘等均属于中国早期留美图书馆学人。他自 1924 年起执掌河南大学图书馆 20 余年，与袁同礼、柳诒徵等人是长期供职于一馆的优秀图书馆管理人才与学者。在新图书馆运动时期，他作为中华图书馆协会监察委员参与领导了中国的图书馆事业，并创造了河南图书馆事业的传奇时代。1923 年，他与杨昭悊合译的《图书馆员之训练》（以下简称《训练》）是我国第一部论述图书馆专业人才培养的专著。② 1932 年前后，河南大学出版了其《图书馆学讲义》（以下简称《讲义》）。该部著作与同期刘国钧《图书馆学要旨》、杜定友《图书馆学概论》等相较，更具中国目录学体系之特征。这位本不该被遗忘的图书馆学人，其图书馆学著述却长期被尘封在历史深处，其不乏真知灼见的图书馆学思想至今仍处于被遮蔽状态。

本文以《讲义》和《训练》为中心，对李燕亭图书馆学思想及其现实意义进行初步探讨。

1. 李燕亭建构的图书馆学理论体系

《讲义》自成一体，主次突出，简明精练，不仅构建了逻辑严密的图书馆学理论体系，且语言典雅精练，富有中国特色，体现了梁启超所倡导的建设中国的图书馆学思想。

---

① 翟桂荣：《中国图书馆事业的开创者和奠基者李燕亭论略》，《图书情报工作》2009 年第 3 期。

② 吴仲强：《中国图书馆学史》，湖南出版社 1991 年版，第 32 页。

1.1　逻辑严谨的图书馆学理论体系

《讲义》共 4 篇 18 章，篇章布局按逻辑关系加以科学组织，第一篇总论图书馆学基本原理，然后将经营组织与管理作为重心加以论述，最后探讨图书馆分类编目技术，多有独到见解。其篇章设置较杨昭悊《图书馆学》更科学简洁，逻辑严密，主次分明，富有时代特色。《讲义》篇章如下表所示：

第一篇：总论	第二篇：图书馆的经营与组织	第三篇：图书馆的管理	第四篇：图书的分类和编目
第一章：图书馆的意义	第一章：图书馆的经费	第一章：图书的选择	第一章：图书的分类
第二章：图书馆学的分科	第二章：图书馆的建筑	第二章：图书的订购和登录	第二章：图书的编目
第三章：图书馆的历史	第三章：图书馆的设备	第三章：图书的阅览	第三章：标题法
第四章：图书馆和教育	第四章：图书馆的组织	第四章：图书的借出	附录：图书馆条例
第五章：图书馆的分类	第五章：图书馆员	第五章：图书馆广告学	图书馆学参考书

1.2　理论体系之分析

1.2.1　逻辑严谨　主次突出

李燕亭的图书馆学理论体系逻辑严谨，较杨昭悊《图书馆学》、刘国钧《图书馆学要旨》等条理更为清晰。第一篇"总论"5 章，先将"图书馆"一词的来历、意义与现代图书馆之目的展示出来，然后介绍图书馆学的分科，进而论述我国图书馆的历史以及图书馆与家庭、学校、社会教育的密切关系，最后将不同类型的图书馆及其功能职责加以概述，可谓体系严整。余下三篇分别论述了图书馆的经营组织与管理、图书的分类编目等问题。其重心是建设现代图书馆的经营、组织和管理理念，图书馆员作为组织者的主人公地位得以确立。图书的分类与编目是民国时期图书馆学研究的一大技术难题，著者另立篇章加以阐释。该著论述全面，主次突出，层次清晰，环环相扣，纲举目张。

1.2.2 史家视野 中国特色

该著论述"图书馆"一词的来历时言:"中国古代藏书的地方,在公家则称为某阁,如石渠阁、文津阁等,或称某院如崇文院等。中国古代并没有图书馆这一名词,至戊戌政变以后,这名词始由日本输入中国。宣统年间,颁布图书馆制,图书馆的名称始渐显著。馆即客舍,有止宿授餐的意思,图书馆以蒐集图书供众阅览为目的,古人往往以'寝馈其中'四字,形容读书之勤,所以称馆较为适宜。"① 既具历史眼光,又有自家观点,且富中国特色。再如叙述我国图书馆历史时,从"古来河图洛书"说起,依次简述各个朝代藏书兴衰;又从民国以来图书馆事业愈见发达,讲到中华图书馆协会第一次年会的召开,国人对图书馆渐知重视。饱蘸爱国热情,且言简意赅,形象生动。此类例证很多,兹不赘举。

2. 李燕亭的馆员素质思想

李燕亭与杨昭悊因合译《训练》结下了深厚情谊,也因此与图书馆事业结下不解之缘。《训练》将图书馆员的素质要求、职责、权利与培养放在重要位置加以论述,并剖析了各种专门图书馆的功用和图书馆的技术与管理等。李燕亭的一流馆员素质思想由此滥觞。

李燕亭非常重视馆员的素质与作用。《讲义》设专章,分广、狭两义来论述图书馆员。广义系指馆内一切职员,约分馆长、馆员、事务员和练习生。馆长责任重大,资格极严:第一要精通图书馆学术,第二要富有图书馆经验,第三要通晓社会情况,富有干事才能。馆长职责是:总理全馆事务,督帅全馆,执行职务,每月或每周对馆员为图书馆学术的讲演,或讨论问题,以引起兴味,并注意社会之需。② 关于馆员素质,李燕亭兼顾干才、学识与人品,对人品尤其重视。他认为馆员是图书馆的中坚分子,要有丰富的学识、经验,良好的品行、才能;更要有为读者服务的热诚。李燕亭认为:须聘任一流的人才并提高馆员待遇,中国图书馆事业之发展才有希望。③

李燕亭不仅积极倡导具有学者之风的一流馆员素质,更注重图书馆专

---

① 李燕亭:《图书馆学讲义》,河南大学,约1932年,第1页。

② 同上书,第31—32页。

③ 同上。

业人才的养成，极力维护图书馆员的职业价值与尊严。针对普通人认为馆员在图书馆读书就是失职的看法，《训练》明确指出："图书馆员要想自己事业成功，非读书不可……但不可误了他所应做的别种事务。"① 该著极为重视馆员的学习权利，认为图书馆员作为知识界的指导者，先自己富有知识才可。其对馆员的人文关怀、整体素质、权利与地位的提升，至今仍不失现实意义。

"20 世纪初，图书馆事业是社会高度关注的事业。许多一流的社会活动家十分关注图书馆事业，他们的关注大大推进了近代图书馆事业的发展。"② 当是时，图书馆事业成为许多爱国知识分子普及社会教育、弘扬学术、宣传文化与科学的一种职志与追求。梁启超、范源廉、蔡元培、鲁迅、李大钊、沈祖荣、杜定友、柳诒徵、胡适、任鸿隽、胡明复、林语堂、陶行知等一大批知名人士，都以极大的热情参与并关注图书馆事业。正是由于这些一流人才的参与，才使民国时期的图书馆事业呈现出瑰丽的色彩！

3. 李燕亭的图书馆经营与管理思想

1923 年戴志骞曾言："设立图书馆之至要者，在图书之管理法……现我国最缺少亦最要者，莫如管理良美之图书馆。"③ 1935 年，《河南大学校刊》记载："李燕亭对图书馆学有深刻的研究，在职垂十余年，一切均称熟手。"④ 他管理的教授伙食团被称赞"管理得法，膳食极佳"⑤。可见，李燕亭是有实际经营能力的优秀管理人才与图书馆学家。

抗战期间，河南大学数次播迁，开战时迁校址最多之创举。在潭头镇五年，学风浓厚，图书馆真正发挥了大学心脏之作用。当时图书馆出入的小路，皆由同学铺筑而成。"理学院教授大多当代知名的有崇高地位的学者，虽然战乱年代学校不得已为避战火，一再迁校，所迁之地尽在偏僻之

---

① ［美］J. A. Friedel：《图书馆员之训练》，李燕亭等译，商务印书馆 1929 年版，第 172 页。

② 范并思：《20 世纪西方与中国的图书馆学——基于德尔斐法则测评的理论史纲》，北京图书馆出版社 2004 年版，第 187 页。

③ 戴志骞：《论美国图书馆》，见中国图书馆学会主编、《建筑创作》杂志社编《百年文萃——空谷余音》，中国城市出版社 2005 年版，第 27—30 页。

④ 李景文等：《河南大学图书馆史》，河南大学出版社 2008 年版，第 314 页。

⑤ 周汝唐：《国立河南大学外籍教授生活记趣》，载姚从吾等《国立河南大学校志》，台北"国立"河南大学校友会，1976 年，第 101—103 页。

处，然而教师阵容、图书设备以及仪器实验等，皆是一流优秀学府之水准，使学子欣然庆幸，同学们学习研究风气之盛少为外人所知也"①；"到了晚上各学院的图书馆，高悬汽灯，供学生自习，大家或阅读参考书，或抄写笔记，无不聚精会神，孜孜勤读"②。

3.1 分馆经营与用人之长

民国时期，李燕亭在管理实践中根据实际需要，创设了"文、理、农、医"四个分馆，使 20 世纪 30 年代的河南大学图书馆成为当时全国较为先进的大学图书馆之一。③ 这是李燕亭在图书馆管理上将《训练》中的相关理论付诸实践的结果，是西方先进的图书馆学思想与河南大学图书馆建设实践的完美结合。

李燕亭善于用人之长，充分尊重馆员，借以培养专门人才。1930 年毕业于河南大学农学院的袁广仁，留校后到农学院分馆，业余时间刻苦钻研蔬菜和果树的栽培技术，培育的苹果树、梨树及葡萄树等新品种被许多农场采用和种植，为河南的园艺和农作物事业发展做出了贡献。④ 李燕亭的这一思想也影响了后来的管理者（如吴勋泽、李景文等馆长）。这些管理理念对于今天的图书馆学科馆员制度仍有借鉴意义。"20 世纪中期，学科馆员制度在美国高校图书馆已得到普遍确立。"⑤ 而河南大学图书馆在 20 世纪 30 年代就具有学科馆员制度的萌芽了。

3.2 李燕亭的文献资源建设思想

李燕亭在管理实践中不但注重选拔培养图书馆专门人才，而且十分重视文献资源建设。他非常重视图书的选购、流通与活用，重视藏书的质与量的问题。他说："图书馆的三要素：馆舍、馆员和图书。在这三项中，最能表示图书馆意义的就是图书，我们评价一个图书馆的藏书，不能只看量的方面，更须注重质的方面；但怎样能够用最低的经费，购最好的图

---

① 晋正仁：《就读母校理学院追忆》，载姚从吾等《国立河南大学校志》，台北"国立"河南大学校友会，1976 年，第 103—104 页。

② 阮殿元：《忆河大十年——播迁中的点点滴滴》，载姚从吾等《国立河南大学校志》，台北"国立"河南大学校友会，1976 年，第 117—119 页。

③ 陈源蒸：《中国图书馆百年纪事　1840—2000》，北京图书出版社 2004 年版，第 19 页。

④ 李景文等：《河南大学图书馆史》，河南大学出版社 2008 年版，第 148 页。

⑤ 张沙丽：《美国高校图书馆的学科馆员》，《图书情报工作》2008 年第 2 期。

书，收最大的效果呢？那全在选择的精当。""若想使图书馆为社会服务，使社会受一种好影响，关键就是慎选图书。"① "图书是少年心灵的食物，如同身体，需要健康的、清洁的滋养品，一个国家的幸福、智慧、道德，大部分要靠它的人民读什么书。"②

在这一思想指导下，河南大学图书馆的藏书不但种类繁多，而且精品居多。原河南大学校长姚从吾和刘季洪对图书馆文献资源作了如下评价：抗战之前"学校将图书仪器尽力增值，多方设法将图书馆中的外文杂志，以前短缺的各期，尽力补齐，使其完整，甚为可贵"③；"当地学人的著述，甚为丰富，为他处图书馆所罕有"④。

李燕亭对于滥购图书的流弊、馆员选书的标准与方法有着详细的论述。他将滥购图书的流弊归结为三种：耗费图书馆经费；增多管理手续；妨害读者。其结果势必妨害图务的进行，招致社会的指责。李燕亭认为，馆员选书一要有标准，二要有方法；选择图书的标准要兼顾读者与社会能否获益、图书馆经费的分配和图书本体的内容与外观三方面；选择图书应从搜集图书目录与征求专门学者的意见两方面着手。他对选购图书的追求是："以最低的定价于最短的时间买最好的图书。"⑤ 正是肩负了如此深厚的社会责任感和历史使命感，前辈学人才将图书馆事业视为改造社会与培养良好国民素质的千秋大业来经营。

4. 李燕亭的图书馆广告学思想

李燕亭重视图书馆广告宣传与推广工作，认为"图书馆广告学已占图书馆学的重要地位"⑥。其目的是提高图书馆工作效率，增进读者利用图书馆的兴趣。"现代图书馆的要素为图书、馆员和读者，怎样使读者与图书接近要靠广告的作用"；"适当的图书和敏捷的服务，就是最有效的

---

① 李燕亭：《图书馆学讲义》，河南大学，约 1932 年，第 77—78 页。
② 同上。
③ 姚从吾：《国立河南大学校志》，载姚从吾等《国立河南大学校志》，台北"国立"河南大学校友会，1976 年，第 29 页。
④ 刘季洪：《抗战初期的河南大学》，载姚从吾等《国立河南大学校志》，台北"国立"河南大学校友会，1976 年，第 39 页。
⑤ 李燕亭：《图书馆学讲义》，河南大学，约 1932 年，第 68—70 页。
⑥ 同上。

广告"。① 他重点对图书馆利用广告的目的、原则与方法作了条分缕析的阐述，用了 13 页（占全书 10% 的版面）篇幅阐述其图书馆广告学思想，可见对图书馆推广服务工作的重视。这一思想直接影响了河南省图书馆事业的发展，如 20 世纪 30 年代河南省馆的流动车辆与巡回文库推广服务工作做得很好，这是以一种更积极主动的姿态为社会服务。

集会演讲是图书馆推广服务工作方法之一。民国时期，河南大学图书馆也巧妙借助学术演讲，推动图书馆事业的发展，提升图书馆在学校的文化中心地位。如 1926—1935 年，在河南大学图书馆（今 6 号楼，国家文物保护单位）三楼讲演厅做演讲的名师就有李大钊、柳诒徵、胡适、傅斯年、梁思永、胡石青等。② 其中傅斯年演讲的时间是 1929 年 12 月，其一连数次即兴演讲，激发了同学们读书研究的兴趣，为河南大学师生播撒了不少学术的种子。③ 河南大学图书馆真正成为传播学术与文化的中心机关，对学术研究起到了重要推动作用。

《讲义》中通篇找不到专论图书馆服务的章节，可谓善《易》者不言《易》。其主动服务的主人翁精神至今仍有启迪意义。20 世纪 30 年代的图书馆事业，是以一种更积极主动的主人翁姿态为社会服务的。正如杜定友所言："我们研究图书馆学，非但要知道书籍怎样装订，怎样排列，怎样分类编目，怎样保存，我们最大的目的，在怎样使各界能利用图书馆，以助其学术上的研究。"④

5. 李燕亭的图书馆学教育思想

20 世纪 20 年代后期，民众教育和自动教育喧动全国，中华图书馆协会第一次年会宣言更是高度肯定了近代图书馆在教育上的地位。"近世图书馆功在致用，其鹄的在使国族无男女老稚，以逮聋瞽瘖哑，读书机会一切均等。"⑤ 图书馆被确认为无限制的自动教育机关。重视图书馆本身所具有的教育职能，也是李燕亭图书馆学的重要特色。他从家庭、学校、社

①　李燕亭：《图书馆学讲义》，河南大学，约 1932 年，第 68—70 页。

②　河南大学校史组编：《河南大学校史》，河南大学出版社 2002 年版，第 154—156 页。

③　石璋如：《河南大学与考古事业》，载姚从吾等《国立河南大学校志》，台北"国立"河南大学校友会，1976 年，第 73 页。

④　杜定友：《图书馆学的内容与方法》，《教育杂志》1926 年第 18 卷第 9 期。

⑤　《中华图书馆协会第一次年会纪事》，《中华图书馆协会会报》1929 年第 4 卷第 4 期。

会及实业界四个方面来论述图书馆与教育的关系。他指出："现代图书馆以科学的方法和营业的精神，积极改良管理和推广服务，不但社会教育以它为中心，而家庭、学校和实业界各方面也让它占了很重要的位置。"① 这正是他充分重视图书馆的教育职能与工作业绩的写照。

李燕亭认为图书馆在家庭教育中占有重要位置。儿童利用图书馆可以萌发其好奇心，培养孩子求知欲、审美观念以及公共精神等。他还为小学毕业后无力升学而失学的弱势人群辩护。"人不能终生在学校读书，大多数小学毕业后即无力升学，学校教育是有限制的，世间天才，因此埋没的不知多少。富兰克林、加尼基诸氏，若不借助图书馆，不能有这样大的成就。"他引用利西博兹的话："既费多资，举办小学教育，而吝于开设小学图书馆，此 100 元可成之物，既费 97 元而吝于 3 元耳。"② 在潭头镇时期，李燕亭先生也帮助筹备了一个小学生阅览室，并捐献了为儿子买的全套《小学生课外补充读物》等。

论及图书馆与社会教育之关系，李燕亭认为："今日世界进化，日新月异，今日所学，号称新奇，一到明日，或已废业，必常常和出版物接触才能与时俱进！"③ 李燕亭的图书馆学教育思想也体现了 30 年代大批知识分子科学救国、教育救国、开启民智、富国强民的拳拳之情。

如今，图书馆学研究面临着非温故无以知新、非继承无以超越的历史转型期，研究民国时期图书馆学人的精神与思想，对于今天图书馆事业面临的危机，不无借鉴意义。

---

① 李燕亭：《图书馆学讲义》，河南大学，约 1932 年，第 9—12 页。
② 同上。
③ 同上。

李燕亭与河南新图书馆事业

　　河南地处中原，是中华文明的发祥地之一。中原文化博大精深，源远流长，河南的图书馆事业有着悠久光辉的历史。殷墟因埋藏的甲骨卜辞被公认为世界上最早的皇家图书馆，两千多年前东周洛阳"柱下史"老子更是四海闻名的图书馆馆长。宋初以三馆（昭文馆、集贤院、史馆）搜藏图集文物，淳化年间又扩建三馆（其位置在宫城左侧升龙门的东北处），总称崇文院。"以后又另立书库，叫作秘阁，又在龙图阁，太清楼玉宸殿，四门殿各藏书数万卷。"① 随着宋代雕版印刷业的发达促进了藏书事业的蓬勃发展，有宋以来由于帝王之家的提倡与表率作用，官府与民间藏书甚为丰盛，阅读风尚也因之兴起。文治的理念造就了民间的阅书习尚，也成就了辉煌的中国宋文化，书院教育制度于此兴盛并绵延之明清。晚清以来，西方科学文明不断传入中国，近代印刷术随着传教士逐渐流入中国；尤以美国公共图书馆事业的发展对中国先进知识分子的影响甚大。20 世纪 20—30 年代，学习美国公共图书馆模式，普及新式图书馆运动在全国范围内得到了迅猛的发展，河南的新图书馆事业在这欧风美雨的激荡中，在以李燕亭等先贤最初的启蒙中，亦取得了迅速的发展，在当时走在了全国的先进行列。② 李燕亭参与领导的河南新图书馆事业，一时"成为冯玉祥时期的传奇时代"③。

　　20 世纪 20 年代初，杜定友统计全国曾出国留学受过专门图书馆训练

---

① 李燕亭：《图书馆学讲义》，河南大学，约 1932 年，第 5—6 页。
② 翟桂荣：《中国图书馆事业的开创者和奠基者李燕亭论略》，《图书情报工作》2009 年第 3 期。
③ 陶善耕：《河南图书馆事业的冯玉祥时代》，《黄河科技大学学报》2006 年第 6 期。

在一二年以上的仅九人，可谓凤毛麟角，李燕亭即是其中之一①。李燕亭是中华图书馆协会成立的发起人和监察委员之一，抗战之前曾任中华图书馆协会教育组副主席等职，也是中国新图书馆事业的开创者和奠基人之一。民国时期，李燕亭先生执掌河南大学图书馆 20 余年，新中国成立后又出任新乡师范学院图书馆主任，他不仅为河南大学图书馆事业做出了突出贡献，也为河南省公共图书馆事业的建设与发展，为河南省的文化教育事业，做出了重要贡献。

1. 民国时期的河南大学图书馆馆长

1.1　河南大学首任图书馆馆长

20 世纪 20 年代初期的河南中州大学，正值发展的大好时机，图书馆建设被列上了重要的议事日程。建馆初期，校长张鸿烈聘请留美博士冯友兰出任文科主任，并参与图书馆的筹建工作。冯友兰从图书馆建设与发展的长远目标着眼，力邀曾在美国洛杉矶市公立图书馆学校毕业、在图书馆学方面学有专长的李燕亭出任图书馆主任一职。1924 年 1 月成立的河南中州大学图书馆，馆址选定在原留学欧美预备学校的教学中心——六号楼。1915 年破土、1919 年建成的六号楼，是河南大学最早的中西合璧的宏伟建筑，其建成后即成为学校的标志性建筑。这一举措充分说明了学校在人才选聘和基础设施等方面对图书馆工作的高度重视。1924 年 2 月，李燕亭毅然辞去了国立北京农业大学教授之职，赴汴就任中州大学图书馆主任，兼理科化学教授。

作为河南高校首任图书馆馆长，学贯中西、文理兼顾的李燕亭不辱使命，赴任后开展了卓有成效的工作。他把中国传统的治学精神与西方现代化的图书馆管理理念统一起来，很快在国内高校图书馆界崭露头角。他积极传播西方先进的图书馆理念，并将其结合到实践中，使河南大学图书馆在 20 世纪 30 年代得到了和谐的发展，"设文、理、农、医四个分馆，成为当时全国较为先进的大学图书馆之一"②。

1.2　对河南大学图书馆事业之建树

李燕亭既有深厚的中国古典传统文化修养，又有西方科学文化的现代

①　杜定友：《图书馆学的内容与方法》，《教育杂志》1926 年第 18 卷第 9 期。

②　陈源蒸等：《中国图书馆百年纪事》，北京图书馆出版社 2004 年版，第 19 页。

精神，可谓中西合璧的难得人才，故能科学地发展建设大学图书馆。

1.2.1 科学地发展建设图书馆

作为河南高校首任图书馆馆长，学贯中西、文理兼顾的李燕亭不辱使命，赴任后开展了卓有成效的建设工作。初到河南，他不但积极传播西方先进的图书馆理念，宣传图书馆在大学的中心地位；而且经常在校务会议上争取各界的支持并多方筹措资金购置图书仪器，接受各界捐赠图书。使图书馆的建设成为学校大力支持的重心所在。1924 年 9 月，在李燕亭和众多教授的推动下，河南中州大学评议会决定成立学校图书馆委员会，并决议使中州大学图书馆成为学校的一个独立部门，并公布简章九条。① 身受西方科学民主思想影响的李燕亭，在图书馆的经营管理中无不展示出这种科学民主的精神。这一制度，一直延续下来。1935 年 8 月，《河南省立河南大学图书委员会简章》公布，仍然成立了以李燕亭为主席的校图书委员会，并拟定图书馆发展计划大纲和各院系购书费用标准。校图书馆每年经费 2 万元，25% 由图书馆支配，其余作为各学院购书费用。② 1933年，校刊设立《图书馆购书一览》《图书馆受赠启示》栏目，以吸引有识之士关心图书馆的建设。在这位专业素质过硬的内行馆长领导下，河南大学图书馆的各项工作步入正轨。

1.2.2 中西合璧的图书馆精神

李燕亭少时入私塾，深得中国传统文化蒙养教育，中学时又入天津北洋法政专门学堂，20 岁之后又于北京大学修学六年。据考证，北洋法政学校以日文为第一外文课，每周 12 小时。第二外文课，英、德、法文任选，每周 6 小时，但逐年增加 2 小时，至每周 10 小时。且要求外籍教师直接用原文授课。他选的是德文。而北京大学课程表上外文必修课更不可少，不同学校的课业经历，使他不难精通英语，熟知日语、德语。故而在大学图书馆的采购、编目等工作中能博采中西、兼顾文理。留美三年使他深得西方公共图书馆事业的精神。处于近代社会历史大变动中的人生际遇造就了他丰富的阅历和强烈的爱国主义精神。所以在其人生工作经历中，处处展现着中西合璧的图书馆精神。河南大学图书馆拥有丰富的古典文

---

① 李景文等：《河南大学图书馆史》，河南大学出版社 2012 年版，第 5 页。

② 《图书馆》，《河南大学校刊》第 81 期，1935 年 9 月 9 日。

献，大多是民国时期采购的。笔者有幸工作于古籍阅览室和民国文献阅览室。古籍阅览室的一大特色就是拥有众多的丛书，收藏甚全；而且医学百科全书类也不少。如《道藏》实为镇馆之宝，《古今图书集成》有多种版本（不全）。地方志也是古籍阅览室的一大特色，收藏甚丰。还有晚清文人的诗集、文集甚多。另外书法、绘画、音乐等艺术类藏书也相当多。"民国文献阅览室"的图书期刊，多是 20 世纪 20—30 年代入库的，内封都有多种精美的中西文合璧的印章标志。看着这些印章，就看到了中西合璧的精神。河南大学民国文献阅览室的藏书文史甚丰，体现了那个时代的文化特色。由于历史的原因，1956 年学校大拆分，使理工科的藏书甚少。其在编目工作中率先垂范，几十年如一日①，为读者考虑卡片周详②，师法西洋先进的编目理论，又能结合本国的固有传统文化，从其《图书馆学讲义》中可窥见一斑。他是一位谦虚谨慎、埋头苦干，既有爱国情怀又有奉献精神的近代图书馆事业开拓者与奠基者。

1.2.3　几十年专注于一馆

李燕亭几十年如一日，躬耕于河南大学图书馆，实践了一个近代图书馆学家终生服务于一馆的专注精神。他对图书馆的各项工作均躬身实践，表现出多才多能的专家素养和踏实肯干的敬业精神。他将工作室与编目室比邻而居，亲自参加外文图书期刊的编目工作。他设定："本馆图书分类系采杜威十进分类法，所编目录皆用卡片制成，每种书籍须用五种目录。"③ 这种不惮其烦为读者着想的精神，正是第一代图书馆人的难能可贵之处！从中州大学到抗战前夕的河南大学图书馆，李燕亭所代表的先驱者们完成了由草创到初具规模的历史性发展，为河南大学图书馆的持续发展奠定了坚实的物质基础，留下了丰富的精神文化遗产。

1.3　民国时期对河南大学图书馆事业的坚守

李燕亭对河南大学图书馆事业的坚守，表现在整个民国时期，重大的历史变迁之际，他几乎都能牺牲小我，舍生而取义。1939—1945 年，为

---

① 胡养儒：《缅怀李燕亭主任》，载苏全有等《河南师范大学图书馆史稿》，中州古籍出版社 2011 年版，第 39—43 页。

② 李燕亭：《图书馆概况》，载《河南大学一览》，河南大学，1930 年，第 16 页。

③ 同上。

避战火，河南大学图书馆多次搬迁，辗转流徙到信阳鸡公山、南阳镇平、嵩县潭头镇、淅川荆紫关、陕西宝鸡石羊庙等地，可谓历尽离乱艰辛。李燕亭担负着组织员工装箱转运图书仪器的繁重工作。每次搬迁，校方总是派他作为新校址勘定的主要人员，他总是不辞辛苦，辗转往复。每到一处，他总想法把图书安置在相对安全的神庙里，最大限度地减少损失，并因陋就简积极开展图书借阅工作。在镇平、在潭头、在荆紫关以及后来又辗转到苏州，都可以从校刊中看到图书馆人积极忙碌的身影。1937 年在搬迁图书转运南阳之际，先生的一个儿子因患腿疮未治夭折；在转迁潭头之际，先生又抛家属于外地，只身返回河大并谢绝好友挽留重庆工作的好意；在南迁苏州之际，他冒着生命危险辗转返回抢救图书，可谓鞠躬尽瘁！

2. 民国时期河南图书馆事业的开拓者与奠基人之一

作为民国时期河南图书馆界唯一一位有着留美经历的图书馆学专家，李燕亭对河南公共图书馆事业的发展甚为关心，贡献良多，在民国时期河南图书馆事业发展史上具有重要的影响和地位。

2.1　积极参与组建图书馆协会，发展图书馆事业

早在 1923 年，李燕亭和杨昭悊二人在美国合译的《图书馆员之训练》一书中，就阐述了图书馆协会对发展图书馆事业的重要性。1924 年 5 月，李燕亭刚到河南不久，河南省会开封图书馆协会宣告成立，举何日章为会长，李燕亭为书记。随之业务辅导工作也展开了，每月在各图书馆轮流开会一次。① 1925 年 4 月，"由开封图书馆协会发起，上海图书馆协会筹备，在上海交通大学（南洋大学）召开了中华图书馆协会成立大会"②。之后美国鲍士伟博士来开封考察图书馆事业，在中州大学和河南省教育厅做了重要演讲，并对河南图书馆事业寄予了殷切希望，之后其演讲文章被翻译登载《晨报副刊》而译者则隐而不现。李先生多次到（开封）河南省图书馆、（鼓楼广场）中山图书馆指导中外图书资料的分类编目工作。③

---

① 李和邦：《河南省图书馆志略》，中国致公出版社 2001 年版，第 62 页。

② 同上书，第 10 页。

③ 同上书，第 68 页。

省图书馆馆长井俊起先生凡事聘他做导师，由他定夺①。民国时期河南图书馆事业之蓬勃发展，李燕亭实功莫大焉。

2.2　李燕亭对河南公共图书馆事业发展之贡献

李燕亭对河南的公共图书馆事业也投入了巨大心血，尤其是在冯玉祥主政河南之际，河南的图书馆事业恰如雨后春笋生长畅旺，图书馆教育亦提倡扩大化运动②。在这一社会氛围中，李燕亭发挥了自己对图书馆事业的热忱，以图书馆事业为改造社会之利器，积极宣传播种耕耘。1930年5月15日，李燕亭演讲《民众教育与图书馆》，先后刊登于《河南民众师范》半月刊、《图书馆学季刊》等。他认为：图书馆是一种最新的教育事业，民众教育与图书馆关系重大。他指出，社会之不良，是因为组成社会的分子——民众——无知识，不健全。所以民众教育是一切教育的基础。他认为：图书馆是扩充民众知识的利器，中国现在因种种关系，最好先设法推广县立图书馆。他说："圕事业，一面在帮助社会，一面在指导社会。其办理成绩的好坏，关系社会是异常的重大，不可不注意。"③ 从事教育事业，物质的报酬虽少，精神的报酬却非常大。因为文化的盛衰，民族的存亡，国家的强弱，社会的隆浅，全以教育办得良否为转移。他鼓励办理民众教育的人，要认明自身责任的重大，发扬蹈厉，努力宣传，以期民众教育之普及，使我们民族文化日益发达，国家社会日益隆盛。并勉励大家皆做个无名的英雄，而他自己就是一个无名的英雄。

1931年，张嘉谋等在河南省图书馆筹办河南国学专修馆，请李燕亭讲授图书馆学课，后河南国学专修馆规模不断扩大，几次搬迁改名为河南尚志高级文书科职业学校，一直持续到抗战期间④，这个学校为河南民国时期图书馆事业培养了大批实用人才。据笔者考证，李燕亭先生的《图书馆学讲义》即是在此时诞生，当是为培养县级馆员而作。1932年河南举行暑期教育讲习会，有96县学员418人，历时一月，聘李燕亭讲授图

---

① 井其中：《解放前的河南图书馆和馆长井伟生》，载河南省政协《河南文史资料》第11辑，河南人民出版社1979年版，第95页。

② 何日章：《河南图书馆之现状及计划》，《河南教育》1928年第1期。

③ 李燕亭：《图书馆学：民众教育与图书馆》，《图书馆学季刊》1930年第4卷第2期。

④ 王洪芦：《开封市教育志（1840—1985）》，中州古籍出版社1991年版，第387页。

书馆学，讲习会址借河南大学图书馆六号楼。① 1932 年，《中华图书馆协会会报》对"河南社教事业之图书馆"作了专题报道："河南社会教育，近年推进不遗余力。唯以素之统计，不易明了实情，兹据教厅考绩委员会统计，本省各省立县立社教机关凡 1062 所。常年经费共 193197 元。其中图书馆，计省立图书馆两所，县立图书馆 128 所。据十九年教育部调查，全国图书馆 1620 所，河南占 130 所，几占 1/12，为各省区之第一位。"② 此番报道，见证了河南社教事业中图书馆之猛进矣！同时也见证了图书馆人谦虚谨慎的精神，以及李燕亭演讲、图书馆学讲课对河南县立图书馆事业发展之影响。

3. 李燕亭之图书馆学理念

李燕亭认为，要想图书馆事业发达，非得先研究图书馆学不可。③ 他坚信："要推广社会教育，要作民众运动，要救济失学的青年，要扶助国家以促进实业的发达，非致力于图书馆事业不可，因为这是极可靠、极有效的一个法门。"④

李燕亭早年抱定"科学救国"和"教育救国"的远大志向赴美留学，主攻化学专业为的是实现"誓将实学归中土"⑤ 的科学救国之理想，兼修图书馆学为的是圆其教育救国之梦想。留学归来后，他放弃在北京工作的机会，毅然来到贫瘠的中州大地，为河南文化教育事业和图书馆事业奉献了毕生的精力，"桃李满天下，事业重汴京"⑥。作为较早来到河南又在河南终身任教而鞠躬尽瘁的前辈化学家和图书馆学家，学识渊博的李先生为人低调，终生奉守"只问耕耘，不问收获"的人生格言，几十年如一日地在自己的工作岗位默默奉献，其品格风范浩长似水，永远值得后人缅怀。

---

① 《河南暑期教育讲习会报告专号》，《河南教育月刊》1932 年第 12 期。
② 《河南社教事业之图书馆》，《中华图书馆协会会报》1932 年第 7 卷第 6 期。
③ 李燕亭：《图书馆学讲义》，河南大学，约 1932 年，第 38 页。
④ 同上书，第 12 页。
⑤ 李燕亭：《送李君惠南东渡》诗稿，1919 年前后在北大读书时所作，未刊。
⑥ 李秉忱：《爸爸七秩大庆缅怀祖德赋诗仰颂》诗稿，作于 1963 年春，未刊。

李燕亭与现代图书馆学教育

李燕亭先生是中国现代图书馆事业的开创者与奠基者之一①。20世纪二三十年代，在中国图书馆学教育的启蒙阶段，李燕亭也是较早传播西方图书馆学知识并终生躬耕于图书馆事业和教育文化领域的先驱者之一，为中国现代早期图书馆学教育和文化科学事业的发展默默奉献了一生。本文拟通过对以李燕亭为代表的早期图书馆学人图书馆学教育实践活动之追踪，探讨李燕亭在现代图书馆学教育方面所做出的不应被遗忘的历史贡献。

1. 国外译书：结缘图书馆学教育

图书馆学译作对民国时期图书馆事业的发展影响深远。李燕亭是早期图书馆学教育译作的重要参与者。1923年他与杨昭悊合作翻译成功的弗里特尔（J. A. Friedel）的《图书馆员之训练》，是当时美国图书馆学教育的一部畅销书。1929年中华图书馆协会第一次年会之后，国民政府对专门图书馆和图书馆专门人才培养非常重视，曾颁布文件指令，该书也于1933年再版，可见其影响。这是我国较早译介的对馆员进行职业理念、职业道德、职业技能教育，并介绍各种专门图书馆知识、传播美国图书馆学教育方式及图书馆协会发展状况的图书馆学教育专著。该书对李燕亭一生从事图书馆事业的管理理念与积极提倡图书馆学教育、创办图书馆专门学校等影响甚大。李燕亭由此书因缘际会，走上了中国现代图书馆学教育之路。

2. 身兼数任率先垂范

李燕亭在河南大学供职长达30余年，基本实现了图书馆人一生供职

① 翟桂荣：《中国图书馆事业的开创者和奠基者李燕亭论略》，《图书情报工作》2009年第3期。

于一馆的理想。他以科学家的视角参与了图书馆事业，也是一位图书仪器兼治的大学图书馆馆长。

中州大学（今河南大学）建设伊始，张鸿烈校长十分重视大学图书馆的设置。他认为："图书馆之设，在罗列群书，以供学者之探讨。七年以来，吾国研究教育者，莫不注意于斯。"① 张鸿烈校长乃"函聘冯芝生博士为大学文科主任，担任关于图书之购置事宜。曹理卿学士为理科主任，担任关于仪器之购置事宜，均函允归国，分任职务"②。但其结果却是由两个人分担的任务，都落在了李燕亭一人身上。

1923 年冬，中州大学文科主任冯友兰到北京游说，延聘了一批优秀人才来河南执教，其中便有郭绍虞、汪敬熙、李燕亭等人③。1925 年，冯友兰发表了《怎样办现在中国的大学》一文，认为中国现在须充分地输入新学术，尤要输入专门学术，并彻底地整理旧东西；中国现在须力求学术上的独立以救济出版界；中国传统文化的发扬光大，才能使中华民族自立于世界民族之林④。他还指出，中国现在的大学教员，多以留学生为主，可以让他们兼职多做一些工作。

冯友兰的这些主张与李燕亭的际遇与担当十分一致。他一边担任化学课教学工作，一边默默经营河南大学图书馆和理学院的图书仪器。像他这样终生身兼数任者，殊为不易。1934 年，黄炎培来开封考察职业教育，看到河南大学图书馆悬挂的壁张："迅速准确""自强不息"⑤，这应是当年河南大学图书馆人的精神写照，也是李燕亭用以勉励自身和同人的馆训。

抗战时期，河南大学辗转迁徙，弦歌不辍。在敌军炮火敌机轰炸威胁之下，能将全部图书安然运出，此不幸中之大幸，是因为有像李燕亭这样一群有敬业精神的图书馆人在默默奉献。在嵩县潭头镇时期，图书馆

① 张鸿烈：《中州大学说明书》，河南大学，1982 年，第 16 页。

② 同上书，第 1 页。

③ 刘卫东：《青年冯友兰与河南大学》，载郭灿金《百年流韵——世纪华章》，河南大学，2012 年，第 202—206 页。

④ 冯友兰：《怎样办现在中国的大学》，《现代评论》1925 年第 1 期。

⑤ 黄炎培：《黄炎培日记》第五卷，华文出版社 2008 年版，第 39 页。

"职员共 8 人，除在理、农、医三分馆服务者三人外，总馆仅有 5 人"①。他们却依然不畏繁巨，开箱验书，积极清查整理，重新补写、修理、装订破损图书；而学生到馆阅览者比开封时更为踊跃，馆务也更加蒸蒸日上。嵩县潭头镇沦陷，为了抢回图书仪器，学校曾雇 800 名挑夫②；利用沿途流散的图书，河南内乡县竟然创办了一个图书馆③。1944 年秋，国立河南大学流落到淅川荆紫关，李燕亭又亲自为新生演讲图书馆、实验室之利用及应守之规则，学生救济会也与当地镇政府合办了民众图书馆④。可谓走到哪里，图书馆事业就兴办到哪里，宣传普及到哪里。这种精神正如陈平原评述抗战烽火中的河南大学时所说，"抗日战争中，于颠簸流离中弦歌不辍的，不仅仅是西南联大"，"战火纷飞中，中国大学顽强地生存、抗争、发展，其中蕴含着某种让后人肃然起敬的精神"⑤。李燕亭正是这其中的坚守者之一。

3. 积极参与促成图书馆协会的建立

1924 年，在中华教育改进社图书馆教育组的倡导下，地方图书馆协会如雨后春笋般成立。它们互相联络、定期例会、商讨问题，有力地促进了全国性图书馆协会的建立。李燕亭是其中的积极参与者之一。

3.1 推动河南地方协会建立，积极开展图书馆学教育

1924 年 3 月，北平图书馆协会正式成立之后，4 月 6—8 日，河南省教育厅邀请沈祖荣赴开封做"图书馆教育演讲"，其广告连续刊登在《新中州报》上。内容是"鉴于图书馆教育之重要，曾商定武昌文华大学图书馆主任沈绍溪先生，分赴各省讲演图书馆事业，以应社会之需要"⑥。并登载了演讲结束后，举办各校图书馆员讨论会，地址在文庙，即河南第一学生图书馆。是年 5 月，开封、南阳即成立了两个地方图书馆协会。李燕亭任开封图书馆协会书记，何日章为会长。南阳图书馆协会成立，杨廷

---

① 本会调查全国图书馆战后工作概况：《河大图书馆随校迁嵩之经过及现状》，《中华图书馆协会会报》1940 年第 14 卷第 5 期。

② 李景文、王学春等：《河南大学图书馆史》，河南大学出版社 2012 年版，第 62—63 页。

③ 陶善耕：《旧时河南县级图书馆寻踪》，吉林文史出版社 2009 年版，第 231—233 页。

④ 荆紫关：《本年度新生入学训练》，《国立河南大学校刊》1944 年 11 月 6 日。

⑤ 陈平原：《不忍远去成绝响：张长弓、张一弓父子的开封书写》，《文学评论》2012 年第 2 期。

⑥ 河南省教育厅：《图书馆教育演讲》，《新中州报》1924 年 4 月 8 日。

宪为会长，李褰宇为副会长，王洪策为书记。① 1924 年暑假，河南开设小学教员暑期讲习会，请杜定友演讲学校图书馆管理法，为期 3 周，听讲者达 200 余人。② 据此，可以推测李燕亭 1924 年 2 月受聘于河南中州大学，5 月河南即成立了两个地方图书馆协会，其在留美期间与杨昭悊一起蕴藉的对图书馆学教育的重视在此潮流激荡之下，顺势而发，他已积极融入中国的图书馆学教育之中了。

3.2 促成中华图书馆协会的成立

1925 年 4 月初，为迎接美国图书馆协会代表圣路易斯公共图书馆（St. Louis Public Library）馆长鲍士伟博士（Dr. Arthur E. Bostwick）来华考察中国图书馆事业，北京图书馆协会认为有从速组织全国图书馆协会之必要，特组委员会筹备一切。③ 同时，上海图书馆协会鉴于我国图书馆事业发展迅速，各地缺少联络，倡议联合组建全国图书馆协会，请各地选派代表于 1925 年 4 月 16—18 日在上海召开全国图书馆协会。④ 河南图书馆界对于组建全国图书馆协会十分重视。据上海《申报》1925 年 4 月 6 日载，全国图书馆协会开封代表已选定："现闻开封图书馆协会已选定李燕亭、何日章、张幼山三君为代表准期赴会，已致函上海图书馆协会查照矣。"⑤ 其中，张幼山即开封中州大学校长张鸿烈先生。4 月 17 日，《申报》登载了各省图书馆代表继续莅沪，"自开封图书馆联合各处图书馆委托上海图书馆协会筹备后，一切布置大致，俱已就绪"⑥。4 月 23 日，《申报》又载：全国图书馆协会昨开筹备会。组织全国图书馆协会到沪各代表，"在徐家汇南洋大学图书馆开谈话会。到会者各处有开封何日章、李燕亭、张幼山……结果仍公推杜定友为筹备会主席"⑦。尽管会议议程十分艰难，但从中可以看出，开封图书馆协会李燕亭、何日章等为组建全

---

① 陈源蒸等：《中国图书馆百年纪事（1840—2000）》，北京图书馆出版社 2004 年版，第 37 页。

② 杜定友：《图书馆学的内容和方法》，《教育杂志》1926 年第 18 卷第 9 期。

③ 程焕文：《中国图书馆学教育之父——沈祖荣评传》，台湾学生书局 1997 年版，第 90—93 页。

④ 本埠：《全国图书馆协会开封代表已选定》，《申报》1925 年 4 月 6 日。

⑤ 同上。

⑥ 本埠：《各省图书馆代表陆续莅沪》，《申报》1925 年 4 月 17 日。

⑦ 杂讯：《全国图书馆协会昨开筹备会》，《申报》1925 年 4 月 23 日。

国图书馆协会所表现出的积极态度和主动精神。李燕亭的译作《图书馆员之训练》中专章介绍了美国图书馆协会的状况与重要意义①，他自然深知图书馆协会对于图书馆事业发展之重要。

是年 6 月 2 日，中华图书馆协会在北京欧美同学会礼堂举行成立仪式。一时名宿毕集，李燕亭与何日章、张幼山等作为河南图书馆界代表参加了成立仪式，亲耳聆听了鲍士伟、梁启超、韦棣华等人的演讲。中华图书馆协会成立之时，何日章当选为执行部副部长，李燕亭当选为干事。分工显示，李燕亭作为图书馆专业人才，既是编目委员，又是教育委员②。

4. 积极传播西方图书馆学新知

1925 年鲍士伟博士调查访问中国图书馆事业将近两个月。5 月 18—20 日，鲍博士在开封考察河南图书馆发展状况，先后在中州大学、河南省教育厅举行重要演讲，受到河南教育界人士热烈欢迎，河南教育厅为欢迎鲍士伟博士曾出特刊。③ 6 月 2 日，《晨报副刊》第 1202 号特刊发了"中华图书馆协会成立纪念号"，共有 4 篇文章，可以将其看作影响中国图书馆事业进程的重要历史文献，其中有两篇是鲍士伟在河南开封的演讲——《美国公共图书馆情形与中国》《鲍士伟博士在中州大学幻灯讲演记》，文末均属"河南第一图书馆投寄"，未署译者之名，这引起了笔者极大的兴趣。

据《中华图书馆协会会报》所刊各市图书馆协会章程汇录，开封图书馆协会通讯处是河南第一图书馆（文庙），而何日章、李燕亭两人的通讯地址分别是河南省立第一学生图书馆（开封文庙）和开封中州大学图书馆。④

李燕亭是当时河南图书馆界唯一在国外学过图书馆学又翻译过西方图书馆学教育专著的先进人士。他在留学期间与蔡元培的通信中可见其对图书馆事业的热情，他曾对美国图书馆教育发展状况和美国图书馆学校有过

---

① ［美］J. A. Friedel：《图书馆员之训练》，李燕亭、杨昭悊译，商务印书馆 1929 年版，第 214 页。

② 中华图书馆协会委员会委员：《中华图书馆协会会报》1925 年第 1 卷第 2 期。

③ 金敏甫：《中国图书馆学术史》，《中山大学图书馆周刊》1928 年第 2 卷第 2 期。

④ 河南第一图书馆：《开封图书馆协会》，《中华图书馆协会会报》1925 年第 1 卷第 5 期。

全面的调查与研究①。笔者认为，此时，作为开封图书馆协会书记员，李燕亭是作笔录的最佳人选。李燕亭在美时曾与黄剑农一起创办明德（尚志）学校②，做过教师，具备与美籍学者进行口语交流以及笔录、翻译的能力。另据 1932 年刚刚担任河南图书馆馆长的井俊起先生回忆，"河南人无图书馆学毕业者，唯河南大学教授李燕亭……敦聘其为导师，诸事求其指导"③。何日章先生在开封任河南省图书馆馆长时，也曾多次邀请李燕亭到馆指导工作④。笔者推测，对图书馆事业的责任感与使命感，促使他与何日章二人合作完成了这两篇稿件的翻译、笔录与投递任务。李燕亭与何日章均是 1893 年生人，何日章于 1917 年毕业于北京高等师范学校英语部，之后曾在河南淮阳中学、河南第一师范学校（开封）任教，1922 年负责筹办河南第一学生图书馆。笔者认为，这两篇河南第一图书馆投寄的文献，可看作李燕亭与何日章二人合作的结晶。

鲍士伟的这次开封演讲，对李燕亭和河南省图书馆事业的发展，产生了重要的影响。例如，李燕亭在河南大学图书馆设置总分馆；1928 年其关注研究《美国图书馆的社会化》；随后，河南设立开封儿童阅览室并利用流动书车进行阅读推广；1930 年，李燕亭在演讲中强调要使河南县立图书馆发展名副其实；等等。这一系列举措掀起了河南省图书馆学习、模仿美国图书馆的热潮，也是李燕亭将图书馆作为改良社会教育、普及文化的重要实践活动。

5. 李燕亭与河南国学专修馆的图书馆学教育

民国时期，由于社会教育的推广和图书馆学家的大力提倡，政府部门把图书馆作为社会教育的重要设施积极建设。图书馆数量得到迅猛提升，但经费不足和人才匮乏，制约着图书馆事业向更高层次发展。图书馆学教育作为一种新兴的学术文化专业教育，在当时没有得到执政当局应有的重视。"图书馆学教育与图书馆事业的发展有着相当的距离。"⑤ 1920—1949

① 李长春：《李长春君由加利福尼亚致校长函》，《北京大学日刊》1922 年 6 月 20 日。
② 翟桂荣：《杨昭悊、李燕亭图书馆学行考论》，《图书与情报》2014 年第 1 期。
③ 井俊起：《雪苑憨叟忆往》，载《河南文史资料》编辑部《河南文史资料》第 35 辑，河南省文史资料委员会，1990 年，第 100 页。
④ 任大山、张莉：《何日章研究》，大众文艺出版社 2003 年版，第 109 页。
⑤ 赵长林：《民国时期图书馆学教育滞缓之剖析》，《图书馆杂志》1994 年第 6 期。

年的近 30 年间,在图书馆学教育中,短期培训占很大的分量;正规专业教育除私立武昌文华图书馆专科学校外,只有少数大学开设有图书馆学课,如南京金陵大学、东南大学、北京大学、北平师范大学、中山大学、大夏大学、河南大学、河北女子师范等学校。1930 年,河南大学有 42 人选修了"西洋文化史""图书馆学""史部目录学"这 3 门课程①。但因图书馆学学科地位还没有树立起来,国内开设图书馆学课程的大学大多将其作为选修课,图书馆学课程终难逃脱"时办时辍"之尴尬命运。②

所以,我国第一代图书馆学家一方面尽力宣传图书馆事业,另一方面尽己所知,教授他人,以求图书馆学术的普及。他们不仅把图书馆作为普及教育的中心,更为图书馆学教育大声疾呼,极力提倡,并躬身实践。

1931 年,张嘉谋(字中孚,民国时期河南著名教育家之一)等依照江苏"无锡国专"的模式最初在河南省图书馆筹设河南国学专修馆,后规模扩大,几次搬迁。③ 1933 年经教育部备案改为"尚志高级文书科职业学校"。据文献记载,河南国学专修馆开设有图书馆学课程,其为当地培养了大批文书与实用人才。④ 李燕亭所著《图书馆学讲义》的最后一篇推荐书目于 1931 年 2 月拟就,即完成于这一时期。李燕亭一边在河南大学开设图书馆学选修课,一边在河南国学专修馆讲授图书馆学。李燕亭之子李丙寅先生曾多次对笔者说起,小时候父亲常带他去省图书馆和龙亭后的尚志学校。据 1932—1934 年就学于河南国学专修馆,新中国成立后仍在河南省图书馆工作的贾连汉回忆:"各科均请学有专长的老师担任……图书馆学由河南大学图书馆长李燕亭担任,这些老师都不是专职,全是张校长以私人名义邀请而来,大都是白尽义务,或是只拿少量的车马费。"⑤ 又据河南大学校刊记载,1930 年改组后的河南大学校务会议规定:"本大学职员及专任教员不得兼任校外任何有酬资之职务。"⑥ 可见,河南国学

---

① 《十九年各学院开设课程及选修人数表》,《河南教育月刊》1930 年第 1 卷第 4 期。

② 赵婧:《民国时期图书馆学专业教育的尴尬与反思》《图书馆理论与实践》2011 年第 1 期。

③ 黄俊琳、王金玉:《尚志文书学校始末》,《档案史话》1993 年第 3 期。

④ 王洪芦:《开封市教育志(1840—1985)》,中州古籍出版社 1991 年版,第 387 页。

⑤ 贾连汉:《从河南国学专修馆到尚志文书职业学校》,载河南省政协《河南文史资料》第 12 辑,河南人民出版社 1984 年版,第 86—89 页。

⑥ 《校务临时会议》,《河南大学校刊》1930 年 9 月 6 日。

专修馆授课教师是没有酬金的。贾连汉称他自己的工作即得力于在"国专"所受到的教育。这从一个侧面反映出民国时期河南县级图书馆事业发达的重要原因之一,那就是图书馆所需人才之主要来源于"国专"。

李燕亭《图书馆学讲义》一书即是为县立图书馆人员培训而编写的。该书体系完备,从原理到实践,从中国图书馆历史到教育,从经营管理到分类、编目,从选书、用书到服务推广,从经费、建筑到馆员、组织等,其皆作全面分析、研究。他善于用深入浅出而富有幽默性的语言来宣传现代图书馆的职责与功用。他说:"现代图书馆的责任要使读者与书籍永远结合在一起,不可分离。换句话说,要使他们各配良缘,咸得其所,时人某君曾以月下老人喻图书馆员,虽属笑谈,究含有深意在里边。"①

在现代图书馆学教育尚未在中国普及之时,李燕亭将其与当地的文化职业教育融为一体,这不失为一种图书馆学专业本土化教育的积极探索与推进方式。正如杜定友先生所言:"图书馆学教育应该是多层次的、普及性的,并注重实际工作训练。人人都应接受图书馆学教育,不同层次的教育起着不同的作用。"② 正是基于对图书馆事业发展的高度期望,李燕亭不满足于这种职业培训性质的粗浅教育,他希望能有更高深、更专门化的教育来推动图书馆事业的发展。

6. 未竟之愿:在北平设立图书馆学专科学校

20 世纪 30 年代,随着新图书馆运动的开展,专业人才缺乏越来越成为阻碍图书馆事业发展的瓶颈问题。推广图书馆学教育、提升办馆水平、培养大量图书馆学专业人才的呼声此起彼伏。

1926 年,杜定友就提出图书馆学校不得不设立,要建设中国的图书馆学,需要找一班同志,在一处地方,非痛下一番研究不可。这是非有图书馆学校不可的。③ 1929 年,图书馆学者周连宽呼吁:"普及图书馆学诚当今之急务也";"使图书馆学之普通观念,灌输于民众脑际,民众既有其学,复知其事之急需,必将群起争先以赴之"④。在《图书馆学讲义》

---

① 李燕亭:《图书馆学讲义》,河南大学,约 1932 年,第 1—2 页。
② 李敏:《杜定友先生的图书馆学学术成就初探》,《图书与情报》2007 年第 2 期。
③ 杜定友:《图书馆学的内容和方法》,《教育杂志》1926 年第 18 卷第 9 期。
④ 周连宽:《中国图书馆事业与地方图书馆事业指导团》,《武昌文华图书科季刊》1929 年第 1 期。

中，李燕亭指出："美国有许多图书馆学校是专为训练图书馆员而设的，共有二十余所。此外，各大学讲授图书馆学的，已有九十余处。1928 年，芝加哥大学更创办图书馆学研究院，专为有志深造者而设……至于我国，尚在萌芽时期，设图书馆学专科的，只有武昌文华大学。讲授图书馆学的也只有金陵大学等数处而已。"① 1933 年，陈东原认为，图书馆专业人才培养，唯武昌文华图书馆专科学校一处，其不足以应中国图书馆事业扩展之需要，已为明显的事实。② 中华图书馆协会主张于北平或南京设图书馆专科学校，并令各大学添设图书馆学系。1935 年，中国图书馆学教育之父沈祖荣更进一步指出，图书馆学专业教育是新兴的一种重要的专业教育，其可以影响到社会教育、学校教育、专门教育、高等教育的质量。③

　　1933 年 8 月，中华图书馆协会在清华大学举办第二届年会，由李燕亭主持的教育组议决提案，其中前两条是：建议行政院及教育部指拨专款于北平设立图书馆学专科学校案；再请教育部令国立大学添设图书馆学专科案。④ 其将提案的理由概括为五点：①图书馆为推广普及人民知识最有效力而最经济之机关；②欲推广图书馆事业，非多养成专门人才不可；③各省市县多设有图书馆，而效果并未大著，无适当人才为其主因；④图书馆为推动文化最重要之机关；⑤农村建设，首重农民教育，图书馆与农民教育实有密切之关系。⑤ 图书馆教育组的议决提案很快见诸《申报》《广州大学图书馆季刊》，其提议人有杜定友、何日章、刘国钧、李燕亭、钱存训等人。

　　时隔三年之后，图书馆教育组主任沈祖荣在青岛《中华图书馆协会第三次年会图书馆委员会报告》中，再次提及上次年会教育委员会议决推行之案"建议行政院及教育部指拨专款，于北平设立图书馆专科学校"

---

① 李燕亭：《图书馆学讲义》，河南大学，约 1932 年，第 3 页。

② 陈东原：《发展中国图书馆事业刍议》，《安徽教育季刊》1933 年（秋季号）。

③ 丁道凡：《中国图书馆界先驱沈祖荣先生文集（1919—1944）》，杭州大学出版社 1991 年版，第 198 页。

④ 于震寰：《中华图书馆协会第二次年会纪事》，《中华图书馆协会会报》1933 年第 9 卷第 2 期。

⑤ 《杜定友等建议设立中央图书馆学校》，《申报》1933 年第 9 卷第 1 期。

一事,"因中央财政困难,所拟办之图书馆专科学校,至今尚未举办"①,沈祖荣在报告中表达了将再行呈请继续努力的愿望。而对于第二案,请教育部令国立大学添设图书馆专科,沈祖荣所知国内大学已有图书馆学课程设置的有厦门大学、上海大夏大学、无锡江苏省立教育学院、湖北省立教育学院、上海暨南大学、开封河南大学、河北女子师范学院等。

李燕亭作为"海归派"的代表人物之一,与同时期的先贤一起,积极倡导图书馆学教育,为引进与发展欧美图书馆学理论与实践发挥了积极的作用。先贤们作为民国时期图书馆学教育的"顶梁柱"和中坚力量,也对新中国图书馆学教育产生了重要影响。② 他们的图书馆教育实践活动,为中国图书馆事业的现代化发展奠定了基础,其筚路蓝缕的开创精神永远值得后人追思与缅怀。

---

① 丁道凡:《中国图书馆界先驱沈祖荣先生文集(1919—1944)》,杭州大学出版社 1991 年版,第 209 页。

② 杨子竞、张珅:《20 世纪上半期"海归派"对中国图书馆事业的贡献》,《图书与情报》2008 年第 1 期。

杨昭悊与李燕亭早年图书馆学行考

20 世纪 20 年代，中国新图书馆事业处于快速发展的起步时期。一大批爱国有识之士纷纷投入其中，热切关注图书馆事业和图书馆学术的发展，早期留美图书馆学人杨昭悊与李燕亭即是其中的杰出人才。本文以杨昭悊的原始文献入手，从《晨报》《晨报副镌》《北京大学日刊》《蔡元培年谱长编》《三十八国游记》《中华图书馆协会会报》《图书馆学季刊》等搜求勾稽了一批有关两位先贤图书馆学与行的原始史料，希冀从重要事件的细节入手，捕捉杨昭悊、李燕亭与图书馆结缘的历史时机，揭示先贤们令人敬佩的图书馆精神与情怀，透过个案触摸中国图书馆事业与学术发展起步阶段激越跳动的历史脉搏。

1. 杨昭悊早年图书馆学与行

1.1 译介《图书馆学指南》

图书馆学作为一门既古老而又年轻的科学，其在中国的形成和发展是随着 19 世纪末 20 世纪初以来"西学东渐"的潮流传入中国的。我国早期图书馆事业的发展，译作产生了很大的影响。杨昭悊是较早重视图书馆学著作翻译工作的先行者之一。他于 1920 年译介了日本学者田中敬著的《图书馆学指南》，不仅开启了其自身人生航程的一个辉煌时期，亦揭开了中国图书馆学发展史上一个崭新的阶段。

1.1.1 《图书馆学指南》译介缘起

1920 年 5 月，田中敬著、杨昭悊译《图书馆学指南》由北京法政学报社出版。当时杨昭悊在国立北京法政专门学校主持图书馆工作。他在该书序言中说："乙未仲夏，承王维白校长之命，主任法校图书馆，公余之暇，于东西洋图书馆之书籍，潜心搜讨，见日人田中敬氏所著之《图书馆学指南》，内容较为赅备，因迻译之，以贡献于有志斯道者。书中所举之专门著述，皆欧美最近之杰作，缓当赓续译之，以飨同业焉。"①

　　有感于中国图书馆学建设的严重滞后，杨先生利用工作之余，于东西洋图书馆学著作潜心搜寻，精心选择了日本学者田中敬所著的《图书馆学指南》为译介的范本，并发愿译介这本普及型的图书馆学小册子。《图书馆学指南》篇幅虽然很短，只有 31 页，却是一本较为全面地介绍欧美图书馆学专著的书；该书的出版，对欧美图书馆学知识的普及推广起到了迅速的传播和理论先导作用。全书共推荐了 68 种图书馆学著作。该书各章节先简明扼要地论述相关内容，然后推介最适宜的阅读书目或不同风格的专著，"更像一部分类编排的图书馆学重要西文书籍导读"②。

1.1.2　《图书馆学指南》之影响

　　杨昭悊翻译《图书馆学指南》的印行对处于萌芽阶段的中国图书馆学无异于久旱之春雨，在业界获得了很好的反响，对处于起步阶段的新图书馆事业起到了重要的促进作用。1920 年，北高师举办图书馆学讲习会，杨昭悊翻译的《图书馆学指南》"销行很速，尚志学会林宰平先生嘱为会中编辑关于图书馆学的书籍，以提倡图书馆教育"③。可见其影响。1920 年，从 8 月 2 日起至 23 日止，中国图书馆界在北京高师举办了图书馆讲习会。杨昭悊每天赴会听讲，课下与演讲人交流讨论，并随后在《晨报》发表了多篇会后感想：《我对于图书馆讲习会的意见》《再论图书馆讲习会》等，《晨报》连续报道了该会的空前盛况，为我们留下了珍贵的历史记忆。李大钊、戴志骞、邓萃英、程伯庐等做了重要演讲，沈祖荣先生因为京汉问题，交通断绝，不能按时赴会，其讲课内容由戴志骞先生担任。"到会听讲者不下百余人，内有女子十余人，多系各省或各校选派来京或有志研究此项教育者。每日开讲座为之满，询吾国图书馆教育发展之一新纪元也。"④ 这次讲习会开启了全国性的大规模图书馆学短期培训之先河，在当时的中国图书馆界掀起了不小的波澜，可谓中国图书馆学教育之觉醒。之后，中国图书馆学由步武日本进而推本穷源，将师法的眼光转向欧

---

① ［日］田中敬：《图书馆学指南》，杨昭悊译，法政学报社 1920 年版，第 2 页。

② 范凡：《民国时期图书馆学著作出版与学术传承》，国家图书馆出版社 2011 年版，第 69 页。

③ 杨昭悊：《东游记》，《晨报副镌》1922 年 2 月 8 日。

④ 朱文通：《李大钊年谱长编》，中国社会科学出版社 2009 年版，第 305—306 页。

美，杨昭悊译介的《图书馆学指南》起到了导夫先路的引领作用。

1.2　杨昭悊《图书馆学》与中国图书馆学撰著的自觉

随之，杨昭悊应尚志学会林宰平之约酝酿撰著一部更为宏大的中国图书馆学著作。1921 年年底，杨昭悊著《图书馆学》成稿，中国第一部图书馆学专著应运而生。

1.2.1　撰著适合中国的图书馆学

北京高师图书馆讲习会之后，为谋图书馆事业更好更长久的发展，杨昭悊着手搜集编著图书馆学书籍。他本打算按《图书馆学指南》推荐的名著"赓续译之"，但因外国的图书馆学著作"属于分科的多，属于通论的少""属于应用的多，属于原理的少""多半是属于自己的意见或叙述本国的状况"①，很难找到一本供我国一般人研究所用和适合中国图书馆学术发展之需的著作，因而发愿编著一本综览东西洋业界各家观点又自成体系的适合中国国情的图书馆学理论著作。杨昭悊意识到中国图书馆事业不发达的原因就是缺少这种专门学问，因而萌生撰著一部系统的图书馆学著作的愿望。他在参考诸多国外专著的基础上，构建了中国的图书馆学体系，其内容是先通论后分科，学理技术兼收并蓄。这觉醒比梁启超在中华图书馆协会上呼吁建设中国的图书馆学要早 5 年。该书虽然十之七八取材于东西名家，但毕竟迈出了"东西洋图书馆学"中国化的第一步。该著的问世，对中国图书馆学和图书馆事业的发展影响深远！

1.2.2　撰著《图书馆学》之繁难与辛苦

由于理论建设的繁难，杨昭悊原定年内脱稿的《图书馆学》，直到第二年 11 月才大体完稿，赴美途中尚在校对书稿。1921 年 11 月 28 日，杨昭悊在北京起程，至上海乘"大洋丸"号轮船赴美留学。"我从去年九月开始编辑，因为搜集图书选择材料，很费功夫……两月以来，夜以继日……不得已只得拿到车中办理此事，不料火车行走震动太甚，仅能阅卷。改正错字已不容易，至圈点句读更不用提，只得等到上海再办。"但到上海三天，"因为买物会人等事耽搁太多……只得速夜把它校阅完毕，是日晚除阅书以外，并写信数封，直到三点方就寝"。② 林宰平在《图书

---

① 杨昭悊：《图书馆学》，商务印书馆 1923 年版，第 9—10 页。

② 杨昭悊：《东游记》，《晨报副镌》1922 年 2 月 10 日。

馆学》序中说作者抵日本东京才把此稿寄回，我们可以想见杨昭悊撰著
此书所付出的艰辛劳动和认真执着。

1.2.3 引领中国图书馆学之发展

杨昭悊编著的《图书馆学》是我国图书馆学研究的开山之作。林宰
平论及该著的开创性意义时道："至于我国人关于这一门专科的著作，除
有一两种小册子外，杨君这一部新著，在今日算是最详备的了。"① 该书
以"图书馆学"命名，标志着我国图书馆学的正式形成。② 以其体系庞
大、科学系统、原理与应用并举，奠定了我国图书馆学的理论基础。这部
书的出版，使图书馆学作为一门独立的学科在中国得到确立，也被写入中
国图书馆事业大事记之中。该著首次科学地划分和确定了中国图书馆学的
学科体系，这对后来中国图书馆学的发展起到了理论先导的作用。杨昭悊
的《图书馆学》引领了中国图书馆学的发展，也开启了建设中国的图书
馆学研究之先河。

1.3 杨昭悊赴美途中考察报道日本图书馆及其意义

外国注重图书馆教育，遍设图书馆，并且把它作为一种专门的学问，
东西各国已得它的好处。清末民初中国智识阶层中的众多有识之士已窥察
到这一点。杨昭悊是一位极富社会责任感的人，他不但具有宏观的图书馆
理论建构能力，而且具有很强的图书馆实践精神。他在赴美途中，利用短
暂的空隙沿岸考察日本图书馆，可见其一斑。

1.3.1 杨昭悊沿岸考察日本图书馆

赴美途中的杨昭悊，因为想考察日本图书馆事业的发展状况，故而凡
"大洋丸"停泊的地方都上岸参观游览。这些考察见闻，嗣后形诸文字，
以游记体的形式 15 次连载于《晨报副镌》，题为《东游记》。

杨昭悊利用"大洋丸"临时靠岸的机会，分别考察了四个地点的图
书馆：长崎图书馆、神户图书馆、东京帝国图书馆和帝国大学附属图书
馆。他不但报道了日本各处图书馆的办馆状况、建筑设备、分类编目、阅
览管理等，而且对日本图书馆协会历史乃至图书馆委员会也做了十分详细

---

① 杨昭悊：《图书馆学》，商务印书馆 1923 年版，第 7—8 页。
② 中国图书馆学会主编：《百年大势——历久弥新》，科学出版社 2004 年版，第 24—
25 页。

的考察与记录；"日本图书馆协会是明治二十五年成立的，到今年已经30年了，它的本部在东京，每年轮流在各地开会。其所以开会地点不固定在一处，一则使各处馆员平均劳役，二则使各处馆员得以参观各处状况。"①杨昭悊对于中国图书馆教育的热心与关切，对于成立全国图书馆协会的呼吁与期盼，表现出一个早期图书馆学人对于学科建设的高远眼光和拳拳报国之情。

12月9日，杨昭悊由马伯援等陪同介绍，司书横井私三郎引导，考察参观了东京帝国图书馆。杨昭悊对东京帝国图书馆的考察记述最为详细，从建筑面积的大小、建筑材料的质地、场馆部室的布局、书库的结构、空气的清新，乃至地下室的"阅览人待合所""下足置场""洗手所"等，都详加记述；对其藏书和使用状况，阅览人数的统计，阅览和贷出的规则等，均一一记载在册；对其分类和目录乃至藏书数量及其变化的情况也详加报道。他时时结合中国图书馆的实际情况斟酌损益，扬长弃短，同时亦指出其不科学之处。比如记述该馆的分类原则时，杨先生对其科学性提出质疑，并指出其对中国经、史、子、集的分类法不可效颦等。这一次考察，不仅历时较长，而且记录翔实，《晨报副镌》连载三期（1922年2月22日、23日、24日）方登载完毕。通过这些生动翔实的考察记录，我们看到了中国图书馆事业先驱者先觉觉人、觉后是任的炽热的图书馆情怀。

1.3.2　杨昭悊《东游记》对日本图书馆考察与传播的意义

学术的发展常常具有指导现实的作用，而事业的发展也会促使理论的提升。作为中国图书馆理论的缔造者之一，杨昭悊考察日本图书馆时，心系的是祖国图书馆事业的发展。这些考察文字，多次连载于20世纪20年代对中国新文化阵营和新青年群体有着广泛影响的《晨报副镌》上，无疑对中国图书馆学及其事业产生了积极的影响。在中国图书馆界尚未建立自己的全国性组织和理论园地的时候，《晨报》及《晨报副镌》是阐扬图书馆学术精神、报道图书馆发展潮流的一块重要阵地。无论是《晨报》的发起人梁启超，抑或是《晨报》的重要撰稿编辑人李大钊，均对近现代中国图书馆事业的倡导与发展起到了举足轻重的引领作用，且在理论和

---

① 杨昭悊：《东游记》，《晨报副镌》1922年2月16日。

实践上都做出过开风气之先的重大贡献。在中华图书馆协会成立之时，鲍士伟来华演讲图书馆事业，该报也是连续报道这一事件的重要阵地。随着图书馆事业的不断发展壮大，它也更需要有自己的实践和理论园地。《晨报》及其《晨报副镌》上关于图书馆消息的连续报道，在一定程度上，同其他教育刊物一起慢慢促使了《中华图书馆协会会报》和《图书馆学季刊》两种图书馆学专业期刊的诞生。

2. 李燕亭早年图书馆学与行

2.1 李燕亭在西美创办《罗华》杂志，演讲宣传图书馆事业

中国图书馆事业是在内忧外患之欧风美雨中孕育发展壮大的，其初期的萌芽，浸透了先驱者们辛勤的汗水。比杨昭悊早一年赴美留学的李燕亭，本是北京大学化学系的高才生，却利用余暇在加州选修了图书馆学。

2.1.1 李燕亭在北京大学之学行

李燕亭（名长春）于 1914 年考入北京大学预科第二部，1920 年毕业于理本科化学系。随之，由李大钊等介绍，以半工半读赴美留学。李燕亭与李大钊、郭须静曾同为天津北洋法政专门学校同学，郭须静跟随李大钊在北大图书馆工作，同年 10 月郭须静赴法习农学，两人均以科学救国为己任。在北大期间，李燕亭还由同学童贯贤介绍加入了新中学会[1]，该会以联络感情、砥砺品行、阐明学术、运用科学方法刷新中国为宗旨。新中学会强调学术救国，会员大都在日本东京，其中中华图书馆协会早期队员高仁山也是这一学会的成员。这是对李燕亭思想发生较大影响的一件事情。在《北京大学日刊》创刊之初，李燕亭就与同学谭声传等九人组织了化学演讲会，制定章程和细则，且李长春（燕亭）为主要联系人[2]。后李长春（燕亭）连任班长[3]，轮流担任《北京大学月刊》杂志的编辑助手。在《日刊》上与李燕亭同时宣布为班长的还有蒋复璁、毛子水等。《北京大学日刊》上众多图书馆信息的发布，影响造就了一批献身于图书馆事业而卓有成就的杰出人才，如袁同礼、毛子水、李燕亭、蒋复璁等。深受"五四"科学与民主思潮影响的李燕亭，在蔡元培、胡适、李大钊

---

① 李燕亭：《自传》手稿，1956 年 7 月 28 日。
② 李长春等：《理科化学演讲会宣言》，《北京大学日刊》1917 年 12 月 5 日。
③ 《理科班长表》，《北京大学日刊》1919 年 11 月 4 日。

等人的教育影响下，在北京大学时期得到了全面的锻炼和发展，为其一生从事图书馆事业及其学术打下了底色。

2.1.2　李燕亭在西美创办《罗华》月刊，宣传图书馆与爱国主义思想

1921 年 11 月，在美国召开太平洋会议期间，李燕亭与黄剑农在洛杉矶创办《罗华》月刊（取义罗省华侨，亦名洛华；罗省即洛杉矶），分送美国太平洋沿岸各地侨胞，并利用业余时间组织演讲活动。"宣扬祖国文化的优秀，阐明爱国主义的重要性。"①《罗华》杂志重视宣传图书馆的重要性，曾推出"图书馆专号"。1922 年 5 月李燕亭与蔡元培的通信中，对这一情况做过汇报："除每星期在唐人街为露天演讲外，更刊行杂志一种，命名《罗华》，在已先从事鼓吹图书馆之重要。下月尚出'图书馆号'，登载各图书馆之状况；与各有名的富豪捐助图书馆之实录，俾人民得以观感焉。"② 可见李燕亭在美期间，对图书馆的重要性是深有研究的，并注意搜集美国各图书馆的运营状况。可以推测，他会把这些信息及时传达给母校的同学和老师。从 1921 年李大钊先生发表的《美国图书馆员之训练》一文中，也许能窥测一斑。1925 年 7 月，中华图书馆协会刚刚成立，李大钊即赴开封，并在河南大学图书馆六号楼（时中州大学）举行了专题演讲。1927 年，李大钊牺牲后，奉系军阀张作霖认为河南中州大学有赤色分子，发兵占据了河南大学。学校停课之后，李燕亭从军三月讨伐张作霖，之后他又重返河南，河南创办了革命图书馆。

2.2　李燕亭为母校图书馆募捐积极建言献策、身体力行

2.2.1　蔡元培赴欧美考察高等教育并沿途为北大图书馆募捐

1921 年 1 月，蔡元培赴欧美考察大学教育及学术机关状况，参观图书馆、博物院等，每到一处即发表演说，号召各地华侨为北京大学图书馆募捐。蔡先生自言："我这次出去，有两个任务，就是调查高等教育及为本校图书馆捐款"；"图书馆捐款事，在美国的北大同学很肯尽力"。③ 1921 年 7 月，蔡元培到旧金山，在伯克莱中国学生会发表演说，言及北

---

①　翟桂荣：《中国图书馆事业的开创者与奠基者李燕亭论略》，《图书情报工作》2009 年第 3 期。

②　李长春：《李长春君由加利福尼亚致校长函》，《北京大学日刊》1922 年 6 月 20 日。

③　蔡元培：《蔡校长演说辞》，《北京大学日刊》1922 年 9 月 22 日。

京大学建设图书馆之重要和经费之困难，呼吁海外同胞热心帮助，并以种种命名办法以示纪念。在美期间，李燕亭与黄剑农在唐人街创办了"尚志（后改为明德）学校"，这与河南大学的校训"明德新民、止于至善"是多么相近！7 月 26 日，蔡元培到洛杉矶，"黄剑农等迎接，参观南加利福尼亚大学及博物院。晚 7 时尚志学校设宴招待蔡先生于翠花楼。次日，蔡元培到尚志学校题字留念，之后拟定了《北大图书馆洛杉矶集捐队办法》"①。

　　蔡先生领袖群伦，在回国之际，曾发函殷嘱在美各地华侨："元培来游此邦，备承款待……尚有托着，北京大学图书馆募捐一事，现待积极进行。素仰诸君子热诚爱国，见义勇为，务恳鼎力匡助，设法劝捐，俾获早收成裘之效。他日人文蔚起，学术发达，诸君子之功，亦且不朽矣。"②

　　2.2.2　李燕亭为北京大学图书馆募捐事致校长蔡元培

　　由于华盛顿会议，影响了募捐活动。1922 年 5 月 15 日，"甚愿以先生之心为心"的李燕亭，为母校图书馆募捐事致函蔡元培先生，深入分析了在美募捐的困难及原因，自告奋勇深入南美开展这项工作。"因美国各城镇华侨虽都热心公益但以向之捐款者太多……南美洲各国侨胞如墨西哥、古巴、巴拿马等国，侨胞为数甚众，殷实淳朴……故春等决计向彼处进行。"③ 李燕亭为母校图书馆募捐具有十分强烈的责任感，这与他在北大 6 年的学习生活所深受的教育分不开，事情的发展正如他所预料一样，可见他也是很有办法和预见的。

　　1922 年 7 月，西美北大同学会在旧金山发起成立了"西美国立北京大学图书馆募捐委员会"，并发表演说。该委员会还发布了《募捐启示》，其中言及大学图书馆的重要性："教育为国家之根本，大学为教育之极致，而图书馆又为大学之菁华。故欧美各文明国无不以扩充大学图书馆为首务，是诚治本清源之道也。"④ 募捐启示指出了高校图书馆的重要意义，也揭示了图书馆事业建设与发扬文化的密切关系；此举为一批留学生归国

---

①　高平叔：《蔡元培年谱长编》第二卷，人民教育出版社 1998 年版，第 425 页。

②　同上书，第 427 页。

③　李长春：《李长春君由加利福尼亚致校长函》，《北京大学日刊》1922 年 6 月 20 日。

④　孟寿椿等：《西美北大图书馆募捐委员会孟寿椿君等致校长函》，《北京大学日刊》1922 年 9 月 9 日。

后，积极投身新图书馆事业，掀起轰轰烈烈的新图书馆运动注入了强心剂，也为高校图书馆事业的快速发展赋予了精神力量！

2.2.3 李燕亭为北大图书馆募捐身体力行及西美同学募捐取得的成绩

西美北大图书馆募捐委员会制定了各种章程和劝捐办法，成立劝捐队九组，分头赴各处劝捐，委员孟寿椿等致校长函："西美墨西哥、古巴等处，则有黄剑农、李长春两君前往。"① 李燕亭是该委员会的积极分子，他跑到墨西哥去募捐，有诗为证："久行砂碛不毛地，身抵维城便若仙"，"屈指去家三万里，风光犹道似江南"。这是李燕亭写于 1922 年的七言律诗中的首联和尾联，题为《抵维多利亚城》。诗中的"维多利亚城""维城"即墨西哥东北部城市，塔毛利帕斯州首府。尽管深入南美不毛之地，他不言辛苦，反而乐在其中。

由于组织周密，委员尽力，西美同学募捐活动取得了很大成绩，受到了北大留美同学会的表扬。是年 11 月 10 日，北大留美同学会会长杨振声、书记冯友兰等致函蔡元培校长："自吾校有图书馆募捐运动以来，于十一年春初，在纽约北大同学，有北大图书馆东美募捐委员会之组织……进行数月，自今状以至于今，募捐仅及四千余元。此只在纽约，其属于东美应进行之地。……西美成绩较进，旧金山、古巴、坎拿大数处共捐万三千元。"② 西美北大图书馆募捐委员会共募得款项 13000 美元，较之东美 3 倍多。而李燕亭的积极建言和辛勤工作，为这一喜人成绩的取得做出了突出贡献。两年之后，当年曾奉命调查美国大学办学经验，时任河南中州大学（即河南大学）文科主任的冯友兰先生，要为河南办一所好大学，力荐李燕亭做了该校图书馆主任，其历史机缘，早已在此时埋下。

3. 杨昭悊与李燕亭的友谊及其对公共图书馆事业的贡献

3.1 杨昭悊与李燕亭的友谊

杨昭悊与李燕亭在图书馆学术领域有着深度合作，胡石青③《三十八

① 孟寿椿等：《西美北大图书馆募捐委员会孟寿椿君等致校长函》，《北京大学日刊》1922年9月9日。

② 冯友兰等：《北大留美同学会致校长函》，《北京大学日刊》1922 年 12 月 26 日。

③ 胡石青：名汝麟，河南通许人，京师大学堂毕业。曾任国会议员，河南通志馆总纂，《新中州报》的发起人之一。

国游记》旅美加州半载记，多次记录了三人之间的互访及对图书馆、博物馆的关注。从 1922 年 5 月 27 日到 6 月 15 日，胡石青离开南加，李、杨二人与他多次会面，共同的志趣和事业，使三人建立了深厚的情谊，这对于中国图书馆事业来说是一大幸事。"5 月 28 日，杨君昭悊、李君长春同来访……"胡石青专访杨昭悊，"谈中国事，（杨）主张设艺文院，办理全国图书馆，翻译审定等事，甚畅"①。李燕亭返国之后赴河南工作，胡石青等人创办的《新中州报》上多次报道了沈祖荣、戴志骞、刘国钧等诸位先贤的图书馆教育演讲活动。20 世纪 30 年代，胡石青任河南通志馆总纂，且工作场所就在河南大学大礼堂之角楼上，李燕亭主持的河南大学图书馆提供了丰富的资料来源，至今河南大学图书馆藏有丰富的地方志古籍文献就是历史的见证。1930 年，宋景祁编《中国图书馆名人录》载李燕亭："时友人杨君昭悊适来美习图书馆学，遂约同人罗省公立图书馆学校肄业，民国十二年毕业。"② 这里的"肄业"当是修业、学习。两人的这一段情谊后来不但变成了一世亲情，也为中国现代图书馆事业的发展做出了重要贡献。

3.2 杨昭悊与李燕亭对公共图书馆事业的贡献

杨昭悊与李燕亭作为早期留美图书馆学人，同在美国洛杉矶公共图书馆学校学习，深受美国公共图书馆思想的影响。在他们身上可以看到更多的公共图书馆精神与大公的情怀。促使他们前进的动力是为了祖国能像美国一样达到教育普及、学术进步与社会的文明昌盛。两人又都曾结缘于法政专门学校，都对公共图书馆事业投入了巨大的心血，付出了艰辛的努力。在中国图书馆事业发展最需要人才的时候，他们甚至牺牲了自己的专业，投身于现代图书馆事业之中。

李燕亭归国后扎根河南，一生身兼双任，演讲宣传图书馆事业。1928年他早期的论文《美国图书馆的社会化》，是他对公共图书馆事业的关注和图书馆教育作用的重要认识。1929 年，河南"举办夏期图书馆员训练班，养成管理人才，以图图书馆教育之推广"③。聘请图书馆学专家，召

---

① 胡石青：《三十八国游记》，开明印书局 1933 年版，第 229—237 页。
② 宋景祁：《中国图书馆名人录》，上海图书馆协会，1930 年，第 30—31 页。
③ 邓萃英：《新河南新年之新教育》，《河南教育半月刊》1929 年第 1 卷第 1 期。

集全省图书馆管理员开班训练。1930 年他的演讲《民众教育与图书馆》，先后刊登于《河南民众师范》半月刊、《图书馆学季刊》等。他认为："图书馆是扩充民众知识的利器，它和民众教育有绝大的关系。中国现在，因种种关系，最好先设法推广县立图书馆，极力使它名副其实才行。"他还说："事业的发达是不容易的，只要不畏难，按着计划努力去做，定有达到目的的一天。"① 随后，河南县级图书馆、民众图书馆、私人捐助的图书馆遍地开花，《中华图书馆协会会报》上接连报道了河南多个图书馆状况。陶善耕先生称之为"禹穴"，并著书以寻其踪。1932 年"河南社会教育，近年推进不遗余力。据十九年教育部调查，全国图书馆 1620 所，河南占 130 所，几占 1/12，为各省区之第一位"②。1933 年 4 月，为促图书馆事业的发展，沈祖荣先生奉命调查全国各图书馆及馆员之训练，以资改革图书馆教育。他参观"河南大学图书馆之后，即由李燕亭先生导至河南省立图书馆参观。盖李氏每星期日常去该馆为之校对目录，故至熟悉也"③。他参观了开封民众教育馆，对河南社会教育事业中图书馆所起的作用评价很高。李燕亭的《图书馆学讲义》，见证了他对河南公共图书馆事业培养人才所付出的心血，他曾利用暑期多次举办图书馆专业人才培训，可见李燕亭是一位躬耕实践的现代图书馆事业家。

　　杨昭悊在美期间，即在《晨报副镌》发表了《人民对于公共图书馆的权利和义务》，后该文多次再版，其影响可以想见。归国后，他去了江西省图书馆，直接从事公共图书馆事业。为念母恩，惠及桑梓，他又和家兄杨昭恕捐出全部家当办起了"杨太夫人纪念图书馆"④。他们为图书馆事业的发展做出了不懈努力，这实与他们早年的追求、志向密不可分；也与他们对图书馆价值的深刻认识紧相关联。两人译介的《图书馆员之训练》正是鉴于中国图书馆专业人员的缺乏和办理各种图书馆能力的欠缺，师其训练馆员之法，举办图书馆之先务也。才因漏补缺，以飨国人，开启了我国图书馆专业人员教育的理论先河。

---

　　① 李燕亭：《民众教育与图书馆》，《图书馆学季刊》1930 年第 4 卷第 2 期。

　　② 《河南社教事业中之图书馆》，《中华图书馆协会会报》1932 年第 7 卷第 6 期。

　　③ 沈祖荣：《中国图书馆及图书馆教育调查报告》，《中华图书馆协会会报》1933 年第 9 卷第 2 期。

　　④ 汤旭岩：《续写我国早期图书馆学家杨昭悊》，《图书情报论坛》2009 年第 1 期。

　　杨昭悊与李燕亭都曾在北京接受过良好的高等教育，有着深厚的传统文化素养和强烈的社会责任感。由于这批有着炽烈的爱国情怀和报国之志的知识精英的加入，中国新图书馆运动的步伐得以加快，中国图书馆学术及图书馆教育得以蓬勃发展。两位先哲的早期图书馆学行活动远不止这些，但仅从笔者搜求勾稽的这些有限的史料，已经能够一窥中国早期图书馆事业先行者值得尊敬的图书馆精神与情怀。本文对两位图书馆界先哲早年学与行的考察只是一个开端，借以抛砖引玉，以启来者。

李燕亭先生对河南大学之贡献

　　李燕亭先生是 1924 年春应冯友兰邀请从北京到开封，任河南中州大学图书馆主任的。直到 1956 年离开河南大学再赴新乡即今日之河南师范大学图书馆工作。他在河南两所大学兢兢业业工作了近 40 年。他对河南大学的贡献主要表现在以下方面。

1. 传播了一种精神：迅速准确、自强不息的图书馆员精神

　　初到河南的李燕亭，不但积极传播西方先进的图书馆学理念，宣传图书馆在大学的中心地位并身体力行，加强馆员自身形象建设。在工作中，李燕亭率先垂范；据河南大学图书馆史"图书馆职工名录"登记，截至1924 年，图书馆的正式工作人员只有 5 人。1935 年进馆工作的人员共有12 人，其中流失的不详，而 1940 年河南大学播迁到潭头时，图书馆职员总共才 8 人。[①] 可以想见李燕亭先生在河南大学图书馆肇始时期工作的繁忙，从采购到编目、从阅览到管理诸多事宜，都须亲自作为；而且作为图书馆主任的他还要身兼化学课与实验课，如果做事没有效率是胜任不了这双项职务的。1934 年，黄炎培在开封考察职业教育时，来到河南大学图书馆看到悬挂的壁张，"迅速准确、自强不息"，顿然而生敬意，遂记入日记之中。这既是李燕亭勉励自身和馆员的馆训，也是李燕亭先生爱岗敬业精神的写照。正是在这种精神鼓舞鞭策下，河南大学图书馆曾诞生了不少为读者找书如探囊取物的资深老馆员；也使河南大学图书馆在 20 世纪30 年代得到了长足的发展，在全国高校图书馆界崭露头角。这种精神也正是程焕文馆长一直弘扬的图书馆精神，其在第一代图书馆人身上深刻地

---

① 李景文等：《河南大学图书馆史》，河南大学出版社 2012 版，第 459—486 页。

体现出来。①

2. 开创了一种制度：科学民主的精选图书制度

图书馆的藏书是李燕亭先生十分重视的一项核心工作，这应源于他在美选修的图书馆学课程。他选修的课程有 12 门，其中主要的有图书选择（Book selection）、参考工作（Reference work）、图书选购指南（Book – Trade Bibliography）② 等。他认为图书馆有三要素：馆舍、馆员和图书。在这三项中，最能表示图书馆意义的就是图书。要评价一个图书馆的藏书，不能只看"量"的方面，更须注重"质"的方面；但怎样能够用最低的经费购买最好的图书，收获最大的效果呢？那全在选择的精当。若想使图书馆为社会服务，使社会受到一种好影响，关键就是慎选图书。③ 基于这种理念，李燕亭先生领导组织了校图书馆委员会，由各科系热心公益的教授代表组成，在购买图书时十分民主地广泛征求意见，图书购回之后总能在校刊中看到相关书目推介。这一做法可谓用心良苦，不怕麻烦，但求实用。如今，这一传统一直影响到现在的图书选购和数据库购买与院系师生相结合。在这种科学的决策下，河南大学图书馆民国时期的图书与期刊不但种类繁多，而且精品居多，受到了业界诸多好评。中国社会科学院蒋寅、王飚老师参观河南大学古籍和民国书库之后，都认为想不到河南大学有这么多宝贝！王飚老师看到装订成套的厚厚的《科学》杂志，大为惊奇，想不到在北京遍寻不得，在这里竟然能看到这么多。蒋寅老师是每到一处必参观其图书馆，当他查看河大古籍书库目录，发现有这么多晚清人士的诗文集之后，不禁问起当年的图书馆馆长是哪个学校毕业的，当得知其是北大化学系毕业的高才生之后，很是赞叹。原河南大学校长刘季洪等在回忆抗战之前学校状况时说，"在设备方面，这几年对于图书仪器尽力增置。并曾多方设法将图书馆中外杂志多种以前短缺各期，为之补齐，使其完整，甚为可贵"；姚从吾在回忆文字中说"当地学人的著述，甚为丰富，为他处图书馆所罕有"④。

---

① 程焕文：《图书馆精神》，北京图书馆出版社 2007 年版，第 1—4 页。

② 郑丽芬：《民国时期的图书馆学教育研究》，博士学位论文，北京大学，2015 年，第 97 页。

③ 李燕亭：《图书馆学讲义》，河南大学，约 1932 年，第 33—34 页。

④ 翟桂荣：《李燕亭图书馆学思想及其现实意义》，《大学图书馆学报》2010 年第 3 期。

从河南大学图书馆史记载，可以窥见历次会议中李燕亭为学校购置图书精心组织人员统筹拟定各院购书经费标准，审定各科参考用书及应行预定书目。这种科学民主的精选图书的制度，促进了河南大学图书馆古籍与民国文献的藏书质量，至今仍经典实用，多次获得业界的好评。

3. 奠定了一个典范：大学图书馆总分馆管理模式

20 世纪前半叶，河南大学自中州大学成立之始，在民国时期历经河南中山大学、省立河南大学、国立河南大学等。随着每一次变革，校舍扩大与历史的变迁，河南大学的办学地址也在不断发生变化。起初有开封市明伦街的校本部，发展到鼓楼广场附近的医学院，又有开封东南隅"繁塔"附近的农学院等。为了方便办学和阅览，李燕亭先生在管理实践中根据工作需要，河南大学图书馆曾创设了"文、理、农、医"四个分馆，使 20 世纪 30 年代的河南大学图书馆成为当时全国较为先进的大学图书馆之一。几经战乱播迁，河南大学图书馆的办馆模式仍然保存了分馆的特色。在潭头时期，总馆设在上神庙，仍然另设分馆各自独立。"一在党村理学院，一在大王庙农学院，一在嵩县医学院，分置专门图籍，以便参考。"① 分馆管理的科学性在于专业资源紧跟学科走，不仅方便师生的学习参考，更有利于加深学科资源的专业化建设，也便于管理。如今 96 岁高龄的河大毕业生张效房先生，入选 2015 年"最美医生"，他在自传中颇感自豪地回忆当年医学院图书仪器及设备相当齐全，图书馆外文原版藏书十分丰富。② 这种管理理念在今天图书馆资源管理与学科建设的发展中仍然具有一定的现实意义。而先生的这种分馆管理理念应该源于《图书馆员之训练》一书中的专门图书馆学思想。目前，学界对这一思想的研究仍是空白。

1931 年，杜定友先生在《文华图书馆专科学校季刊》上发文《今日中国图书馆界几大问题》，指出图书馆界若对于专业、人才、效用、经费四大问题有相当的解决，那么其他一切问题就可以迎刃而解了。杜先生呼吁专门人才办理专门的事业，图书馆事业方能有进步、有效果③。而当时

---

① 《河大图书馆随校迁嵩之经过及现状》，《中华图书馆协会会报》1940 年第 14 卷第 5 期。

② 张效房、张英：《张效房传/张效房自述》，河南人民出版社 2010 年版，第 33 页。

③ 杜定友：《今日中国图书馆界几大问题》，《文华图书馆专科学校季刊》1931 年第 3 卷第 3 期。

河南大学图书馆就是由具有专业学科背景知识又具有图书馆专门修养的人才办理而成。20 世纪 30 年代李燕亭先生因地制宜地开设了分馆管理与专家合作选书制度，科学且民主地解决了图书馆"藏与用"的实际问题。当年戴志骞希望能得到的管理良美之图书馆在李燕亭身上实现了；而这种良美之图书馆必然具有科学性与专业性和谐发展的一面。

4. 形成了一种风气：积极主动的图书馆服务之风

图书馆服务是图书馆价值实现的一个重要方面，良好的服务对于资源的发挥具有重要的意义。李燕亭先生在其《图书馆学讲义》中就图书馆广告学专设一章，也可以看到他对图书馆服务工作的重视。他对图书馆广告学有着深刻的研究；认为图书馆广告学已占据图书馆学的重要地位，图书馆广告，不仅指正式广告、新闻的宣传和其他种种劝诱的计划。"适当的图书和敏捷的服务，就是最有效的广告。"[①] 同时还应将馆中的利益和贮藏尽量宣布，他非常重视图书馆广告宣传与推广工作。他引艾迪生的话："最有效的广告，是能找出最妥善的方法，使读者注意。否则虽有美好的物品，也曾被人忽略。"[②] 图书馆广告学的目的是提高图书馆工作效率，增进读者利用图书馆的兴趣。

笔者在为先生作年谱之际，翻阅了所能看到的河南大学不同时期的报刊资料，其中印象最为深刻的就是每期校刊都会有图书馆推出的受赠启示、鸣谢赠书、新到中西文图书一览等。图书馆利用报纸的一角展示了自己的舞台，也拉近了与读者之间的距离，使图书馆与读者之间建立了良好的信誉互动。这在无形中增进了图书馆与读者双方的感情，便于图书馆积极主动地开展服务，同时也提升了图书馆的形象和在读者心目中的地位。笔者认为这一方式方法源自当年《北京大学日刊》的影响。

李丙寅老师几次提起，父亲在潭头时，曾对他说过，借过的书要及时还，没有看完到期也要还掉，以免影响别人观看。他说：图书馆的价值在于图书流通，一本书如果一块钱，一个人看就值一块钱，两个人看就值两块钱，看的人越多就越值钱了。在实际工作中，李燕亭先生自身也是带头推介图书的。20 世纪 90 年代回来参加校庆的王鸣岐先生，见到李丙寅老

---

① 李燕亭：《图书馆学讲义》，河南大学，约 1932 年，第 68 页。

② 同上书，第 67 页。

师时，深情回忆了李燕亭先生曾经拿着一本厚厚的《长恨歌画意》让他欣赏其中的美妙之处。可喜的是此书目前馆里至今还有两册，一册在古籍阅览室，另一册在民国文献阅览室。这些理念背后的举止无形中增进了师生对图书馆的眷恋之情。李燕亭先生这种主动推介图书的行为无疑深刻地影响了他身边的工作人员。吴勋泽馆长是抗战时期在潭头镇入馆练习，新中国成立后被选派文华图书馆专科学校进修。笔者在整理河大图书馆人照片时，看到 1985 年后，吴勋泽先生执掌河南大学图书馆之后，馆里曾定期派遣馆员送书回访一些老教授，咨询意见，上门服务，温暖人心，可以看到图书馆人积极主动服务的遗风犹存。

5. 播撒了一片阳光：图书馆成为众多学子温暖的家

李燕亭先生本身参与了近代中国民族存亡关键时刻的五四爱国运动和之后兴起的新文化运动，蔡元培先生的"爱国不忘读书，读书不忘爱国"的教育深刻地影响了他。西方留学经历，促使他终生怀抱一颗强烈的爱国报国之心。战争年代，图书馆仍然是大家最喜爱流连忘返的地方。抗战时期，从河南大学走出去不少参加革命的进步人士，如范文澜、马可、邓拓、王国权、姚雪垠等，笔者查阅了他们的回忆文章，其思想基础大都是在河大图书馆读书时奠定的，都对河南大学图书馆六号楼存有美好的回忆。更有学术大师，宋景昌、任访秋、于安澜在回忆河南大学图书馆时，都流露了美好的情结。宋景昌在回忆上神庙那个简易的图书馆时说："里面的书籍，全都是由那些忠于职守的馆员们从开封母校挑选并辗转跋涉抢运出来的。数量虽不太多，却都是应急、实用的，出借率很高，成为同学们精神食粮的宝库。"[1] 而任访秋在 1944 年前后，连续在《前锋报》社出版的两本书——《子产》和《中国现代文学史》都是在潭头写成的，他曾感慨居然在那时的图书馆内找到了众多五四时期的新期刊，为《中国现代文学史》的写作提供了最主要的资料。[2] 于安澜先生在中州大学读书时，认为在几年的大学生涯，在课堂所得，远不及在图书馆借阅博览所得

---

① 陈宁宁：《抗战烽火中的河南大学》，河南大学出版社 2015 年版，第 382 页。

② 任访秋：《十年漂泊记》，载河南省政协文史办公室《河南文史资料》第 28 辑，河南省文史资料委员会，1988 年，第 59—74 页。

之多。①

6. 留存了一批珍贵文献：颇具特色的古籍民国文献纸质资源

河南大学图书馆在战乱频仍的民国时期，历经数次随校播迁辗转逼藏，迫于历史环境的原因不得不多次南迁西转北归，两次不愿离开省域却又不得不离开而至陕西西安、江苏苏州。抗战时期尽管经历了信阳鸡公山、南阳镇平、嵩县潭头、淅川荆紫关、陕西西安、宝鸡卧龙寺，而后返迁开封，不及三年再次南迁苏州而后北归，数任校长频繁更易，但河南大学图书馆馆长从肇始之初而后长期只有李燕亭先生担任，其对河南大学图书馆古籍、民国文献资源的贡献是不言而喻的。李秉德先生在回忆文章中认为："河大的图书当时在全国大学中还是数得着的。"李燕亭先生作为新文化运动时期的北大才子、理科班长、化学硕士、河北省人，亲身受益于蔡元培主校时期科学与民主思想的影响、爱国平民教育的氤氲。留学归国之后从北京受邀至河南，多次谢绝好友留在更好一点的地方教书，而历尽艰辛返回河南大学，一边用心经营河南大学的图书馆事业，一边脚踏实地担任化学课，传播近代化学知识。他是为数不多的在河南大学担任化学课，传播近代化学知识任职时间最长的留学生之一。他为人谦和、低调，与世无争，终生奉行"只问耕耘，不问收获"的人生信念。如果没有对图书馆事业的挚爱，没有用心经营图书馆的藏书文献，或许他早已离开河南而至他方。正是他的苦心经营、默默奉献，新中国成立初期的院校大调整，使河南大学图书馆能够折枝成林，文献资源得以补充分解给河南师范大学图书馆、河南农大、河南医学院图书馆，等等。晚年的李燕亭告诉儿子："河大图书馆是一座宝藏。"直至退休之后的李丙寅老师往来于河南大学图书馆的智山慧海之间，考证整理出了《中国古代环境保护》一书，才真正体会到这句话的深刻含义。

2008 年，全国首批古籍重点保护单位公布，河南大学图书馆名列其中。河南大学图书馆历经百余年的积淀，几代图书馆人的经营，目前拥有线装古籍约 21 万册，民国之前（明清时期）的线装古籍 99414 册，民国时期各类平装图书期刊 10 万余册，各类报刊 780 余种，期刊合订本 5000 余（册）。民国时期是中国社会剧烈动荡的一个特殊历史时期，在新旧思

---

① 于安澜：《于安澜自传》，《晋阳学刊》1990 年第 2 期。

想的冲突和中西文化的交流中，产生了许许多多的学术著作和文献资料。河南大学民国文献阅览室馆藏图书和期刊涵盖了各个学科的文献资源，包括哲学、政治、经济、法律、历史、文学、艺术、教育、自然科学等门类，其中以文学艺术、政治经济、历史、教育等人文社科方面的积淀较为深厚。仅民国时期平装大型丛书就拥有《万有文库》《丛书集成初编》《国学基本丛书》《四部丛刊初编》《四部备要》等若干套。中国近现代出版的重要报纸杂志，如《申报》《大公报》《小说月报》《东方杂志》《教育杂志》《新青年》《科学》杂志、《科学画报》等，河南大学图书馆收藏得相当齐全（详见拙作《河南大学民国文献阅览室馆藏特色》），这些文献资源之所以保存至今，得以集中保护与展示，固然有多位馆长几代同人的相继努力，但民国时期李燕亭先生为此打下的根基确实造福了后人。

　　纵观李燕亭先生的一生，其对河南大学文化和图书馆事业的贡献实值得一记，他在河南大学历次辗转播迁之中都起到了中流砥柱的作用，他的图书馆经营管理与其图书馆学思想也是值得后人纪念与学习的。

第 五 编

李燕亭先生年谱

翟桂荣 编著

李燕亭先生年谱^①

李燕亭（1893—1964），名长春，字燕亭，河北定兴人。高祖由河北易县大巨村迁至定兴姚村，累世务农。祖父亦农亦商，由商店学徒升为店员、经理，家境步入小康。3 岁时，祖父去世，家道中落。

1893 年（光绪十九年癸巳）　1 岁
4 月 21 日，出生在河北省定兴县姚村南街。

1894 年（光绪二十年）　2 岁
中日甲午战争爆发，北洋水师全军覆没。

1895 年（光绪二十一年）　3 岁
春，康有为发起"公车上书"，请求变法。
是年，祖父去世，家道中落。父亲李文华原本是一个生性淡泊的读书人，为生活所迫，不得不学习新操一种手工面食作坊。

1896 年（光绪二十二年丙申）　4 岁
清政府将强学会改为官书局，延请外国教习选译书报，兼授西学。

---

① 本年谱参考了王学春所编《图书馆学家李燕亭先生年谱简编》（见李景文主编《文献信息工作研究新视野》，黄河水利出版社 1998 年版）；李丙寅先生提供了其父李燕亭先生生前所写自传手稿、诗文等第一手材料，并多次向笔者讲述他记忆中与父亲的有关往事；李先生之女李梦莲、李爱蓉等也向笔者提供了一些文字和口头材料，在此一并表示衷心的感谢。

1897 年（光绪二十三年丙申）   5 岁

2 月，商务印书馆在上海创设，先设印刷所。

1898 年（光绪二十四年戊戌）   6 岁

7 月 3 日，光绪帝正式批准设立京师大学堂，派孙家鼐管理京师大学堂事务，所有原设的官书局及译书局均归并大学堂。

7 月 4 日，京师大学堂创建伊始，拟定《京师大学堂藏书楼章程》。此为中国近代大学图书馆史上最早、最完备的建馆章程。京师大学堂藏书楼（北京大学图书馆前身）也于此时期筹办成立，藏书约有 5 万册。

1899 年（光绪二十五年己亥）   7 岁

光绪帝颁布《饬各省开办中学和小学谕旨》，全国书院改变形式，书院藏书开始逐渐过渡到近代学校图书馆的形式。

殷墟甲骨在河南安阳出土，王懿荣、刘鹗发现了甲骨文字，对其产生极大兴趣，甲骨文研究自此肇端。

1900 年（光绪二十六年庚子）   8 岁

庚子事变爆发，八国联合组织攻打北京城，中国陷入空前灾难。

1901 年（光绪二十七年辛丑）   9 岁

是年，迫于内外压力，清政府被迫实行新政。

10 月，帝后两宫回銮，驻跸开封月余，山东署都袁世凯将《山东学堂事宜及试办章程》奏折送与，尚在逃难途中的慈禧太后颁布"兴学诏书"，通令各省着此仿照开办新式学堂，诏示已被耽搁的 1900 年顺天乡试和 1901 年的全国会试延期在开封河南贡院（今河南大学明伦校区）举行。

是年，英国传教士傅兰雅和华人徐寿倡议创立格致书院藏书楼，以收藏中国古籍和中文译著为主，地址在上海英美公共租界北海路。

1902 年（光绪二十八年壬寅）　10 岁

2 月 8 日，梁启超主编的《新民丛报》在日本横滨创刊。

是年，先生之父李文华经营多年的手工面食作坊，由于信誉昭著，生意红火，家境有所好转。

春，父送其入姚村私塾读书。李父平日读书很多，笃信老庄哲学，常以 "和为贵，忍为高" "不犯上，不作乱" "知足常乐" "明哲保身" "孝悌为人之本" 等语教导先生。

7 月，河南大学堂创办；1903 年改为河南高等学堂。

是年，浙江绍兴富绅徐树兰捐资兴建的古越藏书楼对外开放。这是我国近代图书馆史上最早对公众开放、具有近代公共图书馆特征的藏书楼。蔡元培年轻时曾应邀在此校书，得以博览群书。

1903 年（光绪二十九年癸卯）　11 岁

先生继续在姚村私塾读书。

4 月 5 日，刘师培等赴开封参加在河南贡院（今河南大学明伦校区）举行的全国科举会试。由于庚子之变，北京贡院被八国联军焚毁，中国历史上最后两次科举考试在河南贡院举行。其间，刘师培游览开封名胜，留有《卖花声》（登开封城）词："苍茫大河流，空际悠悠。天涯回首又登楼。百二河山今寂寞，已缺金鸥。

宫阙汴京留，王气全收。浮云缥缈使人愁。又是夕阳西下去，望断神州。"

1904 年（光绪三十年甲辰）　12 岁

1 月 13 日，清政府颁布《奏定大学堂章程》，规定大学堂的藏书机构称图书馆，这是中国官方文件中首次使用 "图书馆" 一词。

是年，商务印书馆编译所所长张元济在上海筹建藏书楼，以收藏善本为主，后定名 "涵芬楼"。

1905 年（光绪三十一年乙巳）　13 岁

9 月 2 日，诏令废科举，推广新式学堂教育。

1906 年（光绪三十二年丙午）　14 岁

先生继续在姚村私塾读书，接受中国传统文化的蒙学教育。

河南籍留日学生在东京创办《豫报》，次年改为《河南》，为同盟会河南分会机关刊物。

1907 年（光绪三十三年丁未）　15 岁

冬，结束私塾时期的学习生活。读书期间，先生曾因故辍学一年。

1908 年（光绪三十四年戊申）　16 岁

春，考入定兴县立高等小学堂学习，开始接受新式学堂教育。

1909 年（宣统元年己酉）　17 岁

先生在县立高等小学堂读书，对文史地各科都很爱好，对格致尤感兴趣。课外读物主要是天津《大公报》、横滨《新民丛报》等，培养了看报的习惯和积极进取的精神。

2 月 8 日，河南提学史孔祥霖在省会开封创办河南图书馆，馆址在刷绒街二曾祠东院许公祠（龙亭湖畔，今开封市图书馆）。馆藏古今中外图籍 1600 余种，卷轴 43000 多件。民国 4 年迁入二曾祠内，民国 11 年为测量局所占，民国 14 年复迁往焉。

1910 年（宣统二年庚戌）　18 岁

夏，考入天津北洋法政专门学校附中（预科）就读。法政学堂分预科、正科各三年。预科每年招考生 200 名，年龄限制在 16 岁以上 25 岁以下，要求文理通顺，曾经读史，略具普通知识。入学考试科目为国文、经义、史论各一篇，考生还要经过日、英、德、法各国语言的考试以及数学笔算考试才能进入本科。

先生在这里结识了李大钊，并有机会修学了英语、日语、德语等多门外国语，为以后从事外文图书分类编目打下了良好的外文语言基础。（按该校，第一外文为日文，每周 12 小时。第二外文，英、德、法文任选。每周 6 小时，但每年递增 2 小时，至 10 小时为止。校方要求外籍教师不得用中文通译。这样，先生就熟练地掌握了日语、德语，为其以后成为外文图书采购、分类编目的良好工具。）

冬，参加全市学生为"立宪"而请愿的示威游行，要求速开国会。

是年，京师大学堂发展成为包括经、法、文、格致、农、工、商七科的综合性大学。

1911 年（宣统三年辛亥）　19 岁

10 月 10 日，武昌起义爆发，全国响应，不数月，清帝逊位，中华民国建立。

先生在天津北洋法政专门学校就读，赋有《闻武昌起义登孤山有感》诗。

1912 年（民国元年壬子）　20 岁

5 月，京师大学堂更名为北京大学，格致科更名为理科。

春，孙中山北上和谈路过天津，国民党党部开会欢迎，同乡某给先生一枚国民党党证，得以亲耳聆听孙中山先生的讲演，对孙先生十分景仰。

9 月，河南留学欧美预备学校在河南贡院的旧址上应运成立（河南大学前身），图书室创建（河南大学图书馆前身）。

1913 年（民国二年癸丑）　21 岁

癸丑革命失败后，政治愈加混乱。先生由关心政治变为厌恶政治，同时坚定了科学救国的信念。

1914 年（民国三年甲寅）　22 岁

8 月，北京大学招考文科学生 30 名，理科学生 23 名，法科学生 137 名。

是年秋季，先生考入北京大学理预科。

是年，沈祖荣赴美专习图书馆学，为中国在国外专研图书馆学第一人。

1915 年（民国四年乙卯）　23 岁

继续在北京大学理预科就读。预科期间，巩固和加深了自然科学的基础和兴趣，并积极参加学校举办的各种文娱活动，培养了多方面的兴趣和爱好，是为先生在学生生活时期最有意义的一个阶段。

9 月，杨昭怒考入北京法政专门学校读书。

10 月 23 日，教育部颁发《图书馆规程》十一条和《通俗图书馆规程》十一条，使图书馆和通俗图书馆的数量迅速增长。

1916 年（民国五年丙辰）　24 岁

8 月 1 日，中国科学社领导的"中国科学社图书馆"成立。

9 月，北京大学学生已增至 1600 人，先生继续在北京大学就读。

10 月，北京法政专门学校藏书室改称图书馆。

12 月 26 日，大总统黎元洪任命蔡元培为北京大学校长。

1917 年（民国六年丁巳）　25 岁

1 月 4 日，蔡元培就任北京大学校长，到校视事。

1 月 9 日，蔡元培发表演说，指出："大学者，研究高深学问者也"；"大学生肩负振兴国家重任，因此诸生来此求学，应做到报定正大宗旨，当束身自爱，砥砺学行；要敬爱师友，互相劝勉"。

1 月 30 日，胡石青、王抟沙创办《新中州报》，日出对开两大张，报馆设于开封行宫街 14 号。

夏，童冠贤、高仁山、刘东美、陈铁卿、周恩来等从天津各学校走出来的留日学生，在东京发起成立"新中学会"，以联络感情、砥砺品行、阐明学术、运用科学方法刷新中国为宗旨，先生由中学同学童贯贤介绍加入该会。

秋，先生升入北京大学化学系本科。

11 月 7 日，俄国十月革命取得胜利。之后马克思主义传入中国，北京大学成为学习和传播马克思主义的阵地。这件事对先生的影响也很大。

12 月，李大钊接受章士钊推荐，决定去北京大学图书馆任职。

12 月 5 日，《北京大学理科化学演讲会宣言》在《北京大学日刊》

发表，先生为发起人和联络人。

12 月 19 日，先生与潘之耿、龚开平、谭声传等九人发起北京大学理科化学演讲会，召开成立大会，制定了宗旨和章程，以集合同学练习化学演讲方法而收观摩之益为宗旨。

是年，张嘉谋（字中孚，河南南阳人）在河南省议会提案《陈请扩充图书馆案》，成为中国近代史上河南第一份关于公共图书馆事业发展的重要提案，张氏亦成为较早关注公共图书馆事业发展的先驱人物之一。

1918 年（民国七年戊午）　　26 岁

1 月，北京大学校长蔡元培聘请李大钊为图书部主任。不久李大钊邀郭须静来北京大学图书馆工作。先生与此二人皆为天津法政学校同学，因喜爱阅读，故常到图书馆。

3 月 1 日，《北京大学日刊》发布《图书馆主任告白》，其内容为：一，有关借阅化学书籍的规定；二，与国史馆及各研究所商定的互相借阅书籍的规则；三，宣布"有愿将私有图书寄存本馆"出借阅览的简章数条："（一）前据化学讲演会全体会员函称：化学书籍太少，而借出者又久不归还，以致学者无由研究。拟请将借书规则酌加修改，凡一种书籍无两帙以上者，不论教员、职员、学生概不借出等语，所陈甚是。除一面查照各国大学图书馆章程，厘定一完善章程，请校长核准定期施行外，希望参阅化学书籍者，尽所可能在阅览室阅览。其余借出各书，仍乞按期归还，以免多数向隅。"

3 月 15 日，《北京大学日刊》第二版载《理科班长及月刊编辑员一览表》，先生为一年级班长兼《北京大学月刊》编辑员。

9 月，在《新青年》的影响下，河南进步知识分子稽文甫、冯友兰等在省会开封创办《心声》杂志，月出一期。主编冯友兰所撰《发刊词》云："本杂志之宗旨，在输入外界之思潮，发表良心之主张，以期打破社会上、教育上之老套，惊醒迷梦，指示以前途之大路，而促其进步。"

10 月，北京大学图书馆迁往新址——沙滩大街，四层红砖大楼，为北京大学第一院。

10 月 25 日，《北京大学日刊》第二版载《理科学长布告》言："本科既预科各年级学生今次投票选举班长，其得票最多数当选者列表于后，均派为本学年班长。此布。"所附表格共列了本科、预科三个年级各班班长。其中，本科列数学门、物理门、化学门、地质门三个学科的班长，"李长春"当选为化学门二年级班长。

11 月 4 日，蒋复璁被推选为一年级德文班班长。

12 月 21 日，北京图书馆协会在北京大学文科事务室成立，是为中国最早发起的图书馆学术组织；袁同礼当选为会长，李大钊为中文书记。已制定章程，因教育部立案未准，加以经费困难，不久即行停顿。

1919 年（民国八年己未）　27 岁

1 月 25 日，《北京大学月刊》第一期出版，成为我国大学印行专门学术定期刊物的典型代表。

同日，蔡元培、李大钊等发起成立北京大学学余俱乐部，以本校同人求学余闲联络感情、交换学识为宗旨，凡本校教职员、学员皆可入会。先生是该会成员。

1—3 月，李大钊在《每周评论》《晨报副刊》《新青年》发表宣传马列主义的文章，并成立"少年中国学会"，并将"新中学会"与"少年中国学会"结成友会。

3 月 23 日，邓中夏、许德珩、黄日葵发起成立了"北京大学平民教育讲演团"。

5 月 2 日，蔡元培在北京大学饭厅召集学生班长和代表 100 余人开会，讲述了巴黎和会上帝国主义互相勾结，牺牲中国主权的情况，指出这是国家存亡的关键时刻，号召大家奋起救国，在场学生群情激愤。

5 月 3 日晚 7 时，北大学生在法科大礼堂举行大会，高等师范、法政专门学校、高等工业等十余所学校均派有代表参加。同学们争相演讲，慷慨激昂，群情激愤，计划第二天上街游行，连夜准备宣言、传单、标语、旗帜等，并联络兄弟院校学生。

5 月 4 日，北京大学学生集会于天安门，同往外交总长曹汝霖家示威。先生随游行队伍走上街头，至刚被火烧过的赵家楼大门口时，大部分人马已离去，遂挥拳打碎了一块玻璃，致使手部流血（据其子李丙寅先生口述）。

6 月，杨昭悊于北京法政专门学校政治经济专业本科毕业，留校任图书馆主任。在校期间，杨昭悊翻译了大量的西方经济、法律方面的文章，刊登于北京《法政学报》。

是年，河南通志馆成立，张嘉谋被聘为纂修。

1920 年（民国九年庚申）28 岁

1 月，先生在《心声》月刊发表译作《科学之价值》，原著作者为班加来。

春，美国华侨夜校校长黄剑农函托黄凌霜代聘一位能说普通话的语文教员，言酬薪足够留学费用，李大钊、郭须静介绍先生充任。

5 月，杨昭悊译日本学者田中敬著《图书馆学指南》一书出版。

7 月，先生在北京大学化学系毕业。

8 月 20—31 日，北京高等师范学校举办暑期图书馆学讲习会，第一次对全国范围内图书馆在职人员进行业务培训。戴志骞、李大钊、沈祖荣、李贻燕、邓萃英等授课，杨昭悊前去听课。此次会议催生了杨昭悊《图书馆学》专著的问世。

秋，先生以半工半读赴美留学，先乘船到日本。

11 月 9 日，先生（Chang Chun Lee）于日本横滨登上了"南京"（Nanking）号轮船赴美。

11 月 27 日，先生到达旧金山。先生在加州理工大学研究院选修分析化学及物理化学等课程。

12 月 15 日，郭须静和何长工等一行 100 余人，作为中国第十七次赴法学生乘坐法国"智利"号邮船赴法留学。郭须静系河南人，留法后习园艺学，回国后在中州大学任教，后主持河南农业专门学校（开封繁塔），1933 年负责筹备西北农学院时因操劳过度患脑溢血不幸英年早逝。

1921 年（民国十年辛酉）　29 岁

是年，先生转入南加利福尼亚大学生物系攻读研究生课程，修植物生理、细胞细菌及土壤学等课程。同时，兼任南加利福尼亚大学中国语文讲师，并在洛杉矶市尚志学校（后改明德学校）担任中国语文教员。

是年，河南省议会提出筹办大学建议案，拟就留学欧美预备学校为大学预科正科之本部，并以校内四年级学生为大学预科学生。逢河南灾害频仍，财政竭蹶，事遂寝。

1—10 月，政府派蔡元培赴欧美考察大学教育及学术机关状况。

6—7 月，蔡元培遍访美国各大学，参观考察其大学教育和图书馆、博物馆等。经过纽约、华盛顿、波士顿、芝加哥、旧金山、洛杉矶等各大都市，每到一处即参观其大学，考察高等教育，并发表演说，宣讲教育与东西文化之融合，并为北京大学图书馆募捐。

7 月，蔡元培到旧金山，在伯克莱中国学生会发表演说，言及北京大学建设图书馆之重要和经费之困难，呼吁海外同胞热心帮助，并以种种命名办法以示纪念。

7 月 26 日，蔡元培到洛杉矶，黄剑农等迎接，参观南加利福尼亚大学及博物院。尚志学校设晚宴招待蔡元培。次日，蔡元培到尚志学校题字留念，之后拟定了《北大图书馆洛杉矶集捐队办法》。时，先生在尚志学校兼任中国语文教员。

8 月，张嘉谋等人创办河南第一女子中学，后改名北仓女中（今河南大学附中）。地址在老官街（乐观街），后迁入北仓旧址（北仓女中）。

9 月 25 日，西美北大同学会正式成立。

10 月 15 日，西美国立北京大学同学会致函全体同学，通报在西美留学之北大同学鉴于北大留美同学会设在纽约，遥顾维艰，乃于 9 月 25 日正式成立西美北大同学会，将照料北大同学来美留学者。该会章程共八条，规定以北大同学之在西美者组织之，为全美国立北京大学同学会之一部，以增进友谊、砥砺学行为宗旨。

11 月 12 日至次年 2 月 6 日，太平洋会议（即华盛顿会议，亦称"九国会议"）在华盛顿召开。先生与爱国华侨黄剑农创办了《罗华》杂志（罗省华侨，罗省即洛杉矶），亲作撰稿、编辑、缮印、发行等工作，免费赠阅，宣传爱国思想，呼吁取消"二十一条"卖国条约。《罗华》杂志重视宣传图书馆的重要性，曾推出"图书馆专号"。

11 月 28 日，杨昭悊搭乘日本"大洋丸"号赴美留学，途径日本沿岸各地，考察其图书馆，并作《东游记》连载于《晨报副刊》。

12 月，先生参加中国留学生在华盛顿发起的爱国抗日游行示威活动。

12 月 1 日，李大钊在《晨报》发表《美国图书馆员之训练》。

12 月 23 日，"全国中华教育改进社"成立，下设"图书馆教育组"。

1922 年（民国十一年壬戌）　　30 岁

是年，冯玉祥主豫，河南省教育经费独立，中州人士皆属望于中州大学之成立。

是年，先生所修研究生学分已足，因利用余暇在罗省（洛杉矶）公立图书馆学校与杨昭悊一起选修了图书馆学程。他们选修的课程有 12 门，主要有"图书选择"（Book selection）、参考工作（Reference work）、图书选购指南（Book – Trade Bibliography）、儿童读物（Children's Books）、编目及主题著录（Catalog uing and Subject）等。

5 月 15 日，先生为母校北京大学图书馆募捐一事致函蔡元培，分析了在美募捐的困难及原因，自告奋勇深入南美开展这项工作，并报告了自己对图书馆事业的关注："除每星期在唐人街为露天演讲外，更刊行杂志一种，命名《罗华》，在已先从事鼓吹图书馆之重要。下月尚出'图书馆号'，专载各图书馆之状况；与各有名的富豪捐助图书馆之实录，俾人民得以观感焉。"

5 月 27 日，胡石青（字汝霖）在唐人街访明德学校，遇黄剑农，寻访先生未遇。

5 月 28 日，先生与杨昭悊同访胡石青，相谈极欢。晚，杨昭悊在唐人街巴黎楼请吃饭。餐毕，至明德学校，阅中国报刊。

6 月 1 日下午，胡石青专访杨昭悊，畅谈中国事，杨君主张设艺文院，办理全国图书馆，翻译审定等。

6 月 3 日上午，先生拜访胡石青，共用中餐，餐后赴西南博物馆（South West Mnseum）参观，并访其馆长康司徒克（Comstock）导观，赠以览要两小册。

6 月 6 日，先生又拜访胡石青，问计划生育管理一事，胡甚赞同。

6 月 20 日，《北京大学日刊》刊登了先生与校长蔡元培的通信，系为母校北大图书馆募捐一事，先生倡议从南美各国开始。先生亲赴墨西哥等处为母校图书馆募捐，有《抵维多利亚城》一诗为证。

7 月，西美北大同学会在旧金山发起成立"西美国立北京大学图书馆募捐委员会"，发布《募捐启示》，其中言及大学图书馆的重要性云："教育为国家之根本，大学为教育之极致，而图书馆又为大学之菁华。故欧美各文明国无不以扩充大学图书馆为首务，是诚治本清源之道也。"

7月3—8日，中华教育改进社在山东济南召开第一次年会。图书馆教育组议决案8条，河南张嘉谋等参加了该次会议。

8月，河南教育厅在省会开封创办河南第一学生图书馆，何日章任馆长。1928年改称河南市民图书馆，馆址在孔庙（文庙）。

暑期，河南省议会决定从赵倜财产中拨出12万元作为筹办本科大学的专项基金，下令查封赵倜在开封的全部财产。教育厅根据省议会议案，委派张鸿烈（字幼山）为筹办员。

9月，河南留学欧美预备学校改名为"河南中州大学"。

秋，留美中国学生会西部分会改选，郝象吾当选为会长，先生为副会长，此后二人在河南大学持续几十年合作。先生先后十余次在美中协会、中国学生会、万国学生会、华侨总商会等各地公开演讲，宣传祖国文化和优良传统。

11月，河南省议会正式确定河南留学欧美预备学校升格为中州大学（今河南大学），并委任张鸿烈为校长。

11月10日，北大留美同学会会长杨振声、书记冯友兰等致函蔡元培校长，汇报北大图书馆募捐活动在东美和西美的开展情况，西美成绩较著，旧金山、古巴、坎拿大数处共捐款13000元，东美数月来仅募得4000余元。

是年，先生与杨昭悊共同翻译了美国佛里特尔（J. A. Friedel）所著的《图书馆员之训练》一书。

1923年（民国十二年癸亥）　31岁

1月4日，教育部派李大钊赴美考察图书馆事宜。

3月3日，中州大学行开学礼，为河南第一个成立的最高学府。校长张鸿烈聘请李敬斋负责全校建筑规划设计；又函聘尚在美国的冯友兰为大学文科主任，负责图书购置事宜；聘请曹理卿硕士为理科主任，负责仪器购置事宜。

夏，先生获美国南加利福尼亚大学生物系硕士学位。同时，完成了图书馆学校的学习任务，领得了毕业证书。先生本想在美国继续求学，以化学和生物作基础专攻农业化学，此时接到国内友人虞宏正①来信，邀请其到北京农业大学担任化学教授。其遂漫游了美国东部各大城市，并参观其文化机关，特别注重图书馆和博物馆，然后经旧金山回国。

暑期，冯友兰与冯景兰、张文涛（张嘉谋之子）等一行，返回祖国。

秋，先生回国后，应北大同学虞宏正之邀到国立北京农业大学做农业化学教授。

8月20日，中州大学举行预科新生考试，录取80名，校内学生共320余名，分文科、理科及附中三部分。

8月20—24日，张嘉谋、何日章代表河南图书馆界参加了在清华大学举办的中华教育改进社第二次年会，参与了图书馆教育组有关议案的讨论，提议将关于美国退还庚子赔款部分款项请中华教育改进社转呈美国政府，作为扩充中国图书馆事业一案提前讨论，并就尽快组建地方图书馆协会等积极发表意见。

9月，杨昭悊著《图书馆学》由商务印书馆出版，该书是"尚志学会丛书"之一种，也是我国现代图书馆学科的开山之作，计12万字。

11月，《心声》杂志第二次复活，兼登关于学术及批判社会现状的文字。有冯景兰编辑的《科学丛谈》等。

是年，袁同礼任北京大学图书馆主任。

是年，韦棣华发起美国退还庚子赔款"推广"中国图书馆事业，两次往返中美之间。

是年年底，冯友兰为中州大学招募人才赴北京高校游说。

1924 年（民国十三年甲子）　32 岁

2月，北京政局混乱，欠薪不发，先生生活难以维持；受中州大学文科主任冯友兰力邀，从国立北京农业大学到河南，受聘为中州大学首任图书馆主任，兼理科化学教授。

是年，河南中州大学图书馆正式成立。学校将原留美预备学校的教学中心——六号楼改为校图书馆，其中一层交给图书馆使用。校图书馆拥有

---

① 虞宏正（中国科学院院士）系先生当年北大同学，一生两次邀请先生做农业化学教授。一次在先生留美归国之际，另一次在1945年国立西北农学院成立不久时期（李丙寅老师口述）。

藏书室两处，阅览室两处，此时图书馆的中文藏书仅有 10500 余册，西文 2205 册，中文杂志 83 种，西文杂志 52 种。

3 月 30 日，北京图书馆协会成立。由中华教育改进社敦请戴志骞发起；之后，全国各地纷纷响应，成立了多个地方图书馆协会，为中华图书馆协会的成立奠定了基础。

4 月 7 日，沈祖荣赴开封做图书馆教育演讲。

4 月 8 日，各校图书馆员讨论会在开封文庙图书馆（河南第一学生图书馆）召开。

5 月，美国国会通过了将退还庚子赔款用于发展中国教育文化事业的议案。

5 月 26—29 日，河南在南阳、开封相继成立了两个地方图书馆协会，成为全国范围内较早成立地方图书馆协会的省份之一。26 日，南阳图书馆协会成立，推杨廷宪为会长，李寰宇为副会长，王洪策为书记。

5 月 29 日，开封图书馆协会成立。是日，图书馆同人在河南第一学生图书馆开筹备会议。到会者有河南第一图书馆、河南图书馆及中大、一师、一工各校图书馆代表。推定何日章为临时主席，李燕亭为临时书记。由主席报告宗旨，次即讨论简章。以北京图书馆协会简章为参考，逐条讨论通过后即选举正式职员。举出何日章为会长，齐性一为副会长，李燕亭为书记兼会计，设会址为河南第一学生图书馆（文庙），议决每月在各图书馆轮流开会。

7 月 3—7 日，中华教育改进社第三次年会在南京东南大学举行。图书馆教育组通过提案四项：刊行图书馆季报案；各省公立图书馆应附设博物陈列所案；各省教育行政机关应设图书馆教育科案；请中华教育改进社转请部省，凡公立图书馆一律免除券资案。

暑期，河南小学校教育讲习会设小学图书馆管理法一科，请杜定友主讲，为期 3 周，每日上课 2 小时，由杜氏编发大纲，听讲者达 200 余人。

是年 9 月，在先生和众多教授的推动下，河南中州大学评议会决定成立学校图书馆委员会，并决议中州大学图书馆成为学校的一个独立部门。并公布简章九条。其中规定：由图书馆委员会来管理图书馆事宜，委员会以校务主任、各科主任、中学部教务主任及其所公推之教员组织之；学校图书经费，专款存储，非经本会议决不得动用；凡购置图书须经本会审定。

1925 年（民国十四年乙丑）　　33 岁

先生仍任中州大学图书馆主任，在六号楼办公；兼化学教授，每周授课 7 学时。

3 月，应中华教育改进社邀请，美国图书馆协会派遣鲍士伟博士（Arthur Elmore Bostwich）来华考察中国图书馆事业。北京图书馆协会认为有从速组织全国图书馆协会之必要，特组委员会筹备一切；与此同时，上海图书馆协会也在积极筹划全国图书馆协会。

4 月 6 日，上海《申报》载：全国图书馆协会开封代表已选定：现闻开封图书馆协会已选定以李燕亭、何日章、张幼山（张鸿烈）三君为代表准期赴会，已致函上海图书馆协会查照矣。

4 月 12 日，中华图书馆协会发起人大会在北平中央公园来今雨轩召开。推邓萃英为临时主席，议决组织筹备会，推定沈祖荣等 15 人为筹备委员。

4 月 19 日，北京第一次全国图书馆协会筹备会会议在北京高等师范学校召开。

4 月 22 日，在上海方面，全国图书馆协会在徐家汇南洋大学图书馆召开筹备会，各地代表 60 余人，公推杜定友为筹备会主席，河南图书馆界代表何日章、李燕亭、张幼山等到会。这次会议，河南图书馆界积极联合各处参与了上海全国图书馆协会的筹备工作。

4 月 24 日，会议进行十分艰难，终定名为中华图书馆协会，会章则另组起草委员会五人议定之。

4 月 25 日，筹备全国图书馆协会之各省代表在上海北四川路横滨桥广肇公学开讨论会，修正、通过了会章草案，主席杜定友宣告中华图书馆协会正式成立，议定于美国庚款委员会在北京开会时，举行成立仪式。会议推举蔡元培、梁启超、胡适、丁文江、沈祖荣等为组织部职员。

4 月 26 日，美国图书馆协会代表鲍士伟博士于下午 3 时抵沪。先生作为留学生代表参加了欢迎鲍士伟博士的仪式。至 6 月 16 日，鲍士伟在中国访问长达两个月，广泛宣传了美国公共图书馆事业的宗旨、精神与办馆方式，对中国公共图书馆事业的发展产生了深远的影响。

5月17—20日，鲍士伟博士来开封考察河南图书馆事业，先后在开封中州大学、河南省教育会举行演讲，其演讲内容被翻译为《鲍士伟博士在中州大学幻灯演讲记》《美国公共图书馆的情形与中国》后投寄《晨报副刊》中华图书馆协会成立纪念专号刊发。

5月27日，中华图书馆协会在松坡图书馆举行第一次董事会会议，公推梁启超为临时主席，袁同礼为书记。

6月2日，中华图书馆协会在北京南河沿欧美同学会礼堂举行成立仪式。名宿毕集，先生与何日章作为河南图书馆界代表参加了成立仪式，亲耳聆听了鲍士伟、梁启超、韦棣华等人的演讲。先生当选为干事，兼任协会图书馆教育组委员、编目组委员，成为中华图书馆协会的发起人之一。

6月2日，中华图书馆协会董事部举行第二次会议，讨论中华教育改进社图书馆教育委员会拟以美国退还庚子赔款1/3建设图书馆之提议，及鲍士伟之意见书。议决可行，函请中华教育委员会基金董事会采行。

6月30日，《中华图书馆协会会报》创刊。共出21卷4期，1948年5月停刊。

暑期，李大钊来开封，并在中州大学六号楼（图书馆三楼报告厅）作了题为"大英帝国主义者侵略中国史"的演讲。

8月17—20日，中华教育改进社在山西太原举行第四届年会，河南张嘉谋出席。图书馆议决案有：规定图书馆经费案；请公立图书馆及通俗教育图书馆增设儿童图书部案；师范学校教授图书馆学案。

10月17日，教育部批准中华图书馆协会备案。

是年先生的长女李梦莲（后改名李振）在开封出生，定居河北定兴，其女于2013年春去世。

1926年（民国十五年丙寅）   34岁

是年，《教育杂志》发表杜定友《图书馆学的内容与方法》一文，统计全国在国外接受过系统的图书馆学教育一二年以上者，仅九人，先生名列其中。他们是：沈祖荣（武昌文华大学）、杜定友（上海南洋大学）、李小缘（南京金陵大学）、李长春（开封中州大学）、袁同礼（北京大学）、洪有丰（南京东南大学）、胡庆生（武昌文华大学）、刘国钧（南京金陵大学）、戴志骞（清华大学）。

3月1日，国立北平图书馆正式成立，由中华教育文化基金董事会创办。聘请梁启超、李四光为正副馆长。

3月，《图书馆学季刊》创刊，中华图书馆协会编辑，出版11卷2期，1936年停刊。

是年9月，儿子李丙寅出生。

1927年（民国十六年丁卯）35岁

4月，奉军占领河南省会开封，中州大学成为奉军司令部，认为中州大学有许多进步师生，学校被迫停课。

春，先生同事吴信予等面称北伐军已到武汉成立国民政府，派代表来开封，发展国民党组织，策划地下工作，配合军事进攻，劝先生参加。之后先生送家眷回河北原籍，只身一人到北平农业大学任教，兼政法大学英文教师。

4月28日，李大钊等共产党人，被奉系军阀杀害于北京。

6月，国民革命军收复河南，冯玉祥为河南省主席，国民党中央政治委员会开封分会提议筹设"国立开封中山大学"，议决合并中州大学及农、法两专门学校为"国立第五中山大学"。

7月，经河南省政府重新决议，改国立开封中山大学为河南省立中山大学。设置文、理、法、农四科。1927年7月至1929年9月，河南政局极度混乱，人事更迭频繁，校长七度易人。

7月初，北京各学校放假，先生静极思动，经同学童贯贤介绍，赴山西大同担任察热招讨使额外秘书职务，从军三月。

7月，河南教育厅委派郭须静、何日章、徐金泉为河南博物馆筹备委员。

9月，先生得到河南中山大学即将开学的消息后，推荐陈凤桐[①]接替秘书长一职，自己绕道3000里抵达开封，继续就任理科教授，兼任图书

---

① 陈凤桐，河南内乡人，中共党员。1927年大革命失败，陈凤桐以准备去日本留学为由，离开了张励生部。1929年秋，陈凤桐在友人陈子毅帮助下，赴日并考入东京青山农业大学专门部，学习农业经济。后回国参加察哈尔抗日同盟军之人民自卫军（张励生负责），在政治处工作。新中国成立后，曾主持华北农业科学研究所工作，历任中国农科院副院长（1956年）、中国农学会理事、中国科学院生物学部委员、中国农科院顾问等职。

馆主任。

10 月，河南中山大学开学，河南开封市中心鼓楼创设河南省立中山图书馆。1928 年 8 月正式对外开放。

11 月 28 日，河南省立中山大学开始上课，学生约 500 名。

12 月，蔡元培任大学院院长，组成以傅斯年为所长的历史语言研究所，开展了对殷墟的大规模发掘工作。

12 月 23 日，北京图书馆馆长范源濂因操劳过度逝世。

1928 年（民国十七年戊辰）　36 岁

是年，先生在《心声》杂志发表论文《美国图书馆的社会化》。

5 月 15—28 日，大学院召集全国教育会议，设立图书馆组，邀请图书馆专家参加，再次讨论有关图书馆事项的政令。公布大学院令《图书馆条例》15 条。

8 月，河南图书馆设立普通、儿童、妇女三个阅览室。《河南民政月刊》第一、第二合期载：《普通阅览室规则》《妇女阅览室规则》《儿童阅览室规则》。

9 月，河南省教育厅十七年 9 月工作报告：通令各县长教育局长遵速筹办地方图书馆：查图书馆为社会教育之一，其职责在搜集有用书籍，以便民众阅览。关于提高人民程度，发扬国家文化，至属重要。我国对于图书馆事业向不注视。统计各省图书馆数目，仅有 100 余处。较诸美国不及百分之一。而河南各县图书馆设立者更属寥寥。教育落后，此亦主因。

1929 年（民国十八年己巳）　37 岁

1 月 19 日，中国图书馆事业的先驱者、北平北海图书馆前馆长梁启超逝世，遗言将全部图书捐赠国立北平图书馆，共 130 箱，4 万余册。

1 月 28 日至 2 月 2 日，中华图书馆协会第一次年会在南京金陵大学召开，到会 200 余人。戴志骞、袁同礼、李燕亭等 15 人被选为监察委员，通过中华图书馆协会组织大纲 24 条，会议分六组讨论：（1）图书馆行政组；（2）分类编目组；（3）建筑组；（4）图书馆教育组；（5）索引检字组；（6）编纂组。决议呈请教育部从速筹办国立中央图书馆。

1 月 30 日至 31 日上午，先生作为图书馆教育组副主席参加了有关图书馆教育问题的讨论。依分组会议规则，推举胡庆生君为主席，李燕亭君为副主席，毛坤君为书记。30 日讨论了有关图书馆人才培养分专门与普通两种模式。专门如创立图书馆专门学校，在大学添设图书馆学系，资遣留学人员等；普通如设立图书馆员速成班、讲习所、暑期学校，添设职业科等。31 日讨论通过了一系列议案。此次年会，图书馆教育组通过议案共七条。

5 月，何日章被任命为河南省博物馆馆长。

8 月，蔡元培兼任北平图书馆馆长，1938 年离任。

9 月统计，河大图书馆总藏书量已达 45708 余册，中文书籍 41659册，外文书籍 4049 余册，中文杂志 238 种，西文 96 种，中西文日报 40余种。

12 月，《河南中山大学周刊》创刊。该刊由校出版委员会校刊编辑部编辑发行，内设"讲演、校闻、学术、杂俎、文苑、规程"等栏目。先生有论文《河南中山大学图书馆之建筑及其计划》在周刊上发表。

11—12 月，傅斯年来开封调解中央历史语言研究所与何日章等安阳殷墟发掘争执一事，在河南大学（当时叫河南中山大学）图书馆发表近一月学术演讲，河大图书馆座无虚席，引起许多人的回忆。一时，河南大学图书馆成为甲骨文研究播种的场所。

美国图书馆学家佛里特尔氏著，杨昭悊、李燕亭译述《图书馆员之训练》一书，由上海商务印书馆印行。杨在自序中称："李君兼通中西文，近又同校研习图书馆学，分译以后又复互相校订，合为一书，译名措辞，幸少乖误。"

1930 年（民国十九年庚午）　38 岁

1 月 15 日，《河南教育》第 2 卷第 11 期载《通令各县教育局定购万有文库》称："本厅为督促各县图书馆事业起见，特令饬各教育局购置商务印书馆现正预约将出版《万有文库》第一集，以充实各县图书馆内容，而资提倡图书馆事业。现本厅已与商务印书馆协定办法，以便各县定购。"

3 月，宋景祁编《中国图书馆名人录》由上海图书馆协会出版，先生名列其中。其文如下：

李君燕亭，原名长春，近以字行。河北定兴县人，现年 35 岁。于清宣统二年，由县立小学升入天津北洋法政专门学校附属中学。民国 3 年，考入国立北京大学预科第二部。民国 9 年在理科化学系毕业，即于是年秋，渡美留学，初入加省理工大学专研理论化学，翌年夏，受南加省大学汉文讲师之聘，遂转入该校肄业，于民国 11 年获得硕士学位，时友人杨君昭悊适来美，习图书馆学，遂约同入罗省公立图书馆学校肄业，民国 12 年夏毕业。乃遍游东美各大都会参观其图书馆和学校，是年 9 月返国。任国立北京农业大学化学教授。民国 13 年赴汴，任河南中州大学图书馆主任兼化学教授。时届本校成立不满一年，诸事草创，煞费经营，始略具规模。终以豫中数遭变乱，校款支绌，发展极缓。至民国 16 年春，校务完全停顿，乃回北平农业大学作教书生活。是年夏，赴山西大同任某使署秘书，参加革命工作，战事起后，往来三晋察绥等处，历时约八月，行程达五千余里，虽军中险苦备尝，然以生活变化甚速，亦颇饶兴趣也。迄年底军事停顿，适河南政局改变，从前之中州大学及法专农专各校奉令合并，改组为河南中山大学，遂应聘来汴，任图书馆主任兼教授，供职至今。曾著《美国图书馆的社会化》一文登载《心声》及《河南中大图书馆之建筑及其计划》登载《河南中大周刊》。又与杨君昭悊合译费里特尔氏《图书馆员之训练》一书，近已出版。

4 月，何日章因安阳文物发掘案被逮，省政府任命张嘉谋为河南民族博物院院长。

5 月，民国教育部公布图书馆规程 14 条。

5 月 15 日，先生演讲《民众教育与图书馆》，王禹孖、刘培芝笔记，先后刊登于《河南民众师范》半月刊、《图书馆学季刊》等杂志。

8 月 15 日，河南省教育厅令各县教育局速设民众教育馆，并将图书馆附属之。

9 月 6 日，先生出席校务会议临时会议，商议校务事项。其中第三条规定：本大学职员及专任教员不得兼任校外任何有酬资之职务。

9 月 7 日，河南省第三届议会批准将河南中山大学改组为河南大学。先生继续担任河南大学图书馆主任兼化学教授，教授本科一年级无机化学课（每周 4 节理论课，2 节实验课），并开设图书馆学课程。

9 月 20 日，先生出席河南大学理学院化学系第一次教务工作会议。

9 月 26 日，出席理学院全体会议。

10 月 20 日，出席理学院第一次院务工作会议。

11 月 2 日，出席理学院第二次院务工作会议。

是年，民国教育部社会教育司编制 1930 年度全国公私立图书馆一览表，收录全国公私立图书馆 2935 所，其中收录北平图书馆 54 个，河南图书馆 187 个。

1931 年（民国二十年辛未）　39 岁

是年，张嘉谋等创办的河南国学专修馆在开封河南图书馆成立，开设图书馆学课程，先生应邀前往上课。1933 年，河南国学专修馆改为尚志高级文书科职业学校，并在教育部备案，一直坚持到抗战时期，迁入南阳后仍在办学，为河南省培养了大批实用人才。

是年，先生著《图书馆学讲义》成书，后由河南大学铅印出版。书中夹缝印有先生 20 世纪 30 年代的私人手章；因抗战时期几经迁徙，该书封面、封皮均不复存在，不能详知其出版情况。据书中内容及书后附录四与附录五提供的资料，可推测此书约成于 1931 年。附录四推荐的 26 种图书馆学参考书，均是 1930 年之前出版的；附录五《一个中等图书馆所应备的定期刊物表》后面标注"民二十年二月拟"。

1 月，河南省教育厅整顿各县图书馆并饬增设流动阅览处。其文曰："图书馆为人民教育之一，关于增长人民知识，发扬国家文化，至属重要。前已通令各县一律举办。惟据报告，其成立者固属甚多；而因情况特殊，迄未筹办者，亦在不少。兹拟重申前令，其已设立图书馆县份，应再充实内容；其未设立图书馆县份，务须剋期筹办。应逐渐筹设流动阅览处，便于城乡民众对于阅览书报有均等机会。"

1 月 14 日下午，先生出席河南大学第三次院务工作会议。

4 月，出席河南大学理学院第四次学务工作会议，会议通过了关于添购图书，开辟文、理、法参考阅览室事以及本校图书经费应按各学院课程数目分配案等决议。

5 月 1 日，韦棣华女士于武昌逝世。

先生参加河南大学校务会议第七次常务会，提议并通过了一个议案：本校图书经费按各学院课程数目分配案。

是年，先生入选上海良友图书印刷公司出版、樊荫南编纂的《当代中国名人录》，其文如下：

李燕亭：名长春，以字形。年 36 岁，河北定兴人。美国南加省大学硕士。罗省公立图书馆专门学校毕业。曾任国立北京农业大学化学教授。现任河南大学化学教授兼图书馆主任，中华图书馆协会监察委员。译有《图书馆员之训练》等书。

是年，全国图书馆及民众教育馆调查表出版，由中华图书馆协会编辑。

是年，《河南教育行政周刊》第 1 卷第 23 期"教育要闻"载："省宣部创设河南革命图书馆。"第 30 期"教育要闻"载："本省河南革命图书馆征集图书办法已拟就。"并刊载派遣图书馆筹备主任莫祥之携同函件简章，向京沪各书肆接洽捐赠图书事宜。兹录其简章如下：

第一条：本馆为征集简章供众阅览起见，得向各方征集捐赠图书。

第二条：凡各方捐赠图书，以合于左列之原则者为限：

一、关于本党党义者。

二、关于社会科学及自然科学者。

三、关于普通常识者。

四、为科学上专门之著作者。

五、为中国文献上有价值之著作者。

六、关于美术及艺术者。

第三条：凡各方捐赠图书，其运费应由本馆担任，但自愿者不在此限。

第四条：凡捐赠之图书，得于书面上加盖某某字样，并由本馆登报志谢。

第五条：凡捐赠图书价值在千元以上者，由本馆特定纪念办法。

是年，《中华图书馆协会会报》第 4 期刊载《革命图书馆鼓励儿童读书》云："河南革命图书馆为鼓励儿童读书起见，凡在该馆读书半日者，概发给奖品赠券一张，集此卷三四张即可持向该馆领奖。因是一般儿童不倦赴该馆阅书愈形踊跃。截至二十日止，该馆已发有赠卷九百数十余张云。"

1932 年（民国二十一年壬申）　40 岁

8 月，井俊起（伟生）接任河南图书馆馆长，井俊起为河南文化界名士。他认为：河南人无图书馆学毕业者。唯河南大学教授李燕亭，河北省人，美国毕业。在美国肄习图书馆学。在大学图书馆又有十余年经验。敦聘其为导师，诸事求其指导，对于编目并全秉定夺。

10 月，中华图书馆协会监察委员、江苏国学图书馆馆长柳诒徵，应邀在河南大学图书馆六号楼讲演厅演讲"中国史学"。

暑期，河南举行暑期教育讲习会，有 96 县学员 418 人参加，历时一月，聘李燕亭讲授《图书馆学》，胡石青讲授《社会教育大纲》，讲习会址借河南大学图书馆六号楼。

是年，《中华图书馆协会会报》第 7 卷第 6 期载《河南社教事业之图书馆》云：河南社会教育，近年推进不遗余力。唯以素乏统计，不易明了实情，兹据教厅考绩委员会统计，本省各省立县立社教机关凡 1062 所。常年经费共 193197 元。其中图书馆，计省立图书馆两所，县立图书馆 128 所。据 19 年教育部调查，全国图书馆 1620 所，河南占 130 所，几占 1/12，为各省区之第一位。至其经费，省立图书馆常年经费共 11761 元，县立图书馆 43088 元，平均每县立图书馆仅 336.6 元。衡以经费，则知此类图书馆规模尚多狭小，有待于整理与扩充也。

是年，《中华图书馆协会会报》第 8 卷第 1、2 期合刊载《焦作工学院图书馆近讯》云：

该院系前福中矿务大学改组，自去岁添设上土木工程科后，始易今名。院长张仲鲁氏，为扩充图书馆起见，缘于民国 20 年 8 月起，规定每月购书费 500 元专款存储，不得挪用，并令组织图书馆委员会，审定应购图书，计 20 年度内，添购中文书 4657 册，西文书 491 册，现以学生日多，图书日增，馆舍狭小，势难容藏，拟将旧有大礼堂，辟为馆舍，刻已修造房间，定 9 月 1 日迁移。又该馆自 20 年度后，馆务繁忙，曾增加事务员及书记各一人云。

1933 年（民国二十二年癸酉）　41 岁

2 月 1 日，《河南图书馆馆刊》创刊发行，1936 年停刊。

是年，杨家骆撰《图书年鉴》出版，书中对先生和河南大学图书馆作了介绍。

4 月 7 日，为建设新的图书馆学教育，并促图书馆事业的发展，沈祖荣先生奉命调查各地图书馆及馆员的培训情况，以资改革图书馆教育。

《中国图书馆及图书馆教育调查报告》载：祖荣于 4 月 6 日离汉，于 7 日下午抵开封。开封街市宽阔，道路齐整。全省教育颇为发达，盖因教育经费独立使然。此计划创自冯玉祥氏主豫时，彼曾指定田赋若干为教育经费。此后历届主持豫政者，遵守未变，故全省学校数目甚多。中小学之外，且设有河南大学一所。该大学现正由省款筹拨 16 万元，建立一所新式图书馆。是馆每年以 36000 元为购外国文书籍之用，甚属可喜。馆长李燕亭先生，为留美专研图书馆学者，办事努力。新馆之建筑，即由其一手经营。李氏于图书馆工作之外，并在该大学担任化学及图书馆学课程云。

参观河南大学图书馆之后，即由李燕亭先生导至河南省立图书馆参观。盖李氏每星期日常去该馆为之校对目录，故至熟悉也。同时晤见河南教育厅长李甫连氏。彼兼为河南大学教育学院院长。此外，曾往参观开封民众教育馆。馆址在鼓楼中，办公室在楼下，阅书者甚为踊跃云。

5 月 1 日，《河南大学周刊》第 24 期头版头条：公牍——河南省政府指令第 8945 号，案由，拟呈送建筑图书馆概算书及设计图说明书已令核办。令河南大学校长许心武呈为拟建筑图书馆谨胪举缘由，并缮具临时概算书及设计图说明书等。呈请鉴和施行指令只尊由呈及附件均悉，已令财政厅核办矣。此令附件转存。

8 月 28—31 日，中华图书馆协会第二次年会在清华大学图书馆召开，会议讨论的要点在图书馆经费和民众教育两项。会议通过重要决议案 9 条。（1）请中英庚子赔款董事会速拨款建筑中央图书馆，请中美庚子赔款董事会补助各省图书馆经费。（2）请中央调拨棉麦借款美金 100 万元扩充全国图书馆事业。（3）为推广民众教育，拟请组织民众图书馆研究组。（4）请本会通函全国各图书馆注重民教事业。（5）建议中央通告各省，于各宗祠内附设民众图书馆。（6）呈请教育部于图书馆规程中规定，省立图书馆应负辅导该省各图书馆之责任。（7）请协会呈请教育部通令各省市县教育行政机关，应聘请图书馆专家指导各中小学图书馆一切进行事宜。（8）由本会通知全国各私立图书馆，尽量搜罗方志与图书以保存文献。（9）请教育部令国立大学添设图书馆学专科。

《中华图书馆协会会报》第 9 卷第 2 期载：教育组主席为李燕亭先生，议决提案如下：1. 建议行政院及教育部指拨的款项于北京设立图书馆专科学校案。2. 再请教育部令国立大学添设图书馆学专科案。3. 请各省市图书馆人才经费设备充足者附设图书馆讲习所，以培育人才案。4. 函请教育厅每年考选学生 2 名分送国内图书馆学校肄业，其膳食费由教育费中指拨案。5. 函请图书馆学校应注重语言案。

8 月，先生出席河大校务会议第 22 年度第 15、16 次会议。

9 月，《河南大学周刊》改名为《河南大学校刊》。据其登载的统计数字，图书馆藏书 60000 余册，馆舍面积 2000 余平方米，设文、理、农、医四个分馆。河南大学校刊特为图书馆开列两个专栏：1. 购买中外文图书一览；2. 接受赠书鸣谢启示。这两个专栏在民国时期一直伴随校刊始终，记载了图书馆与读者之间的互动，也记载了图书馆大量购买的中外文图书的详情。

9 月，先生参与理学院院务会议讨论，决定继续进行自然科学讨论会，并与曾吉夫、李俊甫一起被推举为自然科学三人主席团。

《中华图书馆协会会报》第 8 卷第 5 期载《张仲鲁捐金焦作工学院图书馆》云：

焦作工学院图书馆自张仲鲁接办后，对于图书馆尽力扩充，近特捐廉 1000 元，拨交图书馆，添购图书。盛德高谊，极堪钦佩！现该馆已遵命向海外订购原版大英百科全书及应用化学词典各一部，系最新版本，不久即可到馆云。

河洛图书馆之积极筹备：河洛图书馆为张钫、刘镇华、武廷麟、郭铁林、林东郊、蒋质夫等所发起。自筹备以来，颇费经营。"一·二八"事变后，中央及国府各院部全体迁洛，该馆址遂先后为中央执监委员会及国府行政院等机关借用。馆务停顿。现在中央各机关业已南返，该馆房屋业已腾还。该馆筹备处自接受房屋后，即积极进行筹备，经过一番整理，全院各部焕然一新。其第一进大厅上由于右任院长为书："河洛图书馆"五字，笔法劲道，颇引起一般游人之眺瞩。第二进，有木额，一上书"被褐怀宝"四字，为中委会李协和所书赠。末层厅房，悬木对联一副为南六十七叟赵鹤清撰并书，文曰："河出图，洛出书，乃中华文明肇始。刚读经，柔读史，乘后世造诣宏规。”各陈列室布置已大致就绪，内部陈列物品计：分碑石、字画、古物、造像等。碑石以汉三体石经等各种墓志最为名贵，其他古石尚有一百余方。闻该馆最近购入图书千余种，复发函征求出版品云。

是年，由张钫河朔人士郭燕生、王晏卿、杨一峰等100余人发起的，河朔图书馆在新乡市筹办，形式仿国立北平图书馆；受到河南省内外乃至全国各界重视，规模较大，影响较远。李燕亭、王宴卿、冯翰飞等为建筑委员会常务委员。

《中华图书馆协会会报》第9卷第3期载：

河洛图书馆将先期开放：河洛图书馆为豫西第一规模宏大之图书馆，其发起人为张钫、刘振华等。积极筹备已两年余，觅定洛阳旧城守营为馆址，开工建筑，所有经费均为私人捐助，馆内房舍早曾为中央国府、行政院等机关借住，故工程方面略有延搁。现该馆积极筹备，内部布置已经大部就绪。图书除该馆自购者外，刘镇华氏尚捐助个人藏书数千册，陈列品多为旧洛阳古物保存会所藏者，刻下即着手修建者，为楼下二座，修理费闻为张钫氏拨捐，闻该馆最近先行开放，一俟该馆布置装修各方面齐备后，再举行正式开幕礼。该馆房舍共分三院，东院为运动场，西院为花园，中院为房舍，大门在中院前，大门内院中置石，河图，洛书二，分立两方，并有古石多方，杂立其间，旁有阅报室三间。

（《中华图书馆协会会报》载）河南中山图书馆新楼落成：河南省立中山图书馆前因阅览人数甚多，所有该馆楼房不敷布置，特呈请教育厅拨款建筑新式楼房一所，现已落成。该馆拟将该楼上层辟为杂志图书室，下层为儿童阅览室，于双十节举行开幕礼。现该馆职员正在布置之中。又该馆长鉴于办理图书馆者研究之重要，特搜罗关于研究图书馆之论著，于每日早晨由馆长择优主讲，该馆全体职员，不得无故缺席云。（民国三大报刊收藏家之一冯翰飞曾工作于此。）注：于开封（鼓楼）广场上省立中山图书馆附近又建新楼扩大图书馆规模。

是年，开封河南国学专修馆改为河南私立尚志高级文书科职业学校，先生继续担任图书馆学课，并组织学生赴河南大学图书馆参观实习。

12月5日，先生出席校务会议第5次常会。会议提案和决议如下：

1. 提议：请规定文法两院设备经费数目并划分购置图书界限案。决议：

关于添置图书一事，由文法两院院长与图书馆主任商酌办理，余缓议。
2. 救济理学院设备案。决议：在任何经费内设法维持。3. 理学院应添设普通自然科学为各学院必修课程案。决议：原则通过，详细办法由教务处另定自下学期起实行。

12 月 11 日，《河南大学校刊》第三版刊布了本校重要章程，业经校务会议通过——河南省立河南大学图书设备委员会章程。

1934 年（民国二十三年甲戌）　　42 岁

是年，《中华图书馆协会会报》第 9 卷第 4 期载：

河南大学图书馆事务之发展：开封河南大学图书馆在中州大学时代，仅有藏书室二所；阅览室二所，地方狭小，藏书办公均感困难。中山大学时代，馆址稍广，然以阅览人数渐增，与各种图书之继续添购，势仍不敷于用，民国 18 年春，乃增辟阅览室、藏书室各一所，是年秋，又将第五、六两教室改为藏书室及参考室。易名河大后，阅览人数暨图书之添置，与日俱增，又将六号楼教室全部划作图书馆。总计现在图书馆共有中文藏书室三所，西文藏书室一所，中文杂志贮藏室一所，西文杂志贮藏室一所，普通阅报室一所，参考书室一所，杂志阅览室一所，阅报室一所，办公室两所，装订室一所；较中州大学时代，扩大何啻数倍，但仍不敷用。藏书数目在中州大学时代，有中文图书三万零八百一十九册，西文书三千二百零九册，中文杂志九十二种，西文杂志三十二种，中山大学时代有中文图书四万一千零七十八册，西文图书四千六百三十册，中文杂志一百九十四册，西文杂志七十三种，现在藏书则有中文图书五万二千一百九十二册，西文图书六千六百八十二册，中文杂志三百三十种，西文杂志一百零三种，现在平均每日阅览人数三百零八人，每日借出图书三百三十一册，观以上情形，可知该馆之猛晋矣。

3 月，《全国文化机关一览》记载了河南大学图书馆的沿革：

民国 16 年，合并法政、农业两专校于中州大学为河南中山大学，馆址始占六号楼一层全部，嗣后馆务逐渐发展，馆址亦迭次扩充，迨至民国 18 年，本校易名河大后，除讲演厅第三教室外，六号楼房全部均作图书馆之用。……其形式如一 "T" 字，内部自地窖而上共有三层，第一层为普通阅览室、杂志阅览室、办公室和藏书室。第二层为参考室及藏书室。

下层地窖为阅报室、中西文杂志贮藏室及装订室。唯此楼原为教室，颇不合图书馆之用，拟酬有经费即另建新馆，以期发展。

3月5日，《河南大学校刊》第二版载：

本校订购商务印书馆出版之《四库全书珍本初集》及《四库丛刊续编》两书。本校现准教育部秘书处暨河南省政府秘书处函，以商务印书馆之《四库全书珍本初集》及续印之《四库丛刊续编》两书，关系吾国文化至大且巨，特钞同该馆原函，函请本校查照优待办法，迳向该馆订购，本校以该书关系吾国文化之巨，为必不可少之参考书，特将上开两书各订购一部云。

是年，由于省图旧书目录缺漏太多，虽屡增益，仍欠完备，新书目录亦只有卡片，拟综合新旧书籍分为书本、卡片两种目录。书本式目录由河大教授邵次公负责，卡片式目录则由编目处将线装书一律编列，随时请先生核定。

是年，先生应河南省图书馆馆长井俊起、编目部主任阎雪舟之邀，常到省图及鼓楼处中山图书馆的编目室、阅览室指导工作，解答咨询。

9月，《河南大学校刊》第三版载：本校新建大礼堂全部即可落成。六、七号楼已重加修理。本校新建大礼堂自开始动工，迄今将近三载。工程之浩大，在豫省尚属创见……又本校六号楼（博文楼）自本期起，完全拨归图书馆，因该楼建筑日久，经风雨剥蚀，颇多渗漏之处，经校方于暑期内加以修理油漆，现已焕然一新。同时七号楼亦于暑期内重加油漆云。

11月5日，先生在7号楼202教室发表了《民族复兴与青年修养》的演讲，主旨是科学救国理想。

11月20日，河南省政府决定将河南通志馆设在河南大学，校长兼任馆长，聘任胡石青担任总纂修，河南大学大礼堂二层角楼为其办公地址。七七事变前完成《河南通志》（民国）全部书稿。河南大学图书馆为河南省地方志的编写提供了不少资料帮助。

11月28日，河南大学举行大礼堂落成典礼，先生被推选为筹备委员会委员，与刘海蓬一起负责招待工作。

1935 年（民国二十四年乙亥）　43 岁

3 月 11 日，《河南大学校刊》第 68 期第三版载：图书馆现任主任李燕亭先生为美国南加利福尼亚大学硕士，罗省公立图书馆学校毕业，曾任北京农业大学教授。对图书馆学有深刻的研究，在职垂十余年，一切均称熟手。

3 月 18 日，《河南大学校刊》第二版载，附中二次纪念周，刘教导主任报告校务后，请校图书馆主任兼教授李燕亭先生讲演"读书与修养"。先生详述读书之要点及修养之要点，及其补救方法，均极为精彩。同学方面亦聚精会神静聆高论。

4 月，黄炎培考察开封职业教育。连续在开封做了八场演讲："教育与职业"，"职教概论"，"职业陶冶"，"职业指导"，"都市职业教育"，"工商职业教育"，"农村改进与农科职业教育"，"家事教育与女子职业教育"。

4 月 22 日，黄炎培先生参观了河南大学图书馆，他看到图书馆悬挂壁张："迅速准确"、"自强不息"，遂写于日记，见证了先生心中作为图书馆工作者的自我要求。

是年，《河南统计月报》第一卷载：河南省立河南大学概况调查，图书馆主任一人会同教务长、秘书主任、各学院院长、商函校长，处理全校图书馆事宜。馆内设办事员若干人。

8 月 12—16 日，先生与袁同礼、徐鸿宝（故宫博物馆馆长）、王庸（浙江大学图书馆主任）、谢国桢（版本目录学家、明清史专家）一行，代表中华图书馆协会赴广西南宁参加"六学术团体"年会，考察了西南图书馆业务。

9 月 9 日，《河南大学校刊》第 81 期记载：本校图书经费暂定每年 2 万元，专款存储不得挪用。李燕亭先生任河南大学校图书委员会主席，在他的主持下，委员会专门会议讨论决定：图书馆每年经费 2 万元，25% 由图书馆支配，其余由各学院均分，以资选购专业资料。

9 月 30 日，《河南大学校刊》第 84 期载：河南大学成立经济稽核委员会，委员选举结果，李燕亭等五位先生当选。

是年，《中华图书馆协会会报》载会员录，河南机关会员有：省立图

书馆：河南省图书馆（刷绒街）；县立图书馆：固始公立图书馆；私立图
书馆：河朔图书馆（新乡城内西大街）；民教馆：温县民众教育馆（河南
温县城内中山大街）；大学图书馆：河南大学图书馆（开封），河南大学
教育图书馆（开封），焦作工学院图书馆（河南焦作）；中小学图书馆：
济汴中学图书馆（开封地方法院对面），郑州私立明新中学图书馆（郑州
城内书院街）；河南省立信阳师范学院图书馆（河南信阳）；河南省个人
会员：李长春、马家骧（开封西棚板街）、马玉振（河南焦作工学院）、
郭苞林（河南省立中山图书馆）、赵鸿泰（开封济汴中学）。

1936 年（民国二十五年丙子）　44 岁

6 月 15 日，《河南大学校刊》第 133 期第一版记载：校图书馆委员会
举行第二次常委会——本年度添购图书达一万余册，下期参考书请各教授
介绍。会议报告本年度因图书经费确定，故订购图书均较往年为多。

7 月 20—24 日，中华图书馆协会第三次年会与中国博物馆第一次年
会在青岛山东大学召开联合年会。先生作为年会总委员会委员之一，分任
图书馆教育组书记，并被选为监察委员。此次年会，县立图书馆的发展规
划视为重要议题。年会议决，会议闭幕后，设一民众图书馆讲习会，授课
三星期。沈祖荣先生作为教育委员会主席，作了《中华图书馆协会第三
次年会图书馆教育委员会报告》，将联络各省教育厅办理暑假讲习会列为
本会拟办之事业。教员有各省或本会聘定三人，完全义务职。

是年，先生加入中国化学会，会员证号 851，积极参加化学会的年会
等各项活动。

9 月 22 日，北平图书馆馆长袁同礼（守和）来河南省博物馆参观并
演讲。

是年，刘季洪校长向民国教育部与中英庚子赔款管理委员会申请经费
20 余万元，兴建了别具一格的牌楼式建筑——河南大学南大门，选取儒
家经典《大学》开篇，"大学之道，在明德，在新民，在止于至善"，取
"明德，新民，止于至善"八字作为校训，以柳体金字镌刻于门楣内侧。

1937 年（民国二十六年丁丑）　45 岁

年初，先生代表河南化学界赴南京参加中国化学会举行的临时化学讨

论会，讨论化学在国家建设中的作用等议题。

7月7日，日军发动卢沟桥事变，时河南大学在北京设有招生考试处，先生正在北京代为招生。他回来后说：北平乱得很，外逃的人很多，他是从西直门车站乘火车返回的。

9月，随着时局发展，冀鲁军事吃紧，河南省政府决定河南大学准备迁移，最后决定将文、理、法各院迁往豫南鸡公山（避暑胜地，山中有洋人别墅300余幢），农、医两院迁往豫西南镇平。

10月，河南大学图书馆开始准备迁移，图书、仪器分批打包装箱登记，教职员眷属分批起程。先生托镇平籍好友刘词青医生陪同家属先期前往，寄居在北大校友开封高中教师郭西则先生老家。他本人留在开封工作。在此期间，先生的小儿子在镇平因丹毒，不幸夭折。

12月底，华北沦陷，河南大学文、理、法三院师生及其图书仪器，陆续迁移至鸡公山。先生随农、医两学院最后迁至镇平。自此开始了8年的流亡教书生涯。

1938年（民国二十七年戊寅）　46岁

4月，中华图书馆协会为征求全国图书馆被炸事实及此项照片，在全国各地设立通讯处14所，鸡公山河南大学图书馆是其中之一处。

6月，开封被日军占领。蒋介石炸开黄河花园口，豫东南尽成泽国。

7月，前方战事激烈，豫南岌岌可危，南京国民政府准备迁都重庆，校中同人筹商再三，建议迁校于四川万县。此时，刘季洪校长决定将暂迁于鸡公山文、理、法各学院图书仪器先移至武汉，随又派先遣队李燕亭（携带家属）、医学院教授李赋京（携带家属）、朱德明等人（因有医学院的毕业生王贵竹女士是万县的名门望族，可请其协助工作）赴万县寻找新的校址，历时近一月。

8月，河南省政府和地方乡绅决定将河南大学留在省内办学，河南大学被迫由信阳鸡公山迁往镇平，先生一到万县就接到了校方电报，"河大不迁万县，全去镇平"。先生接电后因家中人口多，行动不便，遂决定留下家属暂时栖身万县，只身返回镇平；又因等待下水船，在万县停留了三天。同去的李赋京教授因带家眷而留川工作。

9月，刘季洪校长与先生等奉命率校本部及文、理、法三院师生将武汉的图书、仪器等一并迁运到镇平；至此，分别半年多的五院师生喜获重逢。刘季洪校长因考虑到学校前途和师资不稳，个人不便负此重责，遂辞职。

先生在镇平，担任农、医两学院课程。镇平地方自治较好，医学院安置在东关泰山庙，农学院设在安国城。先生为农学院学生讲授土壤肥料学，给医学院学生讲授普通化学。"晨兴授课泰山中，午后执鞭安国城。"

11月30日，中华图书馆协会在重庆举行第四次年会，先生未及参会。

是年，《中华图书馆协会会报》在昆明复刊，卷期续前。

是年，协会会报第13卷第3期报道：《抗战一年来我国图书馆的损失》抗战一年中，我们究竟损失了多少图书馆？"南京53所、上海173所、江苏300所、浙江377所、安徽111所、北平96所、天津26所、河北176所、青岛12所、山东276所、威海卫5所、山西127所、河南392所、察哈尔13所、绥远19所，共计损失图书馆2166所，以每馆平均数4000册计算，即达866.4万册。"

1939年（民国二十八年乙卯）　　47岁

春季，日寇进攻新野、唐河，镇平危机。

是年春，先生小女儿李爱蓉在四川万县出生。

5月，《协会会报》第13卷第6期载：《教育部发表全国高等文化机关受敌军摧残之下所蒙损失统计》一文，痛陈了自"七七"事变后，我国高等教育及文化机构所蒙受的巨大损失，在各大学之损失中，当以图书馆为最甚……此次我国图书损失之大，遭劫之重，在本国历史上固为空前，即世界任何国家因战事所遭损失，亦无如我国所感受之重大。

5月，河大师生1100多人，带着图书、仪器、标本、模型及各种药品1400余箱，被迫撤离南阳镇平。或步行，或牛车接送，经多县后至嵩县。医学院迁到嵩县城内，文、理、农三院迁到潭头镇（河南大学避乱此地近5年，现隶属栾川县），相距百里。相传这里曾是程颐、程颢著书立说、传学布道之地。

在潭头，图书馆另设分馆三处：一在党村理学院，一在大王庙农学院，一在嵩城医学院，分置专门图籍，以便参考。潭头镇上神庙设总图书馆，继续开馆。计有中外文图书 70000 多册，杂志 200 多种，并有各种仪器 31000 多件。此地环山抱水，风景清幽，无警报之烦扰，有静观之乐趣，诚为读书佳地。同学们还利用课余时间，把通往图书馆所在地上神庙的小路平整后，铺成一条石子路，馆务复又蒸蒸日上。

近暑期，先生安排好学校图书馆工作，从河南绕道陕西宝鸡，翻越秦岭，经成都、重庆到万县，历尽艰辛接家属回河大新迁校址河南嵩县潭头镇。途经重庆时，有朋友邀他留在重庆工作，以免奔波之苦，先生婉言谢绝。

先生携带家眷，由于人多年幼，仍走水路返回河南。从万县乘轮船东下，至重庆，过沙市（现名荆州），走旱路，又乘民船，到南阳。先生特意进城看望了老朋友闫雪舟（南阳人，原河南省图书馆编目馆员）。从南阳雇车去嵩县潭头，中午于叶县食捞面，后又吃西瓜，未久发病。傍晚时先生身体不支，遂下车，躺在路边奄奄一息。时前不着村、后不着店，全家百般无奈，煞是着急。巧遇两位禹县天主教堂人士从老河口买药归来。紧急施救，诊是霍乱。放血急救，先生几个手指被扎破，挤出全是近黑紫血，又给打针吃药获救。家人遂遵嘱默念天主保佑。

是年，学校院系进行了调整，将法学院并入文学院，仅设文、理、农、医四个学院，10 个系，40 个班。农学院畜牧系仅余两位教师，难以支撑，学校同意该系师生并入国立西北农学院。

是年，河南大学到潭头后，即和地方协商共同创办了私立七七中学。由化学系主任李俊甫教授任校董，负责从青年教师和高年级学生中聘请教师。河大图书馆借给部分图书成立了图书室。教育系则把当地的伟志小学作为实习基地。先生把从开封带到镇平，再带到四川，又带回河南的一套商务印书馆出版的《小学生补充读物》600 册，一大箱，捐给了伟志小学。

12 月，王广庆校长在《河南大学迁至嵩县潭头以后筹备经过情形及工作概况报告》中陈设图书仪器等状况：查图书仪器标本模型等为校中精华所在，积下数年之惨淡经营，继续购置，存有中外图书 45643 种，中外杂志 205 种，合计约有 10 万余册。仪器 29668 件，标本 4860 件，模型 55 件，药品 2439 种。

1940 年（民国二十九年庚辰） 48 岁

在潭头，先生一边主持馆务，一边不忘化学研究和教学工作。

10 月，河南大学化学系征得中国化学会同意，在潭头镇组织成立了中国化学会河南分会，连同新发展的会员，共有会员 40 余名。经推举，李俊辅（相杰）任会长，李长春（燕亭）任副会长，王新甫、杨清堂等任理事。

是年，《中华图书馆协会会报》迁往成都。

是年，中华法会编印馆出版发行了日本乔川时雄编纂的《中国文化界人物总鉴》，其中对李燕亭作了较详细的记载。

潭头时期，因经费所限，国民政府发行货币面额较大。为方便贸易购买，河南大学办事处与农工、中央银行协商，特制了仅能在潭头市场流通的"转街票"，加盖河南大学图书馆钢印以防造假，解决了零钱购物的难题。

12 月，河南大学校歌作成，嵇文甫词，陈梓北曲。

1941 年（民国三十年辛巳） 49 岁

2 月 3 日，河南大学教授、河南通志馆总纂胡石青病逝于重庆。

河大师生在潭头，散居附近各村，环绕成梅花形。各村及寨内房舍较多，且为砖墙瓦屋，宽敞明净。配上优美静谧的自然环境，犹如现世桃源，恰是读书的好地方。五年时间，一因交通不便，二因同学大多来自战区，多无去处。不论是学期还是假期，图书馆中总是人头涌动，宝贵的图书期刊成了师生们难得的精神食粮。一时"不爱三顿黄金塔，只要开心书一卷"成为趣谈。

据李丙寅老师回忆：有一次，他在上神庙图书馆，见河大一位年轻老师从图书馆借了许多书，找一位当地人用两箩筐挑了回去。据说，他要开一门新课。

3 月，中共河大支部已有党员 13 人，并成立了党的外围组织"河大读书会"。另外，因志趣相同还组织有"力行读书会"。

7 月，教育部社会教育司司长、河南大学原校长刘季洪视察豫陕教育。盛暑之下，刘季洪专程到潭头看望河大师生，患难重逢，悲喜交集。

他看到河大师生的办学精神，当时河南正遭受空前大旱灾，饿殍遍野，省府财政十分困难，遂呈请教育部，将河南大学由省立申请改为国立大学。

1942 年（民国三十一年壬午）　50 岁

2 月 8—9 日，中华图书馆协会于重庆国立中央图书馆举行第五次年会，先生未及与会。

是年，《中华图书馆协会会报》迁往重庆，办刊至 1945 年抗战胜利。

河南大学自 7 月 1 日起，改为国立河南大学。学校举行了隆重的挂牌仪式，并由学生自发组成的各种剧团公演数天，狂欢庆贺。

9 月，河南大学在嵩县潭头与地方共建创办了七七高中。鉴于七七中学毕业升学困难，附近没有高中。校长由文学院院长张邃青兼任，担任各科教学的教师全是河大知名教授。当年招生 40 人，先生曾先后为高中部义务讲授高一英文写作与修辞学和高二化学。七七高中为国家培养了一批人才，据 1992 年统计：七七高中毕业生中，副教授以上职称和担任一定领导职务的有 40 余人。

12 月 6 日，河南大学举行了数理学茶话会（科普茶话会）。先生作了题为"原子核的破裂和原子能的利用"的报告。从分析人类可利用的煤、石油等资源的有限性入手，论证开发利用原子能的必要性，同时对原子能一旦为野心家所利用将给人类带来灾难表示了担忧。

1943 年（民国三十二年癸未）　51 岁

3 月，国民政府教育部聘请刘季洪、蒋复璁、袁同礼、陈训慈、刘国钧等国内文化界知名人士及西北行政当局，组成国立西北图书馆筹备委员会，刘国钧任筹备委员会主任。

4 月，《国立河南大学学术丛刊》创刊。第 1 卷出版登载了嵇文甫、朱芳圃、陈梓北、李燕亭、张长弓、任访秋等 25 位教授的研究论文。先生的论文是《原子核的破裂和原子能的利用》。河南大学在艰苦的环境中取得的科研成果，引起了国内外同行的关注。

是年，教育部统考，河南大学名列第二。教育部综合评估，河南大学以教学、科研及学生学籍管理的优异成绩，被评为全国国立大学第六名。河南大学理学院的图书仪器名列全国第三。

1944 年（民国三十三年甲申）   52 岁

是年，先生仍任图书馆主任和理学院教授。

4 月，日军集中兵力进攻河南，发动了"河南会战"。国民党汤恩伯部不战而退，将敌军引到伏牛山中，潭头危急。

5 月 5—6 日，中华图书馆协会于重庆国立中央图书馆杂志阅览室举行第六次年会。

5 月 10 日，日军逼近嵩县。嵩县医学院师生 300 余人携带部分图书、仪器等教学设备撤出县城，逃向潭头。

5 月 11 日，嵩县沦陷的消息传到潭头，校长王广庆召开校务委员紧急会议。黄昏，距离潭头镇 30 里的旧县镇电话不通；半夜，正在沉睡中的先生一家被叫醒，仓促间众多家属师生暂时逃离到 20 余里外的重渡沟避难。

5 月 12 日，河南大学撤离潭头。男生到 50 里外的大青沟，女生随眷属到 35 里的重渡沟。大雨滂沱三日不止，山洪暴发。

5 月 15 日，日军侵犯豫西嵩县潭头，河南大学师生员工、眷属 2000 余人，仓促逃离，撤退到内乡、淅川一带，公私财物都没有来得及运走。河大师生死难十余人，失踪 25 人，图书仪器损失严重。理学院设在潭头外寨北二里党村，当时储备的图书仪器，在国内约占第三位，日寇经过时，将整个院落纵火烧毁，不但全部原版科学和工程参考的图书杂志付之一炬，所有物理系、生物系全部仪器标本及化学系的精细天平 12 架和其他贵重仪器也化为灰烬。河南大学一批重要的档案资料也于此时丢失。

潭头时期，理学院有仪器 16546 件、标本模型 2506 件、药品 1108 种，有各种实验室 7 所。医学院新购的德国蔡斯公司制造的显微镜 52 架，其中三镜头显微镜 15 台、二镜头显微镜 25 台、单镜头 7 台、微体解剖显微镜 1 台、普通解剖显微镜 3 台、袖珍式显微镜 1 台。医学院同学回忆，每人实验时都有 1 台显微镜。日军在仓库内发现后，全部掠走。

5 月 21 日，河大师生逃难至淅川县西坪镇。学校在此设图书仪器转运站，先生即刻投入抢救、整理、转运图书仪器的最前线；抢运回学校图书馆图书 71125 册，损失 6841 册。

《协会》会报第 18 卷第 4 期国内消息栏——《河南大学图书馆被敌

焚毁》：国立河南大学图书仪器，抗战后由开封迁至嵩县未受损失，此次中原之战，敌人于 5 月 12 日陷嵩县，该校以战事紧急，未及迁移，所有图书仪器付之一炬，损失重大，近敌人已在嵩县撤退，该校正在清理图书仪器云。

《协会》会报第 18 卷第 5、6 期合刊载《河南大学图书仪器损失续闻》：此次中原战争急转，国立河南大学图书仪器损失惨重，已志上期会报。兹据新由豫省来人谈：该校文、理、农各学院图书仪器，于敌人潭头镇撤退后，即由当地人民协助抢运，闻已运出十分之七八，唯嵩县城内医学院各种图书仪器悉被敌损坏，现该校已决定在内乡县境内荆关复校，正兴建校舍云。

6 月下旬，国立河南大学师生经长途跋涉陆续到达位于豫、鄂、陕三省交界地带的淅川县荆紫关。初到时，先生全家住在西关黄帮小学的大教室内，众多家庭拥挤地住在一起。晚上打地铺，白天把铺盖卷起来，再把课桌摆好。

7 月上旬，全部物资抢运完毕，图书馆人石如灿被抬到时不省人事。面对国立河南大学的再次择校等难题，王广庆校长引咎辞职。在荆紫关，图书馆设在寨南门外的土地祠内，稍作整理即开始借阅。这次搬迁非常仓促，图书仪器损失严重。

8 月，河南大学借用荆紫关一所小学稍加扩建，于暑假后开始招生。先生之子李丙寅考入河南大学化学系。

9 月，货币贬值，全校师生已陷入生存危机。为果腹先生几个子女被迫到几十里外的河南联中上学，下雪天回到家中，有个女孩的脚肿得袜子都脱不下来了。

11 月 6 日，《国立河南大学校刊》第 3 期（河南淅川县荆紫关）载：本年度新生入学定于 11 月 4 日开始举行训练，科目计分八种。其中修学指导内容为：一般科目之性质及目的及其相互关系，专门科目及专业科目之性质及目的，各科目之研究态度及方法。图书馆实验室及其他作业场所之利用及应守规则，专业之意义与重要等。由胡梅村、李燕亭、赵敏、杨振华诸先生分别担任主讲。

11 月 14 日，先生出席由郝象吾主持的新学期第一次教务会议。讨论要案多项。其中关于图书馆者：决议克服一切困难，从速购置图书仪器，尽可能地将图书上架开借。为方便教学，借阅图书一次以 20 种为限，授课在 3 门以上，约增加 5 种为限；决议通过图书馆整理案，通知总务处，从速购置木板，展布图书。

11 月，在荆紫关，河南大学学生救济会成立民众图书馆。为扩大社教工作，供应民众阅览计，与荆紫关公所合办民众图书馆，馆址设镇公所对门。由荆关镇教育会长陈奠亚任馆长，学生四人轮流值班，每天上午 8—11 时，下午 2—5 时开馆，有图书 300 余册，杂志多种，民众读物尤多，任由百姓阅览。

12 月 29 日，教育部督学沈亦珍上报《视察国立河南大学报告》：学校以马王庙为办公室、第一中心小学为教室、土地祠为图书馆。11 月 5 日正式复课。原图书仪器尚足敷应用……及至潭头敌退……动员内乡民夫 800 名赴潭头抢运，一面派员在潭头栾川一代自雇民夫 200 余名挑运。总计图书方面，医学院及理学院存书损失殆尽，文、农两学院及总图书馆之藏书因在潭头上神庙未遭敌人破坏，幸获保全。清查结果，抢运回学校图书馆图书 71125 册，损失 6841 册。视察意见：1. 该校仪器损失过多，理、医两学院的图书损失亦巨。2. 该校员生逃难后衣被不全，生活异常艰苦，渴望予以救济。3. 该校教务、训导一切实施均尚认真。

1945 年（民国三十四年乙酉）　53 岁

1 月，第一战区司令长官陈诚向教育部建议国立河南大学立即迁校。张校长向教育部汇报河大应急内迁的打算。

2 月 5 日，《国立河南大学校刊》载：学术评议会举行首次会议。学术会提议，运送图书应如何办理案。议决由庶务组制木箱，查询水运路线，并雇觅船只。在寒假期间，图书馆应妥为整理、制卡片分部类案；决议交图书馆办理。

3 月 20—24 日，回家奔母丧的冯友兰兄弟到荆紫关处为母校师生做了系列学术演讲。

3 月 25 日，日寇在豫西南又发动攻势，南阳失守，淅川吃紧。27 日，日寇已陷南召李青店，继向南阳内乡窜犯，学校因避处山中，消息隔绝。全校师生闻此消息，感于嵩县潭头之旧创，均惶惶不安。乃集议择地迁避，运藏图书仪器。当时以军车吃紧，顾夫不易，又无款可资远运。乃商请地方乡镇公所及有力士绅，雇用挑夫，于 29 日暂将图书仪器逼藏于荆关北二十里之猴山，迄 31 日运藏完毕，留专人看守。

3 月 28 日，国立河南大学师生再次被迫转移。教职工及家属数百人逃难流落于陕西商南县赵川镇，镇主党飞武慷慨好义，留宿师生十数日，分住各家。4 月吉日，张仲鲁校长代表全体教工赠匾感恩，题词"维护文化"。匾上附避难者姓名，先生于其中。

《协会》会报第 19 卷第 1、2、3 合期载：河南大学图书馆转运陕西，国立河南大学图书仪器，因去年敌人进犯豫西损失甚重，本年春间该校请准政府暂设陕西宝鸡卧龙寺，唯图书仪器尚在荆紫关，闻胡宗南长官尤拨汽车数量运至西安，再转卧龙寺新址云。

4 月，学校将图书仪器等物品，一律包装起运到西安河南会馆，暂行存放。师生辗转流落西安，暂栖身于河南乡贤张钫先生创办的西北中学。

5 月 3 日，起运全部图书仪器，校址暂定在宝鸡东石羊庙武城寺一带，图书馆设在宝鸡卧龙寺。此时，全校师生赤贫如洗，教部所拨应变费款项入不敷出。

6 月 5 日，在宝鸡的《国立河南大学校刊》发布了《本校内迁经过及近况》。

7 月 23 日，田培林接任国立河南大学校长（同时兼任西北农学院院长），到校视察。

在宝鸡期间，学校与西北农学院互聘教师上课。先生应西北农学院好友虞宏正再次邀请，兼西北农学院教授，同时也在河大上课，故辞去图书馆主任一职，由教育系李秉德（至纯）副教授兼任。

8 月 15 日，日寇宣布无条件投降，抗日战争胜利结束。师生欢欣鼓舞，归心似箭。学校决定 11 月学生提前考试后，可自行编组返回开封。

10 月，在宝鸡，国立河南大学接待了专程来访的英国皇家学会会员、中英科学合作馆馆长李约瑟博士，他做了"科学与民主"的演讲。他对河南大学图书馆丰富的藏书和珍贵的《道藏》大加赞赏，并同化学系教授们做了深切的交谈。

12 月 12 日，田培林校长宣布本学期课程已赶授完毕，12 月中旬起开始东迁。

12 月底，河南大学由宝鸡迁回开封，结束了八年的流亡办学。西北农学院放寒假，先生也带领全家返回开封。

1946 年（民国三十五年丙戌）　54 岁

3 月，河南大学在开封原址重建并准时开学。先生返回河大，担任化学课程教学工作，教授普通化学，不再担任图书馆主任一职。

11 月，田培林校长调任教育部次长，国民政府委任姚从吾为国立河南大学校长。

图书依然搬进抗战前的六号楼。经过多次搬迁流离，河南大学图书馆藏书幸存的，有中文书籍 67346 册、西文 5182 册、日文 1971 册，总计74499 册。

是年，先生应河南省图书馆邀请，授课之余，特在开封河南省图书馆一间挨着楼梯口的房屋内，整理日伪时期留下的日文书，负责分类编目等事宜。

1947 年（民国三十六年丁亥）　55 岁

3 月 1 日，《国立河南大学校刊》第四版载郝象吾撰《国立河南大学复校纪念碑》一文。摘录如下：

中国古代学校以化民成俗为旨归，而太学尤为发扬清议、辩证国是之枢纽。其制度之盛，首推东汉之洛都与北宋之汴京，流风余韵，照耀史册，河南大学远乘汉宋太学之坠续，成立于中国国势衰弱，中原文运否塞之顷，适值道艺兼长之科学文化，越海而来，其于穷理施教应有之使命，乃远非古代学府活动范围所能及，自民初留学欧美预备学校树立善良学风于前，中州大学因之开拓规模，增高标准，继与法政农业两专门学校合并，于是科目渐趋完备，设置渐趋充实，全校师生以及关心中原文化之社会人士，正在热烈期待本校之发展中，不幸天祸华夏，倭寇内扰，因而流离颠沛，历时逾八载，其间迭为临时校址者，有鸡公山、镇平、嵩县之潭头镇、淅川之荆紫关，及宝鸡之武城寺，而以在潭头历时五年为最久。值乾坤板荡之际，避地于万山丛中，抱残守缺，勉进讲习进修之职责，以保存中州学术之一线命脉，可谓风雨如晦，鸡鸣不已者矣！当敌骑过潭头时，师生及眷属因避难弗及而遇害者九人，仪器图书及其他公私用品之损失，不可数计。敌酋请降，河山重光。返校后，虽旧有遗留器物荡然无存，而重要建筑幸犹灵光岿然，乃为修葺补充，又已逾年。回忆播迁时生活之艰险，声气之隔绝，设备之简陋，与今日之粗复旧观者，已判若霄壤。循是以进，则后胜于前，宁可限量，然本校师生所宜朝夕警惕者，就当世学术言，吾人至今犹在追随未及之列，勤勉奋发，含英咀华；由会通以至超胜，使中原文化恢复其在古代世界文化中之领导地位，庶可告无愧于汉宋太学之先贤，是所望于本校师生者。校长姚从吾以余在校较久，嘱为是文，爰辞刊石，以扬鸿烈而励来世，其铭曰：

学以明道，道以济生。观摩日新，厥业乃精。古贤西哲，有式有程。任重道远，实赖群英。投荒历险，时晦弥贞。剥尽而复，设施渐宏。学府林立，百家共鸣。孰为木铎，树我风声。

3月16日，《国立河南大学校刊》第一版载《图书馆》：民国26年本校图书馆藏书总数为90358册，因事变迁出开封。总数为77966册，又经中原事变，下余70541册，复原后迁回开封，截至1935年12月统计本馆存书共计73499册。另订到中文杂志64种、西文杂志130种，并由外赠送者约40种、报纸中文22种、西文2种。又第二版载《学府零讯》：本校图书馆主任李致纯（李秉德）教授，因教课繁重，无暇兼顾图书馆事务，已请杨清堂（化学系）教授代理云。

5月1日，《国立河南大学校刊》第一版载：中美两国文化合作，奖励学者赴美进修。第二版载：李致纯（李秉德）教授将出国。

5月，河南大学80多名教授因生活所迫罢教，校内出现了一些政治活动，许多进步学生被逮捕。其中李化民（化学系学生）、曹平衡（农学院学生，河北省人）等由先生出面担保被释放。

秋，国立北京大学奉准创办图书馆学专修科。

10月，张傧生教授兼任河南大学图书馆馆长。

1948（民国三十七年戊子）　　56岁

3月1—15日，《国立河南大学校刊》载：充实研究设备，增添图书仪器。订购《玄览堂丛书》一套，凡20种，颇称名贵，不日即寄校。美国交换处赠寄本校图书36包……由教育部向国立中央图书馆为本校定购《玄览堂丛书》一套。

4月2日，先生为儿子丙寅举行婚礼。儿媳张综，原河南大学文学院院长张邃青之女。

5月,《中华图书馆协会会报》在南京终刊。

6月19日,开封城陷。国军飞机轮番轰炸两日,大小建筑大半夷为平地。无辜市民数万人尽成冤魂。

6月20日,姚从吾校长带领部分师生逃离开封河南大学。后经商丘、徐州到南京转赴苏州。

时先生居住在塘坊口(街),家上房房顶不幸中一炮弹。幸无人员伤亡。隔日,随左邻右舍出城躲避战火,在出城过"宋门"时,由于人群拥挤,天色已暗,全家分两处走散。太太带儿子儿媳,二女跟随一部分河大学生步行东到商丘,转乘火车,到徐州,至南京。由于音讯隔绝,太太不放心先生及两个孩子立即返回开封。时交通不便,太太历尽千辛万苦,得以到达。竟获美传:都是男人接家属;李太太是女人接男家属。在先生携幼女、幼子逃离开封城至禹王台农学院图书馆后,解放军与先生交谈,询问国共双方最终胜负。先生答曰:"得民则昌,失民则亡。"解放军称赞,说得好。

6月22日,解放军第一次攻克开封后,旋即撤离。其间通过中共地下组织动员,嵇文甫、王毅斋、李俊甫等带领河南大学287名师生投奔中共中央中原局所在地——豫西宝丰县,受到刘伯承、邓小平、陈毅等首长的接见。

6月底,国民政府教育部电令河南大学南迁苏州,9月1日不到苏州报到者一律除名。8月,国立河南大学1000余名师生历尽艰险到达苏州,经多方协调,校本部设在怡园,图书馆设在湖南会馆,理学院设在顾家祠堂,文学院设在沧浪亭三贤祠,法学院设在金城银行仓库,农学院设在狮子林后院,工学院设在丁家祠堂,医学院设在公园路体育场。

9月,先生奉命携眷随河南大学及图书馆一起南迁至苏州;重任河南大学图书馆馆长兼化学系主任。

9月28日,冯友兰教授莅校演讲"美国之现状与世界大势""各种科学的性质与哲学的关系"等。学校为倡导学术风气,加强研究精神,聘请了一批学术名家来校演讲。

10月10日,河南大学在苏州正式复课。校刊载:图书馆工作积极开展,迁新址添图书,蔚成规模。本校自迁苏以来,图书馆以书籍未曾运到，暂设办事处于湖南会馆，嗣以房舍逼窄，书籍到来之后，恐难容纳，近又租得富郎中巷 62 号房二十余间，图书馆全部已于 9 月 21 日迁移竣事，桌、椅、书架等用具，正在赶制中。开封书籍日内当可起运，新购书籍有中西文杂志 400 余种，教育部分拨西文书籍 15 大箱 2000 余册，中有 1947 年第 15 版《大英百科全书》及医学、文学、理化、政治、生理、哲学等书。尚有多重当陆续运到，又有自北平运到之中文书籍，四五千册，已在整理中，并与省立吴县图书馆合作。开课后图书供应当不成问题。

10 月 21 日，农学院图书仪器在开封第二次解放前夕，乘最后一列火车南下苏州。

11 月 28 日，《国立河南大学校刊》第一版发布图书馆近况："留汴图书大部运苏，整理就绪即可开馆。"其内容如下：1. 本馆在汴图书已与本月 2 日抢运到苏，计 300 余箱，约占总数的 7/10（杂志在内）。2. 最近由沪运到中西文参考书及教科书 4300 余册。3. 美大使馆新闻处赠送本校新闻杂志 200 多册。4. 新订中西文杂志 300 多种已按期收到。5. 本馆址——富郎中巷 62 号与外交系作教室用，最近已迁回通和坊湖南会馆原址。6. 各院院址确定后即分别筹交分馆以便阅览。7. 本馆正加工将新旧图书整理编目一俟就绪即可正式开馆。教职员学生借书证开后即可分发。（现仅新书部分出借，旧书整理竣事，即可全部出借。）

同期校刊第 4 版发布蒋复璁先生来校做学术演讲，林林笔记。他先在社教学院演讲"图书馆问题"，后又给法学院演讲"游美感想"，并勉励同学不要着急，河南大学一定会有办法再回开封的。

12 月，姚从吾辞去国立河南大学校长职务。

1949 年（民国三十八年己丑）　　57 岁

3 月初，学校自治会请郝象吾、马非百、张静吾组成的三人小组维持校务，郝象吾负责全面工作。先生继续任河南大学图书馆馆长兼化学系主任。其子丙寅到图书馆暂做小职员，孙子景湘出生，因在苏州湖南会馆，取名景湘。

4 月，中原教育会议在开封召开，历时八天。苏州解放，国立河南大学学生兴起参军热潮，从 3 月初到 6 月底，河南大学先后为 1700 余名学生办理了离校从军手续，他们为新中国诞生做出了重大贡献，先生的女儿爱兰也于此时参军。

5月，新成立的河南省人民政府决定重新扩建河南大学为"河南人民革命大学"，由省人民政府主席吴芝圃任校长，原河南大学文学院院长、中原大学教授嵇文甫任副校长，原河南大学、中原大学教授王毅斋任秘书长。

6月28日，苏州学联为河南大学举行欢送会，河南大学在校学生有800余人。

7月3—9日，河南省人民政府派郭海长接迁至苏州的河南大学师生回开封。先生与迁往苏州的1200余名师生眷属一起回到开封，把南迁的1500余箱图书仪器全部运回开封。共装箱运汴的图书81164册、杂志6184本。经统计，河南大学的图书仪器不但没有减少，反而有所增加，比迁往苏州时多了两车皮。

7月中下旬，图书馆开始上班，李丙寅随河大图书馆老职工开箱整理由苏州运回的书刊报纸，先生不再担任图书馆职务。

9月，先生参加河南大学党委组织的研究班时，在思想上受到一次系统的马列主义理论教育。图书馆工作由教务处管理，刘介愚教务长领导着三科一馆一室的工作，馆即图书馆。

是年，河南大学馆藏图书18万余册。

1950 年（庚寅） 58 岁

3月，恢复河南大学校名。先生任文教学院化学系教授、无机化学教研室主任。主讲普通化学，兼开农业化学及化学史等课程。

4月，河南省首届各界人民代表会议在河南大学大礼堂隆重召开。

8月，河南大学参加全国统一招生，新中国第一届正规大学生1000余人入校学习。

1951 年（辛卯） 59 岁

1月，学校让全体师生职员下乡参加土改复查。

先生参加"三反"思想改造，因说李大钊是他好朋友，遭到批判（说李大钊为革命牺牲，而他苟且偷生，不配做李大钊的朋友）。此后，先生绝口不提李大钊的事。

3月7日，先生在《河南日报》发表署名文章《日寇对河南大学的浩劫——杀害学校员生、疯狂破坏图书仪器》。

6月，为加强图书馆专门人才教育，图书馆保送吴勋泽、齐惠科两同志到武昌文华图书馆专科学校学习。

1952 年（壬辰） 60 岁

4月12日，原河南大学农学院院长郝象吾突发脑溢血病逝于上海，享年53岁。

7月，教育部颁布了《关于高等师范学校的规定（草案）》。将师范院校列为重点调整之一。

7月9日，中南教育部（1952）高教字1507号文批复，同意河南大学的医学院、农学院和行政学院分别独立为河南医学院（今并入郑州大学）、河南农学院（今河南农业大学）和河南行政学院（今河南财经政法大学）。水利系调往武汉大学水利系；财经系调往武汉中原大学财经学院，畜牧兽医系调往江西农学院；植物病虫害系调往武汉华中农学院。这些院系调走时，相关的图书资料被大量调拨带往相应的院校。

9月，《人民日报》报道：全国高等学校院系调整基本完成。与此同时，全国高等学校图书馆的调整合并工作也基本完成。

1953 年（癸巳） 61 岁

2月12日，学校为了加强图书馆的行政领导工作，决定由李燕亭教授兼任图书馆副主任，校资料室由图书馆领导。

6月，河南大学出版了《公开课教学汇集》，收录了先生的文章《我们在公开教学中是怎样进行集体备课的》。

8月，政务院和中央教育部决定将调整后的河南大学改为河南师范大学，与平原师范学院（新乡）合并成河南师范学院。更名为河南师范学院一院、二院。原河南大学为河南师范学院一院，新乡的平原师范学院更名为河南师范学院二院。

12月28日，图书馆举办资料、图片展览会。

12月，中国国民党革命委员会河南大学小组成立，张邃青教授为负责人。

1954 年（甲午） 62 岁

是年，先生在河南师范学院一院（开封）继续担任化学系教授，兼图书馆副主任。

是年，河南师范学院二院图书馆（新乡）因为编目问题欠缺人才与管理，大量图书没有及时编目上架，特别是外文积压现象严重。据统计，1951—1955 年图书馆积压图书约 3 万册，各系 2.6 万册。

12 月 10 日，河南省文化事业管理局召开全省、市图书馆负责干部座谈会，会期 5 天。座谈会讨论研究有关贯彻执行"整顿巩固，重点发展，提高质量，稳步前进"的方针。

1955 年（乙未） 63 岁

1 月 9 日，河南师范学院召开第二次科学讨论会，500 余名来宾参加了会议，16 名教师作了学术报告。先生提交并宣读的论文《从化学史上看到的资产阶级思想》获得一致好评，被认为是以马列主义毛泽东思想研究自然科学的尝试。

4 月 30 日，省教育厅由开封迁往郑州，原计划将河南师范学院迁至郑州，恢复河南大学校名，但受到全院上下一致反对。省政府决定不再搬迁，在省会另行筹建一所大学（郑州大学）。

8 月，中央人民政府教育部、中共河南省委和省政府决定把河南师范学院一院、二院的文科集中在开封办学（新乡二院的中文系、历史系、地理专修科、俄语专修科合并到开封一院），理科集中在新乡办学（开封一院的数学系、物理系、化学系调到新乡二院）。

10 月，由于新乡河南师范学院化学实验楼尚未竣工，开封一院化学系推迟一年转移。其他各系均按两院调整计划于 10 月到新的学校上课。

是年，由一院（原河南大学）调往二院（新乡师范学院）自然科学图书 1.1 万余册。

是年，先生加入中国国民党革命委员会，继续担任图书馆副主任。

1956 年（丙申） 64 岁

1 月，周恩来在中共中央关于知识分子问题的会议报告中指出："为了实现向科学进军的计划，我们必须为发展科学研究准备一切必要的条件。在这里，具有首要意义的是使科学家得到必要的图书、档案资料、技术资料和其他工作条件，必须增加各个研究机关和高等院校的图书经费并加以合理使用。加强图书馆、档案馆、博物馆的工作，极大地改善外国书刊进口工作，并且使现有的书刊得到合理分配。"

是年春，先生服从组织安排，只身到新乡任化学系教授。

7月5—13日，中央文化部在北京召开了新中国成立后第一次全国图书馆工作会议，确定了图书馆"为科学研究服务，为人民大众服务"的方针。

7月15日，在北京图书馆举行中国图书馆学会发起人座谈会，参加会议20余人，会议主席报告中国图书馆学会发起经过及其成立意义，并座谈了组织工作等，最后通过发起人名单和筹备会的提议。

7月28日，先生写了个人自传，提及"最近学习了周总理关于知识分子的报告，异常振奋"，表达了"彻底改造自己，提高理论水平，应用正确的观点和方法，向科学进军，以便发挥潜力，对社会主义建设能有更多更好的贡献"的决心。

8月28日，《人民日报》头版发表了题为《向科学进军中的图书馆工作》的社论。

10月，中共河南省委任命李俊甫为河南师范学院二院院长，李俊甫极力举荐先生兼新乡师范学院图书馆主任。以"河南仅此一个留学国外学图书馆专业的人"惜才启用。时先生已64岁，除教学外又兼任新乡师范学院图书馆主任，工作仍是双肩挑。开始统一掌握全院图书经费，并逐步建立了各项规章制度，新乡师范学院图书馆工作人员增至16人，分为采编、流通阅览两个组。

11月，中华人民共和国教育部将开封的一院（原河南大学）和新乡的二院分别命名为开封师范学院和新乡师范学院（今河南师范大学）。

12月5—14日，教育部在北京召开了第一次全国高等院校图书馆工作会议。会上颁发了《中华人民共和国高等学校图书馆试行条例》（简称《条例》）。《条例》规定：高等学校图书馆是为教学和科学研究服务的学术性机构。它的主要任务是：1. 搜集、供应教师、学生、科学工作者及其他工作人员所需的书刊、资料；2. 统一管理全校（院）的图书工作，以科学的方法进行分类、编目、流通与保管，并开展参考工作，使书刊得以充分利用；3. 通过书刊、资料宣传马列主义及党和国家的政策法令；4. 培养图书馆的专业干部，并进行图书馆学的科学研究工作。

是年，张邃青教授被委任为开封师范学院（今河南大学）图书馆主任。是年，图书馆开展一次图书大清查，每册均盖有"56 查"的小印章。开封师范学院图书馆共有平装书 158638 册，线装书 120200 册，合订本杂志 8137 册，英文书 13905 册，俄文书 9080 册。"文革"中河南大学民国时期的图书文献多被封藏保存。

是年，新乡师范学院图书馆建立业务学习制度，除坚持每周自学讨论和讲课（主要是先生担任讲授）以外，同时不断派人去兄弟馆参观学习。

1957 年（丁酉）　　65 岁

1 月 25 日，《新乡师院报》第 2 版发表《进一步改进我院图书馆工作》载："1956 年购书量比 1955 年增加 4.5 倍多。现在全院藏书已达 21 万册。……为搞好今后图书馆工作，并积极响应党的增产节约号召，目前我们正在计划利用寒假期间调配一定的力量，争取把图书馆内部所积压的图书，全部整理出来，外文图书方面的由图书馆主任李燕亭教授亲自领导整理，同时准备自下学期起，扩充开架阅览室。"

3 月 15 日，《新乡师范学院院长及各单位负责同志接见教职工同学来访办法》写道：图书馆李主任每周一下午 3—5 时在图书馆办公室接见来访者。

5 月，文化部召开全国图书馆馆长会议。会议讨论了图书馆如何加强为科学研究服务的问题。

5 月 20 日，河南省图书馆由开封迁往省会郑州纬二路省人民委员会礼堂。

7 月，《高等学校图书馆工作会议专刊》出版。

10 月 26 日，《新乡师院报》第 1 版载《图书馆调整开馆时间，增辟教师阅览室——图书馆在改进工作方面所采取的措施》道：根据鸣放以来同志们同学们对本馆提的意见，经研究决定，按照边整边改的原则，目前可以解决的，主要抓以下几个工作，并立即进行改进，希望大家监督和支持，并请继续对我们提出宝贵意见，以便共同把图书馆工作进一步搞好。1. 杂志报纸阅览室工作。2. 参考室工作。3. 增加阅览工作的办公时间。4. 参考室阅览室的整洁工作。5. 积极改变参考室阅览室秩序混乱现象。

1958 年（戊戌）　　66 岁

2 月 1 日，《新乡师院报》第 4 版发表《图书馆接受群众意见认真改进工作》的文章。

3 月，新乡师范学校党委发出了"以反浪费、反保守为纲，以教育和生产劳动为中心，实现全面工作大跃进"的号召。

3 月，刘国钧著《中国书史简编》一书由高等教育出版社出版。

3 月 8 日，《新乡师院报》第 3 版发表图书馆张旭的文章：《求大求多多购重购图书馆积压浪费国家资金近万元》。

4 月，河南省科学规划办公室召开河南省图书馆、郑州市图书馆等 7 个图书馆及省文化局负责人联系会议。着重讨论了图书馆工作应如何为科学研究服务的问题。会议最后决定由河南省文化局制定"建立河南省中心图书馆方案"。

是年，新乡师范学院图书馆辟有社科阅览室，数、理、化、生期刊阅览室，报纸阅览室等 8 个阅览室。

1959 年（己亥）　　67 岁

先生继续担任新乡师范学院化学系教授兼图书馆主任。

2 月，河南省文化局举办一期县、市图书馆馆长训练班。

4 月，为了配合全院政治理论学习，图书馆选择 600 多种有关共产主义教育和青年读物之类的图书，在 1 号教学楼开辟了一个无人管理借书处，读者可在这里自由借还，很受读者欢迎。

4 月 18 日，《新乡师院报》第 3 版对图书馆无人借书处进行了报道。

7 月 3 日，河南省图书馆业余学校正式开学。

新乡师范学院图书馆在各方面已有很大的进步。工作不断跃进，取得了快速发展。

夏，先生去北京治病，探亲。

9 月，先生因病回开封家中休养，还时常关心新乡师范学院图书馆的工作。

1962 年（壬寅）　70 岁

6 月，刘国钧任北京大学图书馆学系主任。

1963 年（癸卯）　71 岁

1 月 27 日，华东师范大学图书馆馆长洪范五逝世。

10 月 18 日，朱德委员长莅汴，与开封师范学院教授、图书馆主任张邃青畅谈了铁塔和河南大学的历史渊源等问题。

1964 年（甲辰）　72 岁

4 月 15 日，先生因脑溢血病逝于河南开封。

参 考 文 献

1. 数字资源

《晚清民国期刊全文数据库》《读秀学术搜索数据库》《CADAL 数据库》《大成老旧期刊库》《超星发现系统》《中国近代报刊库》等。

2. 基础文献

李燕亭：《图书馆学讲义》，1931 年成书，河南大学竖排铅印本，约 1932 年印行；〔美〕佛里特尔著，杨昭悊、李燕亭合译：《图书馆员之训练》，商务印书馆 1929 年、1933 年版。

3. 期刊史料

《北京大学日刊》《河南大学校刊》《国立河南大学校刊》《晨报副镌》《图书馆学季刊》《中华图书馆协会会报》《文华图书馆学专科学校季刊》《教育杂志》《新教育》《中山大学图书馆周刊》《国立北平图书馆馆刊》《河南教育月刊》《河南图书馆馆刊》《科学杂志》等文献资料。

4. 参考书目

[1] 程焕文：《中国图书馆学教育之父沈祖荣评传》，台北学生书局 1997 年版。

[2] 宋建成：《中华图书馆协会》，台湾育英社文化事业有限公司 1980 年版。

[3] 陈源蒸等：《中国图书馆百年纪事》，北京图书馆出版社 2004 年版。

[4] 来新夏：《中国近代图书事业史》，上海人民出版社 2000 年版。

[5] 谢灼华：《中国图书和图书馆史》，武汉大学出版社 2005 年版。

[6] 姚从吾等:《国立河南大学校志》,台北"国立"河南大学校友会1976年版。

[7] 李景文主编:《文献信息工作研究新视野》,黄河水利出版社1998年版。

[8] 李和邦:《河南省图书馆志略》,中国致公出版社2001年版。

[9] 河南大学校史组:《河南大学校史》,河南大学出版社2012年版。

[10] 李景文主编:《河南大学图书馆史》,河南大学出版社2012年版。

[11] 丁道凡:《中国图书馆界先驱沈祖荣先生文集(1919—1944)》,杭州大学出版社1991年版。

[12] 王洪芦:《开封市教育志(1840—1985)》,中州古籍出版社1991年版。

[13] 苏全有主编:《河南师范大学图书馆史稿》,中州古籍出版社2011年版。

[14] 张鸿烈主编:《中州大学一览》,河南大学1982年版。

[15] 井俊起:《雪苑憨叟忆往》,载《河南文史资料》第35辑,河南省文史资料委员会1990年版。

[16] 任大山、张莉:《何日章研究》,大众文艺出版社2003年版。

[17] 朱文通:《李大钊年谱长编》,中国社会科学出版社2009年版。

[18] 胡石青:《三十八国游记》,开明印书局1933年版。

[19] 范并思:《20世纪西方与中国的图书馆学》,北京图书馆出版社2004年版。

[20] 宋学清:《河南图书馆事业志》,中国致公出版社2001年版。

[21] 严文郁:《中国图书馆发展史》,台湾枫城出版社1983年版。

[22] 陶善耕:《旧时河南县级图书馆寻踪》,吉林文史出版社2009年版。

[23] 王子舟:《杜定友和中国图书馆学》,北京图书馆出版社2002年版。

[24] 程焕文:《晚清图书馆学思想史》,北京图书馆出版社2004年版。

[25] 范凡:《民国时期图书馆学著作出版与学术传承》,国家图书馆出版社2011年版。

[26] 中国图书馆学会主编:《百年大势——历久弥新》,科学出版社2004年版。

[27] 陈宁宁:《抗战烽火中的河南大学》,河南大学出版社2015年版。

［28］李丙寅：《一个河大人的一生》（打印本），回忆资料（未刊），20余万字，2011年。

［29］黄修己：《中国新文学史编纂史》，北京大学出版社1995年版。

［30］河南大学校史组：《河南大学校史》，河南大学出版社2002年版。

［31］〔英〕李约瑟：《中国科学技术史·第一卷》，科学出版社1975年版。

［32］吴仲强：《中国图书馆学史》，湖南出版社1991年版。

［33］中国图书馆学会主编：《百年文萃——空谷余音》，中国城市出版社2005年版。

［34］李景文等：《河南大学图书馆史》，河南大学出版社2008年版。

［35］郭灿金：《百年流韵——世纪华章》，河南大学出版社2012年版。

［36］黄炎培：《黄炎培日记》（1934.12—1938.7）第五卷，华文出版社2008年版。

［37］〔日〕田中敬：《图书馆学指南》，杨昭悊译，法政学报社1920年版。

［38］杨昭悊：《图书馆学》，上海商务印书馆1923年版。

［39］高平叔：《蔡元培年谱长编》第二卷，人民教育出版社1998年版。

［40］宋景祁：《中国图书馆名人录》，上海图书馆协会1930年版。

［41］河南大学：《河南大学一览》，河南大学1930年版。

［42］河南省政协：《河南文史资料·第32辑》，河南人民出版社1989年版。

［43］河南省政协：《河南文史资料·第11辑》，河南人民出版社1979年版。

［44］邓若谷等：《河南省教育年鉴》，开明出版社1931年版。

［45］河南省政协：《河南文史资料·第12辑》，河南人民出版社1984年版。

［46］李经洲等：《河南大学史料长编》第1—4卷，河南大学出版社2014年版。

［47］王世儒编：《蔡元培日记》，北京大学出版社2010年版。

［48］程焕文：《图书馆精神》，北京图书馆出版社2007年版。

［49］王学珍等：《北京大学纪事1898—1997》，北京大学出版社2008年版。

5. 报刊文献

[1] 李燕亭:《日寇对河南大学的浩劫》,《河南日报》1951 年 3 月 1 日第 3 版。

[2] 杜定友:《图书馆学的内容与方法》,《教育杂志》1926 年第 18 卷第 9 期。

[3] 何日章:《河南图书馆之现状及计划》,《河南教育》1928 年第 1 期。

[4] 《河南暑期教育讲习会报告专号》,《河南教育月刊》1932 年第 12 期。

[5] 《中华图书馆协会第三次调查报告》,《中华图书馆协会会报》1930 年第 5 卷第 5 期。

[6] 陶善耕:《河南图书馆事业的冯玉祥时代》,《黄河科技大学学报》2006 年第 6 期。

[7] 吴稌年:《论新图书馆运动的高潮期》,《图书馆》2007 年第 2 期。

[8] 翟桂荣:《中国图书馆事业的开创者和奠基者李燕亭论略》,《图书情报工作》2009 年第 3 期。

[9] 张沙丽:《美国高校图书馆的学科馆员》,《图书情报工作》2008 年第 2 期。

[10] 《中华图书馆协会第一次年会纪事》,《中华图书馆协会会报》1929 年第 4 卷第 4 期。

[11] 《图书馆》,《河南大学校刊》1935 年 9 月 9 日,第 81 期第 3 版。

[12] 何日章:《河南图书馆之现状及计划》,《河南教育》1928 年第 1 期。

[13] 《河南社教事业之图书馆》,《中华图书馆协会会报》1932 年第 7 卷第 6 期。

[14] 冯友兰:《怎样办现在中国的大学》,《现代评论》1925 年第 1 期。

[15] 《河大图书馆随校迁嵩之经过及现状》,《中华图书馆协会会报》1940 年第 14 卷第 5 期。

[16] 荆紫关:《本年度新生入学训练》,《国立河南大学校刊》1944 年 11 月 6 日第 3 版。

[17] 陈平原:《不忍远去成绝响:张长弓、张一弓父子的开封书写》,

《文学评论》2012 年第 2 期。

[18] 河南省教育厅：《图书馆教育演讲》，《新中州报》1924 年 4 月 8 日第 2 版。

[19] 本埠：《全国图书馆协会开封代表已选定》，《申报》1925 年 4 月 6 日第 3 版。

[20] 本埠：《各省图书馆代表陆续莅沪》，《申报》1925 年 4 月 17 日第 3 版。

[21] 杂讯：《全国图书馆协会昨开筹备会》，《申报》1925 年 4 月 23 日第 3 版。

[22] 中华图书馆协会委员会委员：《中华图书馆协会会报》1925 年第 1 卷第 2 期。

[23] 金敏甫：《中国图书馆学术史》，《中山大学图书馆周刊》1928 年第 2 卷第 2 期。

[24] 河南第一图书馆：《开封图书馆协会》，《中华图书馆协会会报》1925 年第 1 卷第 5 期。

[25] 李长春：《李长春君由加利福尼亚致校长函》，《北京大学日刊》1922 年 6 月 20 日第 2 版。

[26] 李燕亭：《图书馆学：民众教育与图书馆》，《图书馆学季刊》1930 年第 4 卷第 2 期。

[27] 翟桂荣：《杨昭悊、李燕亭图书馆学行考论》，《图书与情报》2014 年第 1 期。

[28] 赵长林：《民国时期图书馆学教育滞缓之剖析》，《图书馆杂志》1994 年第 6 期。

[29]《十九年各学院开设课程及选修人数表》，《河南教育月刊》1930 年第 1 卷第 4 期。

[30] 赵婧：《民国时期图书馆学专业教育的尴尬与反思》，《图书馆理论与实践》2011 年第 1 期。

[31] 黄俊琳、王金玉：《尚志文书学校始末》，《档案史话》1993 年第 3 期。

[32]《校务临时会议》，《河南大学校刊》1930 年 9 月 6 日第 1 版。

[33] 李敏：《杜定友先生的图书馆学学术成就初探》，《图书与情报》

2007 年第 2 期。

[34] 周连宽：《中国图书馆事业与地方图书馆事业指导团》，《武昌文华图书科季刊》1929 年第 1 期。

[35] 于震寰：《中华图书馆协会第二次年会纪事》，《中华图书馆协会会报》1933 年第 9 卷第 2 期。

[36] 《杜定友等建议设立中央图书馆学校》，《申报》1933 年第 9 卷第 1 期。

[37] 杨子竞、张珅：《20 世纪上半期"海归派"对中国图书馆事业的贡献》，《图书与情报》2008 年第 1 期。

[38] 杨昭悊：《东游记》，《晨报副镌》1922 年 2 月 8 日第 3 版。

[39] 杨昭悊：《东游记》，《晨报副镌》1922 年 2 月 16 日第 3 版。

[40] 李长春等：《理科化学演讲会宣言》，《北京大学日刊》1917 年 12 月 5 日第 3 版。

[41] 《理科班长表》，《北京大学日刊》1919 年 11 月 4 日第 1 版。

[42] 蔡元培：《蔡校长演说辞》，《北京大学日刊》1922 年 9 月 22 日第 1 版。

[43] 孟寿椿等：《西美北大图书馆募捐委员会孟寿椿君等致校长函》，《北京大学日刊》1922 年 9 月 9 日第 2—3 版。

[44] 冯友兰等：《北大留美同学会致校长函》，《北京大学日刊》1922 年 12 月 26 日第 2 版。

[45] 邓萃英：《新河南新年之新教育》，《河南教育半月刊》1929 年第 1 卷第 1 期。

[46] 沈祖荣：《中国图书馆及图书馆教育调查报告》，《中华图书馆协会会报》1933 年第 9 卷第 2 期。

[47] 汤旭岩：《续写我国早期图书馆学家杨昭悊》，《图书情报论坛》2009 年第 1 期。

[48] 郑丽芬：《民国时期的图书馆学教育研究》，博士学位论文，北京大学，2015 年。

后　记

　　2006 年，我从古陈国的淮阳师范调入汴梁开封之百年老校河南大学图书馆。做了多年教学与普通话推广工作，向喜阅读的我，转而从事当时以为琐碎、机械的图书馆工作，一时感觉不适。次年暑假，河南大学金明校区新图书馆启用，图书大搬迁。馆领导适时地对馆藏资源作了重新整合，在明伦校区东馆设立"民国文献阅览室"。我有幸参与其中，整理馆藏晚清及民国时期的（平装）图书、期刊，对河南大学图书馆丰富的馆藏资源有了切身体会。吾家胡先生凭专业敏感嘱我作文，介绍河南大学民国文献阅览室的馆藏特色。经过翻阅文献史料，对抗战八年辗转播迁而能保存那么多具有学术价值书刊文献的国立河南大学图书馆老馆长李燕亭先生心生敬佩之情。胡先生因势利导，以为河南大学图书馆有着深厚的历史积淀，是一个很好的工作平台；鼓励我安下心来利用业余时间从事一些研究性的工作。于是，在先生帮助下，我先后撰成《河南大学民国文献阅览室的馆藏特色》《中国图书馆事业的开创者与奠基者李燕亭论略》《李燕亭图书馆学思想及其现实意义》《新图书馆运动的新纪元》等文，相继发表在《大学图书馆学报》《图书情报工作》等学术期刊上，逐步明确了李燕亭研究这一努力方向。我这个半路出家的图书馆学"门外汉"，就这样从零开始，边工作边学习，在一片诧异声中，跌跌撞撞地闯进了图书馆史学界。

　　从开始不适应图书馆工作，到在新的工作岗位上体验到了为人找书和为书找人的服务之乐、遨游书海和数字导航的推介之乐，以及对图书馆学史研究的兴趣与责任意识，生命的火花仿佛重新燃起。这其中最重要的触媒，就是通过李燕亭之图书馆学文献及其后人李丙寅教授的口述结缘李燕亭先生。这位李大钊的天津法政学校校友、1920 年毕业于北京大学化学系的高才生（班长），亲历"五四"运动，留学时期即对西方图书馆事业和图书馆学深感兴趣，以为是普及教育、涵养文化、造福平民的救国良方。作为河南大学图书馆一员的我，被李燕亭先生的职业精神和渊博学识深深吸引，也因此自觉地补习了先天不足的图书馆学知识。

来新夏先生的《中国近代图书事业史》述及中国近代早期留学归国的图书馆学人凤毛麟角，值得注意。当时全国图书馆界中仅九人：沈祖荣、杜定友、李小缘、李长春（开封中州大学）……这便是我关注并研究"李长春（燕亭）"的缘起。随后在《中华图书馆协会会报》《河南大学图书馆史》，程焕文的《中国图书馆学教育之父——沈祖荣评传》《图书馆精神》，丁道凡搜集编注的《中国图书馆界先驱沈祖荣先生文集1918—1944》、杜定友的《图书馆学的内容和方法》、谢灼华的《中国图书和图书馆史》、陈源蒸等的《中国图书馆百年纪事1840—2000》等文献中，都能看到学界对第一代图书馆学人的高度评价及李燕亭先生的身影。而李燕亭先生1931年成书的《图书馆学讲义》，至今学界仍知之不多，仅见于1958年李钟履编的《图书馆学书籍联合目录》和2013年陈源蒸等主编的《20世纪中国图书馆学文库》丛书的存目中。李燕亭先生与杨昭恝合译的《图书馆员之训练》一书，对图书馆员专业教育和专门图书馆学思想的译介也很值得业界研究。还有他散见于报刊的文章及未刊的文稿，加上笔者整理的李燕亭先生年谱，都有成书的价值。2014年，在馆领导的大力提倡和支持下，我试着以《李燕亭图书馆学著述整理与研究》为题申报教育部人文社科基金项目，欣获立项。这部书稿，即是这一课题的最终成果。

在河南大学图书馆工作和研究李燕亭先生的过程中，王学春副馆长和范兴坤主任给予了我很大的关心和帮助。王老师是李燕亭研究的开拓者，正是在他研究的基础上和他热心的指导下，我的研究工作才得以延展和深入；如果说这些年我在这方面取得了一点点成绩的话，那是与他一如既往的肯定、支持、鼓励与帮助分不开的。范老师则是引导我在图书馆学专业史上更进一步的良师益友，如果没有他始终热情的鼓励、帮助与指导，我对李燕亭的研究可能要半途而废。感谢他们！

感谢这些年培养我、锻炼我、关心我、帮助我的所有领导、老师和朋友。李景文馆长在百忙之中为我审读书稿，高屋建瓴地提出了诸多宝贵建议；郭鸿昌书记经常督促提醒，促进了书稿的质量和进展速度；赵涛副馆长多次叮咛，书稿要认真细致，力争做得更好；特藏部朱腾云、于兆军主任多方关照，多次鼎力相助；学科办吉宇宽主任时时关心书稿进展情况，联络出版事宜等。同时还要感谢馆领导借助中西部提升计划，推出了"河南大学图书馆学术研究丛书"，本书能忝列其中，甚为荣幸！感谢馆内大姐姐式的老师和朋友：邢慧玲、徐翠萍、陈隆予、闫小芬等，她们都曾以不同的方式关心帮助过我；感谢图书馆这个温暖的大家庭！河南大学出版社马小泉社长、文学院左玉玮博士、校党政办吴建伟老师，先后为我提供了大量的校史资料；历史文化学院段自成教授在文献整理过程中给予过热心指导；十分感谢他们！

　　本课题得到了图书馆学界诸多前辈和同人的关心与帮助。中山大学程焕文先生、江南大学吴稌年先生、河南师范大学苏全有先生、中原工学院张怀涛先生等，都曾给予过热情的指导和帮助；华南师范大学郑永田、江南大学顾烨青、福建泉州师范学院郑锦怀、河南省图书馆任大山等同人，都曾为我提供了难得的史料——感谢他们！

　　在这里，特别要感谢为该书赐序的我国著名图书馆学家、目录学家、文献学家乔好勤先生，以及《大学图书馆学报》副主编、知名图书馆学者、阅读疗法研究推广专家王波先生！他们的宏通识见和高品位的书序，使得该书大为增色。乔先生与我素昧平生，一个偶然的机缘，因"图书馆史爱好者"郑永田群主的邀约，于羊城幸会乡贤，相叙乡情，一见如故，遂请乔先生为书稿赐序。外公家在栾川县潭头镇（民国时期隶属嵩县）的王波老师，一向关心家乡的图书馆事业，对于抗战时期曾在潭头镇上神庙河南大学图书馆工作过五年的李燕亭先生尤感兴趣；我之走上图书馆学研究之路，他是最早的引领人之一。很庆幸，很欣慰，一路走来遇到了这么多良师益友，这里一并向他们表示由衷的感谢！

　　在本书材料准备和撰写的过程中，李燕亭先生之子李丙寅教授及其家人提供了大力支持，尤其是对李燕亭先生照片的搜集辨认，他们家人一起努力，令我十分感动！多年来，正是在聆听李丙寅教授一次次讲述父亲往事的过程中，我心目中李燕亭先生的形象才一点点鲜活起来。感谢他们！

　　最后，深深地感谢我的家人——胡全章先生和女儿锦玮。先生常常对我谆谆教诲，给我指点迷津，帮我斧正论文，为李燕亭研究默默做了大量的幕后工作。女儿自幼喜欢英语，读大学时终于圆了学习英文专业之梦，其间的过程很是曲折；女儿在我的研究过程中，多次为我翻译、校订，提供了很多帮助。

在本书编辑出版过程中，责任编辑孔继萍老师和特约编辑乔继堂老师悉心指导，付出了辛苦的劳动，在此谨向他们表示衷心的感谢！

本书以李燕亭先生的图书馆学文献整理为主，意在为学界进一步认识与研究李燕亭先生以及更加全面地研究中国近现代图书馆事业史和图书馆学史提供一本可靠的基础史料，而对李燕亭先生的研究仅仅是开端引绪、抛砖引玉。由于本人学识、能力和可支配时间有限，本书还会存在不少舛误和疏漏之处；以文献史料而言，李燕亭先生的《美国图书馆的社会化》《河南中山大学图书馆之建筑及其计划》等图书馆学文献尚未找到，甚为遗憾，恳请各位学者批评指正。

翟桂荣

2016 年 7 月